新世纪高职高专精品教材·财政金融类

金 融 学

方晓雄 主编

大连出版社

内容简介

本教材将理论与实践紧密结合，系统地讲述了银行、证券、保险、信托和金融租赁等金融部门，特别重点介绍了商业银行存款、股票、债券、证券投资基金以及金融衍生产品、新型的理财型保险产品等各种金融产品。书中针对相关内容设置了案例分析、小思考，每章章末还设置了知识题、案例题、实训题，以强化训练，提高学生的技能水平与实际应用能力。

图书在版编目（CIP）数据

金融学/方晓雄主编. —大连：大连出版社，2010.4
新世纪高职高专精品教材·财政金融类
ISBN 978-7-80684-901-9

Ⅰ.①金… Ⅱ.①方… Ⅲ.①金融学 Ⅳ.①F830

中国版本图书馆 CIP 数据核字（2010）第 069999 号

出 版 人：刘明辉
策划编辑：张晓丹
责任编辑：张丽娜
责任校对：金 琦 杨 琳 姚 兰
封面设计：金啸宇
版式设计：张晓丹
责任印制：刘振奎

出版发行者：大连出版社
地址：大连市西岗区长白街 10 号
邮编：116011
电话：（0411）83627430/83621049
传真：（0411）83610391/83620941
网址：http://www.dl-press.com
电子信箱：cbs@dl.gov.cn
印 刷 者：大连美跃彩色印刷有限公司
经 销 者：各地新华书店

幅面尺寸：170mm×240mm
印 张：16.25
字 数：324 千字

出版时间：2010 年 5 月第 1 版
印刷时间：2010 年 5 月第 1 次印刷
印 数：1～5000 册
书 号：ISBN 978-7-80684-901-9
定 价：29.00 元

如有印装质量问题，请与我社营销部联系
购书热线电话：（0411）83627430/83621049

出 版 说 明

高等职业教育既是我国高等教育体系的重要组成部分,也是我国职业教育体系的重要组成部分。近年来,我国高等职业教育蓬勃发展,为现代化建设培养了大量高素质技能型专门人才,展现了其独有的优势。

高等职业教育教材建设是高等职业院校三大基本建设之一,高质量的教材是培养高质量优秀人才的基本保证。为了编写和出版具有高等职业教育特色的教材,满足教学需要,服务于高等职业教育事业,我社依据《国家中长期教育改革和发展规划纲要》基本指导思想,以及教育部全国职业教育与成人教育工作会议精神,本着“将教材内容与职业相衔接,注重工学结合”的原则,投入大量资源,经过精心策划和多方联络,隆重推出“新世纪高职高专精品教材”系列。

本系列教材立足于财经类及相关专业,包括财经类专业核心课、会计类主干课、旅游类、工商管理类、财政金融类、经济贸易类、市场营销类、电子商务专业、文秘专业、人力资源管理专业、物流专业等子系列。为了使本系列教材既科学、先进,又合理、可行,我们在编写过程中充分吸收了教学改革的最新成果,突出体现了以下几个特点:

1. 在教材品种涉及、内容取舍和讲述方式方面,均注重培养学生的实践能力,突出工学结合特点,同时注重培养学生的职业认知、职业道德。

2. “教学”、“训练”与“考核”环环相扣,“案例”与“实训”的“训练”比例适度加大,超越单纯针对“职业知识”的传统考核。

3. 为保证教材与职业内容相衔接,作者均从专家队伍中严格遴选,既具有较高的学术水平,又具有丰富的教学和教材编写经验,以及深入的实践经历。

4. 打造网络教学资源包——章后习题答案,每章自测题,模拟试卷及答案,教学课件,多媒体光盘等。

高等职业教育正在快速成长,教学实践日新月异,要使教材建设满足和促进职业教育的发展,需要教育主管部门、教学单位、任课教师和专业教材出版机构的共同努力。我们真诚希望,这套系列教材能满足最新教学改革的需要,为高等职业教育人才培养工作提供教学资源支持,为高等职业教育做出应有的贡献。

大连出版社

前　言

《金融学》是高职高专院校财经类专业的必修核心基础课程。金融学是一门既古老又新兴的学科,既有较强的理论性,同时又与实践紧密结合。在本教材的构思、编写过程中,我们紧紧围绕金融学上述特点,通过以下两个方面着力加强金融学知识在实际中的应用,以反映高等职业教育的特色。

第一,以金融产品为主线,全面介绍我们日常生活中耳熟能详的各种金融产品,通过金融产品的实际应用,激发学生学习金融学的兴趣。随着我国社会经济的发展,金融市场逐步趋于成熟,各种金融产品创新不断,这些都为金融学注入了新鲜的内容。本教材的编写,着力反映金融理论与金融实践在我国的最新进展。本教材系统地讲述了银行、证券、保险、信托和金融租赁等金融部门,特别重点介绍了相关金融领域的金融产品,比如商业银行的个人存款和对公存款、股票、债券、证券投资基金、金融衍生产品、可转换公司债券、新型的理财型保险产品、外汇等,使得学生通过对现代社会经济生活中比较热门的金融产品的了解来激发学习金融学的兴趣。

第二,理论简单,实训内容丰富。按照国家职业教育方针,高等职业教育遵循理论"够用"原则,主要提高学生的动手与实践能力。金融学是一门理论性较强的课程,本教材在编写过程中对相关理论部分作了扼要的介绍,以便于读者了解金融理论必备的基础知识,避免陷入理论的纠缠。同时在教材中设置了大量的案例分析、小思考,每章章后还设置了知识题、案例题、实训题栏日,以强化训练。所有这些都很好地将理论与实际相结合,体现了高等职业教育的特色。

本书由安徽财贸职业学院教师编写,他们都具有长期从事金融学课程教学的实际经验,具体分工如下:张凤负责编写第 1 章、第 7 章,查静负责编写第 2 章、第 3 章,周阳负责编写第 4 章、第 5 章,刘岚负责编写第 10 章、第 11 章,方晓雄负责编写第 6 章、第 8 章、第 9 章如全书体系的构思设计、提纲拟订、内容定位和统编审稿由方晓雄负责。

本书同时配有网络教学资源包(章后习题参考答案、模拟试卷及参考答案、教学电子课件),请相关任课教师发送邮件至 koala317@126.com 免费索取。

本书既可以作为高职高专院校相关专业的教学用书,同时作为基础入门书籍对于金融爱好者也不失为一个较好的选择。

本书在编写的过程中,参阅了许多专家学者的著作和研究成果,引用了国内相关书籍和报纸杂志上的一些文章,在此我们向这些书刊的作者表示诚挚的谢意。由于编者水平有限,书中难免出现错误和遗漏,诚恳希望广大读者提出宝贵意见。

编　者

2010 年 3 月

目　录

第1章
货币与货币制度

学习目标

在学习完本章之后，你应该能够：熟知货币的定义和货币的本质；明确货币的形式和货币职能；了解货币制度及货币制度的主要内容；了解国际货币制度的演变。

【引例】

中国进入电子货币支付时代

“由于这几年网上银行、电子支付、电子货币的发展，我们完全可以自豪地说，中国整个社会进入了非现金支付时代！”日前，中国银行支付结算司司长欧阳卫民做客中欧陆家嘴国际金融研究院，在第25期中欧陆家嘴金融家沙龙上如是说。

欧阳卫民表示，从上世纪90年代开始到现在，20年时间里，整个社会的支付量每年都在成倍增加。然而，社会流通中的现钞量几乎没有增加，一直稳定在3万亿元左右。去年，全国的支付量是1 130万亿元，其中700万亿元是大额支付系统完成的电子支付，300万亿元是各大银行完成的交易，也是通过各家商业银行的电子支付完成的，127万亿是我们中国银联的银行卡系统完成的，剩下3万亿元就是现钞。如果没有现代化支付系统的建设，我国恐怕要多建造100个印钞厂，成千上万的印刷工人在那里印钞票。

资料来源：马骏骎，《央行：制定货币政策不可忽视电子货币》，载《每日经济新闻》，2009－09－29。

这一资料表明：随着社会和经济的发展，货币的形式在逐渐改变，我们现在已经进入电子货币时代。但不管是海贝、布帛等实物货币，金、银等金属货币，还是当代的纸币、电子货币，它们作为货币的本质并没有改变，那就是：人们普遍接受的用于支付商品、劳务和清偿债务的手段。

1.1 货币

1.1.1 货币及其职能

1)货币定义与本质

历史上不同地区曾有过不同的实物商品充当货币,后来实物货币就逐渐过渡为金、银等贵金属货币。随着商品生产的发展和交换的扩大,金、银等贵金属的供应越来越不能满足对货币日益增长的需求,又逐渐出现了代用货币、信用货币,以弥补流通手段的不足。进入20世纪,金、银慢慢地退出货币舞台,不兑现纸币和银行支票成为各国主要的流通手段和支付手段。那么我们应如何给货币下个一般的定义呢?

西方经济学的货币概念五花八门,最初是以货币的职能下定义,后来又形成了作为一种经济变量或政策变量的货币定义。货币定义主要有以下几种:①人们普遍接受的用于支付商品、劳务和清偿债务的物品。②充当交换媒介、价值贮藏、价格标准和延期支付标准的物品。③超额供给或需求会引起对其他资产超额需求或供给的资产。④购买力的暂栖处。⑤无需支付利息,作为公众净财富的流动资产;⑥与国民收入最相关的流动性资产。

关于货币的本质,在西方货币学说史上曾存在两种不同的观点:一是货币金属论,二是货币名目论。货币金属论者从货币的价值尺度、储藏手段和世界货币的职能出发,认为货币与贵金属等同,货币必须具有金属内容和实质价值,货币的价值取决于贵金属的价值。货币名目论者从货币的流通手段、支付手段等职能出发,否定货币的实质价值,认为货币只是一种符号,一种名目上的存在。货币金属论是货币金、银本位制的产物,随着20世纪初金本位制度的崩溃,其影响力正日益减弱。目前在西方货币学说中,占统治地位的是货币名目论,这从西方经济学教科书对货币的定义中可见一斑,比如美国著名经济学家米什金的《货币金融学》将货币定义为:"货币或货币供给是任何在商品或劳务的支付或在偿还债务时被普遍接受的东西。"

马克思在对货币起源问题的分析中认为,货币是充当一般等价物的特殊商品,是商品交换发展和价值形态发展的必然产物。其含义有两点:

(1)货币具有商品的属性。在马克思对货币起源的分析中,货币的前身就是普普通通的商品,它是在交换过程中逐渐演变成一般等价物的。马克思创立货币理论的时代,正是各国普遍实行金铸币流通的时代,因此,马克思将黄金视为货币的最高阶段,而黄金本身就是价值十足的商品。进一步的推论就是,任何在商品交换中充当货币的东西,首先就在于它们是商品,与普通商品一样,都具有价值和使用价值。没有这种与普通商品的共性,货币就不具备与商品进行交换的基础。

(2)货币与普通商品有本质的区别。货币是商品,但又不是普通商品,而是特殊商品。其特殊性并不在价值方面,而在使用价值方面。黄金被固定地充当一般等价物、作为货币后,其使用价值便“二重化”了,它既具有其自然属性所决定的特定的使用价值,如用于装饰、制作器皿等,又具有其社会属性所决定的一般的使用价值,即充当一般等价物和交换手段。很明显,当它以第一重使用价值出现时,就是普通商品,而以第二重使用价值出现时,才是货币。

货币在充当一般等价物时,有两个基本特征:

第一,货币能够表现一切商品的价值。货币出现后,整个商品世界就分裂成为两极,一极是特殊商品——货币,另一极是所有的普通商品。普通商品是以各种各样的使用价值的形式出现,而货币则是以价值的载体或尺度出现,普通商品只有通过与货币的比较,其价值才能得到体现,所有商品的价值只有通过与货币的比较之后,相互之间才可以比较。

第二,货币对一切商品具有直接交换的能力。由于货币是价值和社会财富的一般代表,谁占有了货币,就等于占有了价值和财富。在实际交换中,货币作为一般的交换手段,是不存在对方对其使用价值特殊需求方面的障碍的,货币的交换能力是超越使用价值特殊性限制的,是具有直接交换性质的。一般等价物是商品交换赋予货币的属性,与货币材料是否有价值和使用价值没有关系。普通商品的意义在于通过交换满足人们生产或生活方面的特殊需要,而货币的意义则在于充当表现一切商品价值的材料,充当一般的交换手段,为商品交换服务。这就是货币与普通商品的本质区别。可见,考察货币的本质,应把其质的规定和存在形式区别开来。无论货币由什么来充当,它作为一般等价物的本性决不会改变,否则就不能称其为货币。

【案例分析1-1】

太平洋小岛上的石头货币

耶普岛是密克罗尼西亚联邦三个州中间的一个。自从第二次世界大战以来,这个位于太平洋中部的岛国一直处于美国托管之下。迄今,耶普人还坚持使用中间穿孔、形如磨盘的石头货币。在该岛居民中约有1 500年历史的非常原始的石头货币,可能是当今世界上最硬最重的货币了。密克罗尼西亚首府附近的巴拉巴镇有一家石头货币银行,场地上堆放着许多石块,就算是该银行的“金库”。据说美国或世界上其他地区通货膨胀都没有影响到耶普人的石头货币,似乎这种石头货币是名副其实的“硬通货”了。该岛副州长希拉利·塔切利奥尔说:“在这里几乎不用美元现钞。我买了一座价值1.2万美元的房子,实际上只付了2 000美元,还付了一些石头钱。”

他们也喜欢美元,但是无法向你提供确切的外汇牌价。石头货币不能卖给外国人。有些石币的直径有12英尺,重达上千公斤。

塔切利奥尔说:“你很难用美元来对照石头钱的币值,因为石头货币的面值取决于它是怎样采集来的,谁是它的主人以及它的经历。”耶普人要横渡大洋,到250海里(约463千米)外一个叫巴洛的岛上开采制造石币的石料。他们驾驶着简陋的独木舟运载石料,而石料是用贝壳制成的工具开采的。所以当地的居民对每一块石币的来历,对采集和加工它们而辛勤劳动,甚至献出生命的那些人的姓名和事迹都很清楚。只有他们才认识石币的真正价值。

1871年,一位名叫戴维·奥基夫的美国人驾驶的小船在该岛附近触礁。他乘着舢板离开他的破船,登上耶普岛。奥基夫用美元换了石头钱后,向一家居民买了些吃的东西。这是该岛的第一次外币兑换。

耶普人称他“奥基夫陛下”。他用修复后的船作为耶普人来往于耶普岛和巴洛岛之间的运输船,并提供凿子、锤头等铁器,使开采石头方便得多。奥基夫从耶普人那里得到许多椰仁干作为报酬。

当然,由于奥基夫帮助采来的石头来之容易,对于耶普人来说价值也就低得多。

曾经当过耶普批发商和银行保管员、现在是导游的斑尼先生讲:“现在我们想要多少就可以搞到多少石头,这么容易得来的石头值不了多少钱。”

现在,人们来到耶普岛,仍旧可以在路边、茅屋旁和竹林周围看到横七竖八躺在那里、表面长满了青苔的石头货币。

塔切利奥尔对客人们说:“在岛上会有人偷你的帽子,但不会偷你的石头钱。这不仅仅由于他们无法搬动,而且因为人人都知道每一块石头钱的主人是谁。”

资料来源:张荣忠,《太平洋小岛上的石头货币》,载《读者》,1983(1)。

要求:根据上述资料,分析石头这种货币的本质。

分析:货币是充当一般等价物的特殊商品,早期耶普岛充当货币的石头正体现了这一特征。耶普岛的石头能够表现其他商品的价值,也具备与其他商品直接交换的能力。

2)货币形式

随着商品经济的不断发展,货币的形式也由低级到高级不断演变。在人类历史上,货币大体上经历了以下几种形式:

(1)实物货币。实物货币也称商品货币,是最古老的货币。任何货币,如其作为非货币用途的价值与其作为货币用途的价值相等,则统称为实物货币。在中国古代,海贝、龟壳、蚌珠、皮革、布帛、牲畜等各种实物都曾充当过交易媒介。随着商品经济的发展,这些实物货币逐渐暴露出缺点,比如,许多实物体大价小,不易分割,不便携带且易腐烂变质,所以实物货币逐渐被金属货币取代。

(2)金属货币。金属货币是以金属作为货币材料并铸成一定形状的货币。随着商品交换的发展,金属尤其是金和银作为货币材料几乎是各国历史上共同的做法。贵金属由于体积小、价值大、易分割、易携带、易储藏等特点，曾长时间充当货币币材。金属货币起初以块状流通，后来为方便商品交换，渐渐出现了金属铸币。

虽然金属货币有许多优点，但是它的流通仍然存在许多问题：日常磨损十分严重，造成巨大浪费；不法之徒对铸币的刮削现象无法避免；大量货币的携带和运送仍十分麻烦；金、银等贵金属全世界产量有限，且在各国之间分布不平衡，故常常发生币材恐慌现象。因此，人们在使用金属货币的时候，便开始了寻找其代用品的过程。这种代用品的通常形式便是纸币。纸币作为金属货币的代用品后，货币制度便进入了纸币与金属货币并行流通的时期。这一时期即纸币可兑换阶段，又称为代用货币阶段。

【知识链接1－1】

中国古代货币的演变过程

中国是世界上最早使用货币的国家之一，使用货币的历史长达五千年之久。中国古代货币在形成和发展的过程中，先后经历了五次重大的演变：

●由自然货币向人工货币的演变。贝是我国最早的货币，商朝以贝作为货币。在中国的汉字中，凡与价值有关的字，大都从“贝”，如赏赐、宝货、贫贱等等。随着商品交换的发展，货币需求量越来越大，海贝已无法满足人们的需求，商朝时人们开始用铜仿制海贝。铜币的出现，是我国古代货币史上由自然货币向人工货币的一次重大演变。随着人工铸币的大量使用，海贝这种自然货币便慢慢退出了中国的货币舞台。

●由杂乱形状向统一形状的演变。从商朝铜币出现后到战国时期，我国的货币形状很多。战国时期不仅各国自铸货币，而且在一个诸侯国内的各个地区也都自铸货币。当时，以赵国的铲币、齐国的刀币、秦国的圆形方孔钱、楚国的蚁鼻钱较著名。秦统一中国后，秦始皇于公元前210年颁布了中国最早的货币法“以秦币同天下之币”，规定在全国范围内通行秦国圆形方孔的半两钱。货币的统一，结束了我国古代货币形状各异、重量悬殊的杂乱状态，是我国古代货币史上由杂乱形状向规范形状的一次重大演变。秦半两钱确定下来的这种圆形方孔的形制，一直沿续到民国初期。

●由地方铸币向中央铸币的演变。汉初，郡国可以自由铸钱。据《汉书·食货志》记载，文帝时“除盗铸钱令，使民放铸”，于是“盗铸如云而起”。这既造成了货币的混乱，又使富商大贾操纵铸币权，富比天子。公元前113年，汉武帝收回了郡国铸币权，由中央统一铸造五铢钱，五铢钱成为当时唯一合法货币，从此确定了由中央政府对钱币铸造、发行的统一管理，这是中国古代货币史上由地方铸币向中央铸币的一次重大演变。此后，历代铸币皆由中央政府直接经管。铸币权收归中央，对稳定各朝的政局和经济发展起了重要的作用。

●由文书重量向通宝、元宝的演变。秦汉以来所铸的钱币，通常在钱文中都明确标明钱的重量,如"半两"、"五铢"等等(二十四铢为一两)。唐高祖武德四年(公元621年),李渊决心改革币制,废轻重不一的历代古钱,取"开辟新纪元"之意,统一铸造"开元通宝"钱。"开元通宝"一反秦汉旧制,钱文不书重量,是我国古代货币由文书重量向通宝、元宝的演变。"开元通宝"钱是我国最早的通宝钱。此后我国铜钱不再用钱文标重量,都以通宝、元宝相称,它一直沿用到辛亥革命后的"民国通宝"。

●金属货币向纸币"交子"的演变。北宋时,随着交换的发展,货币流通额增加,北宋太宗时,年铸币八十万贯,以后逐渐增加。由于铸钱的铜料紧缺,政府为弥补铜钱的不足,在一些地区大量地铸造铁钱。据《宋史》记载,当时四川所铸铁钱一贯就重达二十五斤八两。在四川买一匹罗(丝织品),要付一百三十斤重的铁钱。铁钱如此笨重不便,北宋创印的纸币"交子"就在四川地区应运而生。宋真宗时,在政府的许可下,由成都十六家富户共同经营。"交子"的出现,是我国古代货币史上由金属货币向纸币的一次重要演变。"交子"不但是我国最早的纸币,也是世界上最早的纸币。

(3)代用货币。代用货币常为纸币,确切地说是可兑换的纸币,由政府或银行发行。代用货币是代表金属货币在市场上流通的货币,虽然代用货币的面值与币材价值不等,但可以向货币发行者兑换足值的金属货币。

随着欧洲航海技术的发展,国际贸易的交易量与日扩大,金、银在携带、分割、生产等方面还是有许多不便,不能满足大宗国际贸易的交易。于是,最早在欧洲出现了以商业银行自身信用为担保的银行券,开始是在一张空白字据上填写金额,后来发展为印制好的不同面额钞票。于是,银行券就成为银行发出的代替金银币流通的可随时兑现的信用货币。19世纪下半期,各国可兑换金币的银行券广泛流通。但此时的银行券,仍是金的符号,以金为准备,代替金币进行流通,流通中仍有大量的金币充当货币。银行券的出现是货币币材的一大转折,它为其后不兑现纸币的产生奠定了基础。

(4)不兑现的信用货币。银行券起初是由商业银行发行,后来各国政府逐渐把银行券的发行收到中央银行,演变为后来的纸币。现在的纸币一般都是法币。法币是由国家政府用行政命令发行的在商品交换中必须接受,并且不能兑换成贵金属的纸币,称为不兑现的信用货币。

信用货币主要采取非实体化的存款货币的形式,人们的货币只有一小部分以现金(钞票和铸币)的形式持有,大部分以记账符号的形式存在于银行的账面上,当收到货币时,由银行将付款人账户上的存款划转到收款人的账户上;当需要支付货币时,付款人可以签发由银行发给的支票,通知银行将其存款账户中的一定金额转到收款人的账户。随着社会的进步和科学技术的飞速发展,这种存款货币的支票划转方式越来越多地被"电子货币转移系统"所代替。

随着现代电子技术的迅速发展,出现了电子货币和信用卡等代现金的货币形式。电子货币是指通过计算机系统存储和处理的存款。信用卡是由银行或公司签发的证明持有人信誉良好,可以在指定商店或场所进行记账消费的信用凭证。

【小思考1-1】

代用货币和不兑现的信用货币

代用货币和不兑现的信用货币都是纸币,那么二者的本质区别是什么?

答:能否向货币发行者兑换等量的贵金属,如黄金。

1.1.2 货币的职能

货币的职能就是货币在人们经济生活中所起的作用。在发达的商品经济条件下,货币具有这样五种职能:价值尺度、流通手段、贮藏手段、支付手段和世界货币。其中,价值尺度和流通手段是货币的基本职能,其他三种职能是在商品经济发展中陆续出现的。

1)价值尺度

货币作为价值尺度,就是货币以自己为尺度来表现和衡量其他一切商品的价值。为什么货币能衡量其他商品的价值呢?因为货币本身也是商品,也有价值,这就如同尺子所以能衡量其他一切物品的长度,是因为尺子自身也具有尺度一样。自身没有价值的东西,是不能衡量其他商品的价值的。

从本质上讲,商品价值的大小,乃是由凝结在该商品中的劳动时间来衡量的。商品中包含的劳动时间越多,它的价值便越大。因此,劳动时间是商品的内在的价值尺度,而货币不过是商品的外在的价值尺度。

商品的价值表现在货币上,就是商品的价格。价格是价值的货币表现。货币执行价值尺度的职能,实际就是把商品的价值表现为一定的价格,例如,一双皮鞋价格为10元,一件衬衣价格为5元,等等。不过,有一点这里应该说清楚,就是货币执行价值尺度这一职能时,并不需要实在的货币,只要人们在观念上想一下某商品的价格是多少就可以了。之所以这样,也没有什么奇怪的地方,这是因为货币在执行价值尺度职能时,它所做的只是给商品以价格形态,即表明某一商品值多少钱,而不是真正用商品与货币相交换。马克思说:"货币在它的价值尺度功能上,本来也只是作为观念的或想象的货币。"

2)流通手段

货币作为流通手段,也就是货币充当商品交换的媒介。我们平常从商品买卖过程中所看到的货币的作用,就是属于这一种,所以这种职能又叫做购买手段。不言自明,作为流通手段的货币,不能是观念上的货币,而必须是实在的货币。任何一个商品所有者决不会允许有人用空话来拿走他的商品。

在货币执行流通手段这一作用时，商品与商品不再是互相直接交换，而是以货币为媒介来进行交换。商品所有者先把自己的商品换成货币，然后再用货币去交换其他的商品。这种以货币作媒介的商品交换，叫做商品流通。由物物交换过渡到商品流通，意味着商品经济的内在矛盾有了进一步的发展。因为，在这种条件下卖与买被分成了两个独立的过程，如果出卖了商品的人不立刻去买，就会使另一些人的商品卖不出去。也就是说，货币作为流通手段的职能，就已经包含了经济危机的形式上的可能性。

作为流通手段的货币，起初是贵金属条、块，以后发展成铸币，最后出现了纸币。纸币是从货币作为流通手段的职能中产生的。

3）贮藏手段

当货币由于各种原因退出流通领域，由被持有者当作独立的价值形态和社会财富的绝对化身而保存起来时，货币就停止了流通，发挥贮藏手段职能。它有两个显著特点：一是它必须既是现实的货币，又是足值的货币；二是它必须退出流通领域，处于静止状态。

货币储存有时其本身就是目的，即为储存而储存，这是储存货币的原始形态。但更多的时候，货币储存是手段，在商品经济条件下，各种经济行为是要积累一定数量的价值才能进行的。贮藏金银是积累和储存价值的典型形态，现在更为普遍地还是采取银行存款和储蓄的方式。

在足价的金属货币流通的条件下，货币作为贮藏手段具有自发调节货币流通量的作用。当流通中所需要的货币量减少时，多余的金属货币便会退出流通成为贮藏货币；当流通中所需要的货币量增多时，一部分贮藏货币又会重新进入流通成为流通手段。由于贮藏货币具有这种作用，所以在足价的金属货币流通的条件下，便不会产生流通中货币量过多的现象，不会发生通货膨胀。

至于企业存款和城乡居民储蓄是否能起到货币贮藏的职能，说法不一。虽然对企业和个人来说，这些方式同样具有积累和储存价值的意义，但从整个社会角度来看，并不意味着有对应数量的真实价值退出流通。因为与贵金属不同，纸币不过是一张纸片，存款和储蓄只不过是账簿观念上的数码，它们本身都没有真实的价值。它们只不过表明持有者有从社会中取得相应数量的商品和服务的权利，持有者推迟了他们对这种权利的利用，目的是以待来日，这正是储存对个人及企业的意义所在。但储存者未享有的商品和服务却通过种种方式用于生产、流通、基本建设等过程中，而不像金银等贵金属的储存那样退出经济活动的过程。

4）支付手段

在放债还债、支付工资以及交纳税款等场合，货币就起着这种作用。在货币作为支付手段的情况下，由于很多商品生产者互相欠债，他们之间便形成了一个债务锁链，例如甲欠乙的钱，乙欠丙的钱，丙又欠了丁的钱等等。如果其中某一个商品生产者因为生产和销售的困难而不能按期支付欠款，就会引起一系列的连锁反应，造成全线崩溃的局面。因此，货币作为支付手段的职能，使经济危机形式上的可能性有了进一步的发展。

5）世界货币

世界货币是指货币具有在世界市场上充当一般等价物的职能。它是随着商品经济的发展，商品交换由一国逐步走向国际市场而具有的职能。这种职能是货币其他四个职能在世界范围内的展现。世界货币在国与国之间的经济关系中具有以下作用：第一，作为一般的购买手段用于购买外国的商品；第二，作为一般的支付手段用于平衡国际收支差额；第三，作为社会财富的代表由一国转移到另一国，如国际贷款、转移财产、战争赔款等。当货币执行世界货币职能时，能充当世界货币的必须是有价值的货币商品——黄金、白银。但随着货币的发展，一些经济实力强大的国家的纸币也具有某种世界货币的职能，如美元、欧元、英镑、日元等。

1.2 货币制度

1.2.1 货币制度及其构成要素

货币制度简称币制，是指一个国家或地区以法律形式所确定的货币流通的结构、体系与组织形式。从历史上看，各个国家在各个时期都曾用不同的法律形式对货币流通进行种种规定，目的是保证货币流通的稳定，使货币能够正常地发挥各种职能。货币制度的主要构成要素如下：

1）规定币材

规定币材即规定以什么材料制作货币。规定货币材料是货币制度的基本内容，也是一种货币制度区别于另一种货币制度的依据。在金属货币制度下，不同的货币金属就构成了不同的货币本位制度，如金本位制、银本位制等。因此，确定货币金属是货币流通条件下整个货币制度的基础。具体选择什么金属作货币材料，受客观经济条件以及资源禀赋的制约。在经济发展史上，货币金属是由白银逐步过渡到金银并用；到了 19 世纪，随着生产力的发展以及黄金的大量开采和冶炼，黄金才被普遍作为币材。

2）确定货币单位

货币单位是国家法定的货币计量单位，主要包括两方面的内容：一是货币单位的名称，按照国际习惯，一国货币单位的名称往往就是该国货币的名称，例如英镑、美元、日元、人民币等等；二是货币单位的值，在金属货币时代，货币单位的值是国家法律规定的单位货币所包含的货币金属的重量和成色，如我国历史上黄金和白银以“两”、“钱”为单位。信用货币条件下货币单位的值只能通过货币购买力和汇率来确定。

3)规定流通中货币的种类

规定流通中货币的种类主要指规定主币和辅币。主币是一国的基本通货和法定价格标准;辅币是主币的等分,是小面额货币,主要用于小额交易支付。在金属货币制度下,主币是用国家规定的货币材料,按照国家规定的货币单位铸造的货币,辅币用贱金属并由国家垄断铸造;在信用货币制度下,主币和辅币的发行权都集中于中央银行或政府指定机构。

4)规定货币法定支付偿还能力

货币法定支付偿还能力分为无限法偿和有限法偿。无限法偿指不论用于何种支付,不论支付数额有多大,对方均不得拒绝接受。有限法偿即在一次支付中有法定支付限额的限制,若超过限额,对方可以拒绝接受。在金属货币制度下,一般而言主币具有无限法偿能力,辅币则是有限法偿;在信用货币制度下,国家对各种货币形式支付能力的规定不是十分明确和绝对。

5)规定货币铸造发行的流通程序

货币铸造发行的流通程序主要分为金属货币的自由铸造与限制铸造、信用货币的分散发行与集中垄断发行。自由铸造指公民有权用国家规定的货币材料,按照国家规定的货币单位在国家造币厂铸造铸币,一般而言主币可以自由铸造。限制铸造指只能由国家铸造,辅币为限制铸造。信用货币分散发行指各商业银行可以自主发行。早期信用货币是分散发行,目前各国信用货币的发行权都集中于中央银行或政府指定机构。

6)规定货币发行准备制度

货币发行准备制度是为约束货币发行规模、维护货币信用而制定的,要求货币发行者在发行货币时必须以某种金属或资产作为发行准备。在金属货币制度下,货币发行以法律规定的贵金属作为发行准备。在现代信用货币制度下,各国货币发行准备制度的内容比较复杂,一般包括现金准备和证券准备两大类。现金准备包括黄金准备、外汇准备等具有极强流动性的资产准备,证券准备包括国家债券准备、短期商业票据准备等有价证券准备。

1.2.2 货币制度的类型

在人类历史上,货币制度经历了由金属货币制度向不兑现的信用货币制度的演变。

1)金属货币制度

金属在较早的人类社会时期就已作为货币使用,但由法律确定为一种货币制度却是在15世纪末以后。金属货币制度先后经历了银本位制、金银复本位制和金本位制三个阶段。

(1)银本位制。银本位制是以白银作为本位货币材料的一种货币制度。银本位制是最早实行的金属货币制度,有银两本位和银币本位两种类型。银两本位是以白银重量"两"为价格标准实行银块流通;银币本位则是国家规定以白银为货币金属,并要求铸成一定形状、重量和成色的银币。

在货币史上,银比金更早地充当本位货币。但在充当货币商品方面,黄金远胜于白银。西方国家随着经济的发展,银本位制先是过渡到金银复本位制,19 世纪 20 年代后又为金本位制所取代。到了 19 世纪末,随着白银采铸业的劳动生产率的提高,白银价值不断降低,金银之间的比价大幅度波动,影响了经济的发展。除了中国以外,各国都先后放弃了银本位制。

【知识链接 1-2】

中国历史上的银本位制

在我国货币史上,白银自汉代已逐渐成为货币金属,到明代白银已货币化,中国真正成为用银之国;但实行的是银两制,以金属的重量计值,属于称量货币制度,没有踏进货币制度阶段。宣统二年(公元 1910 年),清政府颁行《币制条例》,正式采用银本位,以"元"为货币单位,重量为库平七钱二分,成色是 90%,名为大清银币。但市面上银元和银两仍然并用。辛亥革命后,北洋政府于 1914 年公布《国币条例》,正式规定重量七钱二分、成色 89% 的银元为我国的货币单位。"袁大头"银元就是这样铸造成的,但银元和银两仍然并用。1933 年 3 月 8 日,国民政府公布《银本位币铸造条例》规定银本位币定名为"元",总重 26.6971 克,银八八、铜一二,即含纯银 23.493 448 克。银本位币每元重量及成色,与法定重量、成色相比公差不得超过 0.3%,并规定一切公私交易用银本位币授受,其用数每次均无限制。同年 4 月,国民政府"废两改元",发行全国统一的银币——"孙中山头像"银元。1935 年国民政府又实行所谓币制改革,宣布废止银本位。

(2)金银复本位制。在实行金银复本位的国家,金、银两种金属同时作为本位币币材;金币和银币都同时具有无限法偿能力;金币和银币可以自由铸造和熔化;银行券和其他货币可以自由兑换金银币。在金币、银币两种货币流通量条件下,金币和银币必须有一定的比价。最初这种比价完全由市场决定,称为平行本位制。但金银价格的频繁波动影响了商品交换的正常公平进行,因而后来由政府规定金银之间的比价,称为复本位制。金银复本位制存在了相当长时间,是资本主义发展初期最典型的货币制度。在金银复本位制下,大宗商品交易可用黄金作为货币支付,而小宗商品和零星交易则可用白银支付。

金银复本位制的最大缺点在于存在"劣币驱逐良币"的现象,并最终导致了金银复本位制退出历史舞台。劣币是指实际价值低于名义价值的金属货币,良币则是指实际价值高于名义价值的金属货币。由于复本位制下政府会对黄金和白银比价作出规定,这就造成了金币和银币的名义价值和实际价值的脱离。由于两种货币都可以流通使用,人们会更多地使用劣币来进行支付,而将良币收藏起来,从而使流通中的货币更多的是劣币,这就是经济学家所称的"劣币驱除良币"规律。

【小思考1-2】

劣币驱逐良币

1792年,美国规定金和银的比价为1:15,即每盎司金价为19.395美元,每盎司银价为1.293美元。若市场金银比价为1:16,则哪种货币是良币?哪种货币是劣币?市场上流通的应该是哪种货币?

答:金币是良币,银币是劣币,市场上流通的应该是银币。

(3)金本位制。19世纪中叶世界黄金的产量大量增加,为金本位制的产生提供了物质基础,再加上金银复本位制本身的缺陷,导致了金本位制的兴起。典型的金本位制是金币本位制,其特点是:金铸币为本位币;可自由铸造和熔化;流通中的其他货币可自由兑换成金币;黄金在国际间可以自由输出和输入。由于黄金的比价比较稳定,国际间货币的比价就可以长期保持不变,从而金本位制促进了商品经济和贸易的发展。但随着政治经济条件的变化,其缺点逐渐显现出来:黄金的产量有限,与规模日益扩大的商品交易相矛盾,而且黄金的自由流动和发展的不平衡使黄金越来越集中于少数国家,削弱了货币流通的黄金基础。第二次世界大战爆发之后,金本位制被纸币制度取代。

2)不兑现的信用货币制度

不兑现的信用货币制度又称不兑现本位制和不兑现的纸币流通制度,是一种不能兑现黄金、取消黄金保证、凭借国家信用、通过信用渠道发行和流通的货币制度。在这种货币制度下,由于黄金被排除在国内流通之外,因此就失去了自发调节货币流通的作用,如计划不周,货币会因发行过多而贬值,进而导致通货膨胀。

实行不兑现货币制度的原因主要是金属货币本位制本身具有不可克服的缺陷。金属货币制度需要足够的贵金属作为货币发行准备和货币流通基础。随着经济的发展,贵金属贮藏量和产量的有限性与商品生产和流通规模不断扩大之间的矛盾日益尖锐。尽管实行部分准备金制度可以在一定程度上缓和这一矛盾,但不能从根本上消除这一矛盾。人类社会的商品生产和商品流通规模远远大于贵金属的存量总和。社会经济发展在客观上要求有一种不受自然资源限制,并可以调节其数量的灵活而又有弹性的货币供给制度。金本位制度下货币需求受到黄金开采能力的限制,纸币因其材料来源充足而成为人们选择的对象。此外,黄金本身是社会财富,由其充当一般等价物,流通费用高,是社会财富的巨大浪费。纸币以纸作为货币材料,纸的价值含量很低,即使有了磨损,也不会造成社会财富的巨大浪费,而且更便于携带、保管等。

(1)不兑现的信用货币制度的基本特点:①不兑现的信用货币,一般是由中央银行发行的,并由国家法律赋予无限清偿的能力。②货币不与任何金属保持等价关系,也不能兑换黄金,货币发行一般不以金银为保证,也不受金银的数量限制。③货币通过信用程序投入流通领域,货币流通通过银行的信用活动进行调节,而不像在金属货币制度下,由金属货币自发地进行调节。银行信用扩张,意味着货币流通量增加;银行信用紧缩,意味着货币流通量减少。④当国家通过信用程序所投放的货币超过了货币需要量,就会引起通货膨胀,这是不兑现的信用货币流通所特有的经济现象。⑤流通中的货币不仅指现钞,银行活期存款也是通货。

(2)不兑现的信用货币制度的优势:①纸币发行不受黄金供给的限制,可以根据经济发展的实际需要调整货币供给量。②纸币是用纸作为货币材料,纸的价值含量很低,即使有了磨损,也不会造成社会财富的巨大浪费。③纸币还具有易于携带、保管,支付准确等好处。这些都是金属货币所不及的。

1.2.3 我国的货币制度简介

中国人民银行成立于1948年12月1日,当日发行人民币。至1951年,除了我国台湾、香港、澳门地区和西藏外,人民币成了全国统一的、独立自主的稳定的货币。1955年我国进行了人民币改革,1955年3月1日发行新的人民币,以1∶10 000的比率无限制、无差别收兑旧人民币,同时建立辅币制度。目前在中国境内共有人民币、港币、澳门币、新台币四个货币区。

1)人民币

人民币,全称中国人民银行币,是中华人民共和国的法定货币,由中华人民共和国的中央银行——中国人民银行发行,其正式的简称为CNY(China Yuan),标志为¥。目前人民币已经发行至第五套,其中第一套、第二套(角币及圆币)、第三套(纸币)已经停止使用。

人民币从20世纪90年代起与美元非正式地挂钩,汇率只能在1美元兑8.27至8.28元人民币的非常窄的范围内浮动。2005年7月21日,中国人民银行宣布,经国务院批准,人民币改与一篮子货币挂钩,汇率改为1美元兑8.11元人民币,变相升值2%,并且不再与美元挂钩。中国人民银行于每个工作日闭市后公布当日银行间外汇市场美元等交易货币对人民币汇率的收盘价,作为下一个工作日该货币对人民币交易的中间价格。每日银行间外汇市场美元对人民币的交易价仍在中国人民银行公布的美元交易中间价上下3‰的幅度内浮动,非美元货币对人民币的交易价在中国人民银行公布的该货币交易中间价上下一定幅度内浮动。

我国货币制度的主要内容如下:

(1)中华人民共和国的法定货币是人民币。以人民币支付中华人民共和国境内的一切公共的和私人的债务,任何单位和个人不得拒收。

(2)人民币的单位为元,元是本位币即主币,人民币辅币单位为角、分。

(3)人民币由中国人民银行统一印制、发行。

(4)禁止伪造、变造人民币。禁止出售、购买伪造、变造的人民币。禁止运输、持有、使用伪造、变造的人民币。禁止故意毁损人民币。禁止在宣传品、出版物或者其他商品上非法使用人民币图样。

(5)任何单位和个人不得印制、发售代币票券,以代替人民币在市场上流通。

(6)残缺、污损的人民币,按照中国人民银行的规定兑换,并由中国人民银行负责收回、销毁。

(7)中国人民银行设立人民币发行库,在其分支机构设立分支库。分支库调拨人民币发行基金,应当按照上级库的调拨命令办理。任何单位和个人不得违反规定,动用发行基金。

(8)由中国人民银行实施外汇管理,监督管理黄金市场,持有、管理、经营国家外汇储备、黄金储备。

2)港币

港币,或称港元,是中华人民共和国香港特别行政区的法定流通货币。按照《中华人民共和国香港特别行政区基本法》和《中英联合声明》,香港的自治权包括自行发行货币的权力。港币正式的简称为 HKD(Hong Kong Dollar),标志为 HK $。

港元的纸币绝大部分是在香港金融管理局监管下由汇丰银行、渣打银行和中国银行三家发钞银行发行,另有少部分新款十元钞票由香港金融管理局自行发行;硬币则由香港金融管理局负责发行。1997 年回归前,香港流通硬币上铸有英皇头像,曾一度成为收藏对象。从 1993 年起,政府逐渐收回旧硬币,以背面上为香港市花洋紫荆的新硬币代替。但女皇头像硬币仍为合法货币,与新硬币同时流通。

自 1983 年起,香港建立了港元发行与美元挂钩的联系汇率制度。发钞行在发行任何数量的港币时,必须按 7.80 港元兑 1 美元的兑换汇率向香港金融管理局交出美元,记入“外汇基金”账目,领取负债证明书后才可印钞。这样,外汇基金所持的美元就为港元纸币的稳定提供了支持。

值得注意的是,香港所有钞票的式样都有版权。所以,任何人在没有得到版权持有人的许可前,都不能任意复制钞票的式样。

虽然港元只在香港有法定地位,但在中国大陆和澳门特别行政区很多地方也接受港元;而且,在澳门的赌场,港元是澳门元以外唯一被接受的货币。

3)澳门币

澳门币,或称澳门元,是中华人民共和国澳门特别行政区的法定流通货币,常用缩写为 MOP $,其正式的简称为 MOP(Macau Pataca)。澳门的货币政策由澳门金融管理局负责。

现在,澳门币的纸币由澳门金融管理局授权大西洋银行与中国银行澳门分行发行,硬币则由澳门金融管理局负责发行。澳门币与港元之间实行联系汇率制度,以 1.03 澳门币兑换 1 港元。由于港元与美元实行联系汇率制度,所以澳门币也间接与美元挂钩,汇率约为 1 美元兑 8 元澳门币。澳门现在对澳门币与外币的进出境都没有管制,游客可以在澳门的酒店、银行、兑换店等地自由兑换货币。

1.3 国际货币制度

1.3.1 国际货币制度的含义

国际货币制度是国际金融领域的中心课题,具体是指各国政府对货币在国际间发挥其职能作用以及有关国际货币金融问题所确定的原则、协议、采取的措施和建立的组织形式。

国际货币制度一般包括以下五个方面的主要内容:

1)各国货币比价的确定

根据国际交往与国际支付的需要,使货币在国际市场上发挥世界货币的职能,各国之间的货币一定要确定一个比价,即汇率;同时各国政府还都规定了货币比价确定的依据、货币比价波动的界限、货币比价的调整、维持货币比价所采取的措施以及对同一货币是否采取多元化比价等。

2)各国货币的兑换性与对国际支付所采取的措施

为进行国际支付,各国政府都要确定它的货币能否自由兑换成其他任何国家的货币,在对外支付方面是否加以全部或部分限制,或者完全不加限制。

3)国际储备资产的确定

出于平衡国际收支的需要,一国需要有一定数量的国际储备。保存一定数量的为世界各国普遍接受的国际储备资产以及它们的构成是国际货币制度的一项重要内容。

4)国际结算的原则

一国对外的债权债务,或者立即进行结算,并在国际结算中实行自由的多边结算;或者定期进行结算,并实行有限制的双边结算。

5)黄金、外汇的流动与转移是否自由

黄金、外汇的流动与转移是否加以限制而不能自由流动,或者只能在一定地区范围内自由流动,或者完全自由流动,都须由国家明确规定。

1.3.2 国际货币制度的演变

1）国际金本位制度

英国于1816年率先实行金本位制度，19世纪70年代以后欧美各国和日本等国相继仿效，由此许多国家的货币制度逐渐统一，金本位制度由国内制度演变为国际制度。国际金本位制按照货币与黄金的联系程度，可以分为金币本位制、金块本位制和金汇兑本位制。

（1）金币本位制。金币本位制又称“金铸币本位制”，这是金本位制的最初形态。金币本位制将黄金铸币作为法定本位币，而银币则退居辅币地位，它的自由铸造和无限法偿能力受到限制。

而黄金作为本位币，具有无限法偿能力，银行券可以自由兑换成金币。任何人都可以向国家造币厂申请将其所有的黄金铸造成金币或将金币熔成金属块。黄金在国与国之间可以自由进行转移。金币本位制的统治地位长达100年，其间，它对资本主义的生产起了一定的促进作用。然而，由于世界黄金产地分布不均匀、金币磨损等原因，金币本位制在第一次世界大战后逐渐被金块本位制和金汇兑本位制所取代。

（2）金块本位制与金汇兑本位制。1922年，在意大利热那亚城召开的世界货币会议决定采用“节约黄金”的原则，实行金块本位制和金汇兑本位制。实行金块本位制的国家主要有英国、法国、美国等。在金块本位制度下，货币单位仍然规定含金量，但黄金只作为货币发行的准备金集中于中央银行，而不再铸造金币和实行金币流通，流通中的货币完全由银行券等价值符号所代替，银行券在一定数额以上可以按含金量与黄金兑换。英国以银行券兑换黄金的最低限额为相当于400盎司黄金的银行券（约合1 700英镑），低于限额不予兑换；法国规定银行券兑换黄金的最低限额为21 500法郎，相当于12公斤的黄金。在金块本位制度下，中央银行掌管黄金的输出和输入，禁止私人输出黄金；中央银行保持一定数量的黄金储备，以维持黄金与货币之间的联系。

金汇兑本位制又称为“虚金本位制”，其特点是：国内不能流通金币，而只能流通有法定含金量的纸币；纸币不能直接兑换黄金，只能兑换外汇。实行这种制度的国家的货币同另一个实行金块本位制的国家的货币保持固定比价，并在该国存放外汇和黄金作为准备金，体现了小国对大国的依附关系。国家禁止黄金自由输出，黄金的输出输入由中央银行负责办理。第一次世界大战前的印度、菲律宾、马来西亚、一些拉美国家和地区，以及20世纪20年代的德国、意大利、丹麦、挪威等国，均实行过这种制度。

金块本位制和金汇兑本位制都是被削弱了的国际金本位制。1929—1933年世界性经济危机的爆发，迫使各国放弃金块本位制和金汇兑本位制，从此资本主义世界分裂成为相互对立的货币集团和货币区,国际金本位制退出了历史舞台。

2)布雷顿森林体系

所谓布雷顿森林体系,是指 1944 年 7 月 1 日在美国新罕布什尔州的布雷顿森林由 44 个国家参加会议,并商定建立的以美元为中心的国际货币制度。

该体系的内容主要有以下几个方面:

(1)本位制度。在本位制方面,布雷顿森林体系规定了美元与黄金挂钩,其他国家货币与美元挂钩的原则。"双挂钩"通常被视作布雷顿森林体系的两大支柱。美国规定了 1 美元的含金量为 0.888 671 克纯金和 35 美元 1 盎司黄金的黄金官价。美国承担向各国政府或中央银行按官价兑换美元的义务;同时,为了使这一黄金官价不受国际金融市场金价的冲击,各国政府需协同美国政府干预市场的金价。

(2)固定汇率制度。在汇率机制上,布雷顿森林体系采取了固定汇率制,即各国货币与美元保持稳定的汇率。各国货币与美元的汇率按照各自货币的含金量与美元含金量的比较确定,或者不规定本国货币的含金量,只规定与美元的汇率。这意味着各国不能任意改变其货币的含金量,如果某种货币的含金量需要作 10% 以上的调整,就必须得到国际货币基金组织(IMF)的批准。国际货币基金组织允许的汇率波动幅度为正负 1%。只有在成员国的国际收支发生根本性不平衡时,才能改变其货币平价。

(3)国际金融机构。布雷顿森林体系建立了国际货币基金组织和国际复兴开发银行(也称世界银行)两大国际金融机构。前者负责向成员国提供短期资金借贷,目的是保障国际货币体系的稳定;后者提供中长期信贷以促进成员国经济复苏。

(4)国际收支调整制度。在国际收支调整机制方面,成员国对于国际收支经常项目的外汇交易不得加以限制,不得施行歧视性的货币措施或多种货币汇率制度。

布雷顿森林体系的形成结束了战前货币金融领域的混乱局面,维持了战后世界货币体系的正常运转。美国通过赠与、信贷、购买外国商品和劳务等形式,向世界散发了大量美元,客观上起到了扩大世界购买力的作用。同时,固定汇率制在很大程度上消除了由于汇率波动而引起的动荡,在一定程度上稳定了主要国家的货币汇率,这有利于国际贸易的发展。另外,国际货币基金组织要求成员国取消外汇管制,也有利于国际贸易和国际金融的发展,它可以使国际贸易和国际金融在实务中减少许多干扰或障碍。布雷顿森林体系形成后,国际货币基金组织和世界银行的活动对世界经济的恢复和发展起了积极作用。

布雷顿森林体系是以美元和黄金为基础的金汇兑本位制。它必须具备两个基本前提:一是美国国际收支能保持平衡;二是美国拥有绝对的黄金储备优势。但布雷顿森林体系自身存在无法克服的局限性:①国际清偿能力供应与美元信誉保证之间的矛盾。要满足世界经济和国际贸易的不断增长的需要,国际储备必须有相应的增长,这就要求各国手中持有比较多的美元,而美元供应太多,就会发生美元不能兑换黄金的风险,这必然会影响人们对美元的信心,引起美元危机;而美国如果要保持国际收支平衡,减少美元供应,又会引起国际清偿能力不足。这就是通常所说的"特里芬难题"。②黄金的有限性与国际储备、国际支付需求无限增长之间的矛盾。黄金生产、供应量和储藏量都是有限的,它根本无法满足以黄金为基础的布雷顿森林体系下国际支付和国际储备的需求。以上两对无法解决的矛盾注定了布雷顿森林体系必然崩溃的命运。从 20 世纪 50 年代后期开始,随着美国经济竞争力逐渐削弱,其国际收支开始趋向恶化,出现了全球性"美元过剩"情况,各国纷纷抛出美元兑换黄金,美国黄金开始大量外流。1971 年 8 月,美国宣布实行"新经济政策",尼克松政府宣布放弃按 35 美元一盎司的官价兑换黄金,这使西方货币市场更加混乱。1973 年美元危机中,美元进一步贬值,欧洲经济共同体和日本、加拿大等国宣布实行浮动制。美元停止兑换黄金和固定汇率制的垮台,标志着战后以美元为中心的布雷顿森林体系终于完全崩溃。

3)牙买加体系

布雷顿森林体系崩溃以后,国际金融秩序又复动荡,国际社会及各方人士也纷纷探析能否建立一种新的国际金融体系,提出了许多改革主张,如恢复金本位、恢复美元本位制等,但均未能取得实质性进展。直至 1976 年 1 月,国际货币基金组织为改革国际货币制度而设立的"国际货币制度临时委员会"在牙买加首都金斯敦举行会议,讨论国际货币基金协定的条款,经过激烈的争论,签订了《牙买加协议》。同年 4 月,国际货币基金组织理事会通过了《IMF 协定第二修正案》,从而形成了新的国际货币体系。

牙买加体系放弃了布雷顿森林体系下的双挂钩制度,但保留了布雷顿森林体系下的国际货币基金组织(IMF),并且加强了该组织的作用。《牙买加协议》的主要内容包括:

其一,实行浮动汇率制度的改革。《牙买加协议》正式确认了浮动汇率制的合法化,承认固定汇率制与浮动汇率制并存的局面,成员国可自由选择汇率制度。同时,国际货币基金组织继续对各国货币汇率政策实行严格监督,并协调成员国的经济政策,促进金融稳定,缩小汇率波动范围。

其二,推行黄金非货币化。《牙买加协议》做出了逐步使黄金退出国际货币的决定,并规定废除黄金条款,取消黄金官价,成员国中央银行可按市价自由进行黄金交易;取消成员国相互之间以及成员国与国际货币基金组织之间须用黄金清算债权债务的规定,国际货币基金组织逐步处理其持有的黄金。

其三,扩大特别提款权(SDRs)的作用。修订特别提款权的有关条款,规定会员国之间只要双方同意,也可直接进行特别提款权交易和转移,以使特别提款权逐步取代黄金和美元而成为国际货币制度的主要储备资产。参加特别提款权账户的会员国,可以用特别提款权作为各国货币定价标准,可以用特别提款权偿还国际货币基金组织的债务,也可以用特别提款权作为偿还债务的担保。

其四,增加成员国基金份额。

其五,扩大信贷额度,以增加对发展中国家的融资。

牙买加体系的积极作用体现在三个方面:①多元化的储备结构为国际经济提供了多种清偿货币,在一定程度上解决了"特里芬难题"。②混合汇率体制能够灵敏地反映不断变化的经济情况,有利于国际经济运转和世界经济的发展。③该体系采取多种调节机制相互补充的办法来调节国际收支,因而在一定程度上解决了布雷顿森林体系调节机制失灵的问题。

牙买加体系的消极影响也体现在三个方面:①牙买加体系所呈现的国际货币多元化趋势日益加强,而多元国际货币体系缺乏统一稳定的货币标准,容易造成国际金融的不稳定。②在牙买加体系下,汇率波动频繁而剧烈,增加了外汇风险。③国际收支调节机制不健全,牙买加体系并没有完全消除全球国际收支失衡的问题。

目前,牙买加体系尚未有发生重大改变的迹象,但伴随着其暴露出来的种种问题,改革的方案层出不穷。应该看到,随着世界经济一体化的趋势不断加强,不稳定的牙买加体系终将被新的体系所取代。

【案例分析1-2】

中国中央银行行长提出了彻底改革全球货币体系的大胆建议

英国《金融时报》2009年3月24日报道　中国人民银行昨日提议,创建一个由国际货币基金组织控制的新全球体系,取代以美元作为国际储备货币的现行体系。

分析人士指出,这一提议表明,北京担心美国拯救本国经济所采取的措施会对中国产生负面影响。汇丰银行中国区首席经济学家屈宏斌表示:"这是个明确迹象,表明作为美元金融资产的最大持有者,中国对美联储印钞行为的潜在通胀风险表示担忧。"

尽管周小川并未提及美元,但文章对当今美元主导的货币体系提出了尖锐批评。

除了以美元形式持有2万亿美元外汇储备中的大部分资产,中国几乎没有其他选择,这种情况在短期内不可能得到改变。为了取代当前体系,周小川建议拓宽特别提款权(SDRs)的作用。国际货币基金组织于1969年推出特别提款权,以支持布雷顿森林体系下的固定汇率制,但在该体系于上世纪70年代崩溃后,特别提款权的相关性有所下降。目前,特别提款权的计值基于由美元、日元、欧元和英镑4种货币组成的一篮子货币,同时,国际货币基金组织及其他一些国际机构正广泛将其用作记账单位。

中国提议将构成特别提款权计值基础的篮子货币范围扩大到所有主要经济体,并建立特别提款权与其他货币之间的清算体系,使其能成为国际贸易和金融交易的支付手段。各国将委托国际货币基金组织代表它们集中管理一部分特别提款权储备,而特别提款权将逐步替换现有储备货币。周小川表示,这份提议需要"超凡的远见和勇气"。

要求:根据上述资料,分析中国提出改革当前国际货币制度的原因。

分析:美元是当今最主要的国际储备货币和国际结算货币,美元的波动必然对其他国家的经济产生重大影响。创建一种与单个国家脱钩的、能够长期保持稳定的国际储备货币,即所谓的超主权货币,能消除美元等货币固有的风险(这些货币只由发行国的信用支撑,而不是靠黄金和白银来支撑)。

知识题

1.1 货币大致经历了哪几个阶段?

1.2 货币的职能是什么?

1.3 什么是货币制度?货币制度的构成要素有哪些?

1.4 我国货币制度的主要内容有哪些?

1.5 布雷顿森林体系的主要内容有哪些?

1.6 牙买加体系的主要内容有哪些?

案例题

香港联系汇率制

联系汇率是与港币的发行机制高度一致的。香港没有中央银行,是世界上由商业银行发行钞票的少数地区之一。港币则是以外汇基金为发行机制的。外汇基金是香港外汇储备的唯一场所,因此是港币发行的准备金。发钞银行在发行钞票时,必须以百分之百的外汇资产向外汇基金交纳保证,换取无息的"负债证明书",以作为发行钞票的依据。换取负债证明书的资产,先后是白银、银元、英镑、美元和港币;实行联系汇率制度后,又再次规定必须以美元换取。在香港历史上,无论以何种资产换取负债证明书,都必须是十足的,这是港币发行机制的一大特点,实行联系汇率制依然沿袭。

联系汇率制度规定,汇丰银行、渣打银行和中国银行三家发钞银行增发港币时,须按7.8港元兑1美元的汇价以百分之百的美元向外汇基金换取发钞负债证明书,而回笼港币时,发钞银行可将港币的负债证明书交回外汇基金换取等值的美元。这一机制也被引入了同业现钞市场,即当其他持牌银行向发钞银行取得港币现钞时,也要以百分之百的美元向发钞银行进行兑换;而其他持牌银行将港币现钞存入发钞银行时,发钞银行也要以等值的美元付给它们。这两个联系方式对港币的币值和汇率起到了重要的稳定作用,这是联系汇率制的另一特点。

但是,在香港的公开外汇市场上,港币的汇率却是自由浮动的,即无论是在银行同业之间的港币存款交易(批发市场),还是在银行与公众间的现钞或存款往来(零售市场),港币汇率都是由市场的供求状况来决定的,实行市场汇率。联系汇率与市场汇率、固定汇率与浮动汇率并存,是香港联系汇率制度最重要的机理。一方面,政府通过对发钞银行的汇率控制,维持着整个港币体系对美元汇率的稳定联系;另一方面,通过银行与公众的市场行为和套利活动,使市场汇率在一定程度上反映现实资金供求状况。联系汇率令市场汇率在1:7.8的水平上作上下窄幅波动,并自动趋近之,不需要人为去直接干预;市场汇率则充分利用市场套利活动,通过短期利率的波动,反映同业市场情况,为港币供应量的收缩与放大提供真实依据。

联系汇率制真正成为香港金融管理制度的基础,是经历了几次金融危机和1987年股灾之后的事情。香港金融管理当局为完善这一汇率机制,采取了一系列措施来创造有效的管理环境,如与汇丰银行的新会计安排、发展香港式的贴现窗、建立流动资金调节机制、开辟政府债券市场、推出即时结算措施等;此外,还通过货币政策工具的创新,使短期利率受控于美息的变动范围,以保障港元兑美元的稳定。而对联系汇率制最有力的一种调节机制,还在于由历史形成的约束范围广泛和具有垄断性质的"利率协议",其中包括举世罕见的"负利率"规则,它通过调整银行的存、贷利率,达到收紧或放松银根,控制货币供给量的目的,因此至今仍然是维护联系汇率制度的一项政策手段。

要求:根据上述资料,分析香港货币制度的主要内容。

提示:联系汇率制。

实训题

实训项目:了解我们生活中存在的货币形式。

实训目的:掌握货币的定义、货币的本质,了解我们现代社会中现金、银行存款等各种货币的共同点与区别之处,了解各种形式货币在发挥货币功能方面的差异。

实训步骤:(1)分组讨论我们现代生活中存在哪些货币;

(2)分组讨论现金的特点;

(3)分组讨论银行存款中定期存款和活期存款作为货币的特点;

(4)分组讨论银行卡作为货币的特点;

(5)根据上述讨论结果,全体共同讨论上述不同货币形态在充当交易媒介和行使支付职能中的便利性和快捷性。

第2章 信用与利率

学习目标

在学习完本章节之后，你应该能够：了解信用的含义、基本特征与形式；明确信用在经济活动中的作用；熟知利息的来源，利率的各种分类；掌握决定利率水平的一般因素及利率变动对经济的影响。

【引例】

我国古代的信用

中国古代的信用起源于原始社会末期，最初的借款对象是实物。以后随着货币的产生和发展，货币借贷行为越来越多。在封建社会初期，放款者主要是官府、贵族以及大地主等，而借款者往往有着不同程度的人身依附关系，逃债非常困难，因此这一时期的借贷主要是信用放款，而且利息通常较高。战国时期，放款取息已是非常普通的事情。秦汉时还出现了专门靠放债取利的人，称“子钱家”。有些子钱家资本相当雄厚，甚至政府有时为筹措军费也要向他们借款。到了南北朝时期，出现了兼办信用业务的机构——寺院。当时佛教盛行，寺院遍布各地。僧尼在政治、经济上都享有不少特权。寺院不仅从事宗教活动，而且经营大量土地，兼营放款业务。除了传统的信用放款外，还出现了典当业，即抵押放款。

这一资料表明：信用是一种以偿还和付息为条件的借贷行为，体现一定的债权债务关系。利息是借款人支付给贷款人本金以外的报酬，是贷款人让渡货币使用权的代价，利息的高低通常用利率来衡量。

2.1 信用

2.1.1 信用概述

1)信用的含义与基本特征

在经济学中,信用是一种以偿还和付息为条件的借贷行为,体现一定的债权债务关系。信用有借方和贷方两个关系人,贷方为授信者,即债权人;借方为受信者,即债务人。授信过程是债权人提供一定有价物给债务人,到约定时间,债务人将有价物归还并加付一定利息。有价物可以是商品、劳务、货币或某种金融要求权(如股票或债券)。无论是何种信贷,通常都可用货币偿付。

信用具有如下基本特征:

(1)价值作单方面的让渡。贷方在没有取得等值品的情况下就将出借品给了借方,双方构成的是债权债务关系而非等价交换关系,所以信用伴生着风险。

(2)以还本付息为条件。由于在信用活动中贷方并没有放弃所有权,故必须偿还。贷方之所以愿意借出,是因为可以从中获益,借方之所以能够借入,是因为承诺了付息的责任,故付息成为信用活动的基本条件。

2)信用的产生与发展

(1)信用产生的基础和条件。信用这种借贷关系的产生是以剩余产品和私有制为前提条件的。在原始社会初期,社会生产力水平低下,人们的生产生活难以维持基本的生活需要,没有剩余产品可供调剂,因而不可能有信用借贷的存在。到了原始社会末期,出现了两次社会大分工(农业与牧业的分工和农业与手工业的分工),劳动生产率有了明显的提高,出现了剩余产品。随后出现了私有制,人们对剩余产品的占有不均等导致了贫富分化,一旦遇到天灾人祸,贫者就不得不向富有的人借实物或借钱,于是就产生了最早的信用关系。

(2)信用的发展。从借贷内容来看,最早的信用是实物借贷。实物借贷能直接满足借者的某种需要,直接性、及时性是它的优点。然而实物借贷有着与物物交易类似的缺点。因此,货币产生后,货币借贷逐渐取代实物借贷而占据主导地位。

从借贷的性质来看,早期的信用是属于高利贷性质的,它以利率高、剥削重而得名,被称为高利贷信用。它是奴隶社会和封建社会中广泛存在的一种古老的信用关系。

随着资本主义生产关系的确立,高利贷信用严重阻碍了资产阶级获取平均利润率的企图,于是资本主义国家用立法限制高利贷,特别是现代银行业的产生逐渐冲垮了高利贷的生存基础,借贷资本取代高利贷资本,逐渐形成了高度发达的资本主义信用关系。

在现代市场经济中,债务和信用是广泛存在的经济现象,比如所有的信用货币都由债务关系组成,纸币是财政部或中央银行的负债,存款则是银行的负债。社会上多数的支付方式都是使用支票、汇票等信用凭证,把银行存款从付款人转给收款人。由于技术进步和激烈的市场竞争,大多数商品交易都是以延期付款的方式进行的。同时,有些大型的机器设备(如飞机、轮船、卫星等),由于其价值高、生产时间较长,供求双方多采用预付部分货款的方式签订购销合同。因此,当代市场经济已变成高度发达的信用经济。

【知识链接 2-1】

票 据

按照《中华人民共和国票据法》(以下称《票据法》),票据是指汇票、本票和支票。

汇票是出票人签发的,委托付款人在见票时或者在指定日期无条件支付确定的金额给收款人或者持票人的票据。汇票分为银行汇票和商业汇票。

本票是出票人签发的,承诺自己在见票时无条件支付确定的金额给收款人或者持票人的票据。《票据法》所称的本票,是指银行本票。

支票是出票人签发的,委托办理支票存款业务的银行或者其他金融机构在见票时无条件支付确定的金额给收款人或者持票人的票据。

2.1.2 信用的形式

信用形式是信用关系的具体表现,按照借贷主体的不同,现代经济生活中的信用形式主要包括商业信用、银行信用、国家信用、消费信用等。其中,商业信用和银行信用是两种最基本的信用形式。

1)商业信用

商业信用是指工商企业之间在进行商品和劳务交易时以延期支付和预付货款的形式所提供的信用。

(1)商业信用的特点。主要表现为:

其一,商业信用主要是以商品形态提供的。它同时包含两种形态的经济行为,即商品买卖行为和借贷行为,提供信用的过程就是买卖过程。

其二,商业信用的借贷双方都是商品生产者或经营者。债权人即信用的授予者,在商品赊销行为中,是商品的卖方,在货款预付行为中,是商品的买方;债务人,即信用的接受者,在商品赊销行为中,是商品的买方,在货款预付行为中,是商品的卖方。

其三,商业信用的运动与经济周期的波动基本上是一致的。即信用规模随着生产和商品流通规模的扩大而扩大;反之则缩小。

(2)商业信用的作用。主要表现为:

首先,商业信用能够克服流通当中货币量不足的困难,以创造信用流通工具,促进商品的流通和流转。在商品经济中,商品的流通要求有相应的货币量为其服务。如果流通中的货币量少于货币的必要量,就不利于商品的流通和流转,有些商品就可能停留在某个流通环节。有了商业信用,可以通过赊销商品延期支付的方式来销售商品,使得原来由于缺少流通手段而停留在某个环节的商品顺利地实现流通。同时,在商业信用的基础上产生了商业票据,如商业汇票和商业本票,这些票据在一定范围内可以流通转让,这就发挥了货币的媒介作用,自发地弥补了流通中货币量的不足。

其次,商业信用能够促进滞销商品的销售,避免社会财富的浪费。商品之所以要采用赊销的方式进行销售,除了流通中货币不足的原因以外,也有可能是因为商品不适销对路,或商品的质量、价格有问题。这样的商品是每一个生产单位都不希望出现的,但在实际生产经营中不可能完全避免。一旦出现了类似的商品,采用商业信用的方式促其销售,进入消费领域,以避免滞压、报废而造成社会财富的浪费。

最后,商业信用能加速短缺商品的生产,尽快实现商品供求的均衡。在商业信用中,有一种预付货款的方式。对紧俏的短期商品,可以采用预付货款的方式订购,这可以使生产企业及早拿到资金,扩大短缺商品的生产,尽快实现供求的平衡。

(3)商业信用的局限性。主要表现为:

其一,商业信用的规模、金额有限。从个别企业来看,它受个别企业资本额以及现有生产能力的限制,即受个别企业的准备金和存货量的限制。从全社会来看,它只是在职能资本家之间进行的,其信用额仅限于企业暂时不能投入再生产过程的那部分资本量。它不可能超过职能资本家现有的资本总额,更不能在总额之外获得追加资金。

其二,商业信用的范围有限。它仅存在于有商品供求关系的双方之间。它只能由商品的卖方(赊销)或商品的买方(货款预付方)来提供;同时,商业信用一般是在经常来往、相互了解的企业间进行的。

其三,商业信用的信用链条不稳定。商业信用是由工商企业相互提供的,如果某一环节因债务人经营不善而中断,就有可能导致整个债务链条的中断,引起债务危机的发生,甚至会冲击银行信用。

由于上述局限,使商业信用具有分散性、盲目性的特点,所以它不能成为现代市场经济信用的中心和主导。

【案例分析2-1】

商务部:推动商业信用销售发展以促经济平稳增长

商务部副部长姜增伟17日在长春表示,积极推动商业信用销售是落实中央关于扩大内需战略方针的重要内容,是保持经济长期平稳较快发展的有效措施,应该形成良好制度环境促进国内商业信用销售发展。

姜增伟是在由商务部主办的"加强风险管理,发展信用销售——2008商业信用销售论坛"上作上述表示的。

目前,"信用销售"这一名词对国内大众而言还很陌生,它是指企业通过对购买人的信任,将产品先交付购买人使用,其后在约定期限内收回货款,销售形式包括赊销、寄售、分期付款、延期付款等。信用销售以商品移交和货款支付在时间和空间上的分离为特征,是成熟市场经济环境中商业销售的基本形态,是商品生产经营者及消费者之间的一种直接信用,也是国际上最常见的一种商务信用形式。

姜增伟表示,商业信用销售对我国经济发展具有重要作用,它可以扩大国内需求,刺激消费增长;缓解企业融资困难,促进中小企业发展;扭转信用逆差,规避国际信用风险;加快资金周转,提高经济运行效率;改善市场诚信环境,促进经济社会和谐。

有数据显示,目前美国信用消费占总消费额的2/3左右,这一数字在日本为1/3,而在2006年的中国仅为2.3%。"因此目前亟须形成良好的制度环境,推动商业信用销售发展。"姜增伟说。

资料来源:姚湜,《商务部:推动商业信用销售发展以促经济发展》,新华网,2008-09-17。

要求:根据上述资料,分析商业信用在我国的发展情况。

分析:与西方市场经济国家相比,我国商业信用销售的发展水平并不高。这主要表现在:信用环境较差,买方拖欠卖方的货款司空见惯;缺乏信用销售风险分担和防范机制;发展环境不宽松,现行政策在一定程度上限制和约束了企业之间的资金拆借等信用活动以及商账追收等信用服务行业的发展;受文化习惯和消费传统等因素的影响,现金仍然是居民消费的主要支付方式。

2)银行信用

银行信用是指银行及其他金融机构通过放款、贴现等方式,以货币形态提供的信用。

(1)银行信用的特点。主要表现为:

其一,银行信用的债权人是银行或者其他金融机构,债务人是工商企业和公众。

其二,银行信用是间接融资信用。银行作为信用中介,其身份具有双重性:在筹集资金的过程中,银行作为债务人,承担着向存款人支付利息并按期还本的义务;在放款过程中,银行作为债权人,享有向借款人收取利息以及按期收回本金的权利。

其三,银行信用贷出的是货币资金,它的使用在时间和投放方向上的限制都大大少于商业信用。

其四,银行信用的规模巨大,其规模不受银行自有资本的限制。银行聚集资金是全方位的,不仅有工商企业暂时闲置的货币资金,而且还包括居民的储蓄存款。在当代不兑现的信用货币制度下,由于部分准备制度和非现金结算制度存在,商业银行系统还可以以创造派生存款的方式扩张信用。因此,银行信用的规模可超出银行现有的资本存量,这就克服了商业信用在规模上的局限性。

其五,银行信用的期限比较灵活,可长可短。银行吸收的存款短、中、长期均有,短期存款可用于向工商企业发放短期贷款,以满足企业季节性和临时性的流动资本需要;中长期存款可用于向工商企业发放中长期贷款,以满足企业在扩大投资上的固定资本需要。这就克服了商业信用在期限上的局限性。

(2)银行信用与商业信用的关系。主要表现为:

首先,商业信用是银行信用的基础。银行信用虽然打破了商业信用的局限性,并扩大了信用界限,但它却不能够完全取代商业信用。这首先是因为,从信用发展的历史来看,商业信用先于银行信用而存在,银行信用是在商业信用广泛发展的基础上产生和发展起来的。其次是因为,商业信用是直接与商品生产和流通相联系的,是直接为再生产服务的。企业在赊销过程中,能够通过商业信用直接融资时,常常不去运用银行信用,因为从银行取得贷款,也是去购买原材料,而直接赊购原材料更方便。

其次,银行信用是主导。在整个信用制度中,银行信用处于主导的地位。这首先是因为,它的规模和范围都远远超过其他信用形式,同时克服了商业信用的局限性。其次,有了银行信用,商业信用才能进一步完善。因为商业信用形成的票据大多有一定期限,当未到期商业票据持票人急需现金时,向银行贴现,能够取得现金或流动性强的银行信用工具,使得商业信用得到进一步完善。

3)国家信用

国家信用是国家以债务人的身份通过举债来筹措资金的一种信用形式。

(1)国家信用的特点。①国家信用的主体是政府,政府以债务人的身份出现,债权人是全社会经济实体和个人。②国家信用的形式主要是发行公债(包括中长期国债和短期国库券),其次是向中央银行短期借款。

(2)国家信用的作用。国家信用在现代经济生活中的作用越来越明显。第一,弥补财政赤字,所筹措的资金大多用作基础设施、公共事业建设等非生产性支出,还可用于军费开支和社会福利支出等。第二,调节货币供求,稳定经济发展。当资金供求不平衡、产品过剩、经济萎缩时,可通过国家信用增加政府的投资和消费支出,对经济起扩张作用;反之,如果流通中货币过多,国家信用可吸收社会上闲散资金,抑制资金过热。第三,国库券和公债券是在收益、安全、流动性方面都比较好的投资选择,因而能较好地吸引投资者。

4)消费信用

消费信用是指工商企业、银行和其他金融机构向消费者个人提供的满足其消费需要的信用。

(1)消费信用的方式。主要有以下几种:

一是赊销。工商企业对消费者提供的短期信用,即以延期付款方式销售,消费者到期一次付清货款。在西方国家,消费信用一般采用信用卡方式,即由银行或其他金融机构发给其客户信用卡,消费者可凭信用卡在约定单位购买商品或进行其他支付,有的还可以向发卡银行或其代理行透支小额现金。工商企业、公司、旅馆等每天营业终了时向发卡机构索偿款项,发卡机构与持卡人定期结算清偿。

二是分期付款。它是销售单位提供给消费者的一种信用,多用于购买耐用消费品如小汽车、家电等。这种消费信用的借贷双方要签订书面合同,该合同载明合同期限、利息、每次付款的金额及其他费用。消费者先付一部分货款,然后按合同分期支付其余货款和利息。本息付清后,消费品即归消费者所有。

三是消费贷款。即银行和其他金融机构采取信用放款和抵押放款方式,对消费者提供的信用。按接受贷款的对象不同,消费贷款可分为买方信贷和卖方信贷两种。买方信贷是对购买消费品的消费者发放贷款;卖方信贷是以分期付款单作抵押,对销售消费品的企业发放贷款。

【案例分析2-2】

我国近期将试点设立金融公司提供消费贷款

未来,个人在购买家电、旅游和教育消费时,可以向消费金融公司贷款。记者昨日从中国银监会获悉,消费金融公司试点将在近期设立,以扩大消费、拉动内需。

作为非银行金融机构,消费金融公司不吸收公众存款,以小额和分散为原则,为个人提供以消费为目的的贷款。根据中国银监会的要求,未经其批准,任何单位不得在机构名称中使用"消费金融"字样。

中国银监会昨日发布的《消费金融公司试点管理办法(征求意见稿)》指出,消费金融公司的业务包括个人耐用消费品贷款和一般用途个人消费贷款。前者通过经销商向借款人发放,仅限用于购买约定的家用电器和电子产品等耐用消费品。在试点阶段,消费金融公司不涉足房地产贷款和汽车贷款。一般用途个人消费贷款由消费金融公司直接向借款人发放,主要用于个人和家庭旅游、婚庆、教育和装修等消费项目。

中国银监会非银行金融机构监管部副主任陈琼昨日表示,与发达国家相比,我国目前从事消费信贷服务的金融机构类型很少,只有商业银行和汽车金融公司两类,消费贷款占贷款总额的比例不到12%,且消费信贷业务品种少,主要以住房按揭贷款、汽车贷款和信用卡业务为主,以耐用消费品为对象的无抵押、无担保的小额消费信贷只有个别银行和担保公司联合办理过,但规模小,手续烦琐,专业化程度低,效率不高。

资料来源:李若愚,《我国近期将试点设立金融公司提供消费贷款》,载《北京晨报》,2009-05-13。

要求:根据上述资料,分析消费贷款在我国的发展情况。

分析:我国消费信贷服务体系还不够健全与完善。消费信贷仅占整个贷款量的大概12%不到,从事消费信贷服务的金融机构类型较少,消费信贷业务品种较少,消费信贷供给不足。消费信贷体系的落后与我国转变经济增长方式、扩大内需的经济政策是不相适应的。

(2)消费信用的作用。消费信用的作用主要表现在三个方面:第一,在一定程度上缓和消费者有限的购买力与不断增长的现代化生活需求之间的矛盾,有助于提高消费水平,改善人民生活和社会消费结构。第二,可发挥消费对生产的促进作用。消费信用的存在和发展可有效地扩大消费品的需求,加速商品价值的实现,从而引起商品生产规模进一步扩大,刺激经济不断发展。第三,发展消费信用可以为大量银行资本找到出路,提高银行资本的使用效率。

除了上述几种主要信用形式之外,现代经济生活中还有信托信用、租赁信用、保险信用、民间信用以及国际信用等。

2.1.3 信用的经济功能

信用在市场经济中主要有三项功能:一是调剂资金余缺和分配闲置资源;二是提供和创造流通工具;三是调节国民经济的运行。

1)调剂资金余缺和分配闲置资源

在经济社会中,信用关系表现为货币资金从资金盈余单位流向资金短缺单位,在宏观上实现储蓄向投资的顺利转化。然而调剂资金余缺仅仅是信用功能表现的一个方面,从表面上看,信用资金的运动一般与商品的运动没有直接的关系,但资金短缺部门借用资金的目的往往是购买商品、劳务或进行真实资产投资。从再生产的角度来看,信用资金的转移将最终引起资源的转移,所以信用在调剂资金余缺的同时,也就起到了分配资源,使资源得到充分利用的作用。

信用在调剂资金余缺,分配社会闲散资源的过程中,大大地促进了生产的发展和消费质量的提高。我们首先从资本的形成过程来看,一方面,信用促进了资本积累和积聚,使生产变为社会化大生产,信用把零星的资金集中起来,转化为实际的生产要素,从而使企业取得规模经济效益,大大提高了生产的效率;另一方面,信用还可以提高资金的使用效益。因为信用是以有偿付息为特征的,资金以信用的方式流动,不仅可以使企业尽量减少资金占用,加速资金周转,而且也使资金和资源从效率低的部门流向效率高的部门,从而提高了整个社会的投资效率和生产力。信用不仅能促进生产力的发展,而且还提高了消费的质量和数量。信用除了有助于实现消费时间的转移,提高消费的总效用外,还可以发挥消费指导生产的作用。

2)提供和创造流通工具

信用在发挥调剂资金和分配闲置资源功能的同时,还发挥着提供和创造信用流通工具的作用。现代信用在分配或转移闲置资金和资源时,必须借助于某种形式的流通工具进行,如商业信用中的商业汇票,银行信用中的支票、银行本票和银行汇票以及银行承兑汇票等等。这些金融工具经过背书能流通转让,具有较大的流动性,从而大大节约了金属货币和现钞的使用,促进了货币形式的发展,也极大地方便了商品流通。

3)调节国民经济的运行

从宏观控制的角度看,信用具有调节国民经济的功能。这有两层含义,一是信用具有自发地调节国民经济运行的功能;二是人们可以自觉地利用信用调节国民经济。信用的自发调节功能表现在,当经济繁荣时,资金需求旺盛,使市场利率上扬,从而自动抑制信用规模,抑制过热的投资和需求;当经济萧条时,资金供给大于需求,使市场利率下跌,从而刺激投资和需求,信用扩张,促进经济复苏。因此,信用具有自发地调节和平衡经济增长的功能。但这种功能的作用是有限的。

2.2 利率

2.2.1 利息和利率

1)利息和利率的含义

利息是借款人支付给贷款人本金以外的报酬。之所以会有利息,一般的解释如下:

(1)延迟消费。现在的一单位货币与未来的一单位货币的购买力之所以不同,是因为要节省现在的一单位货币不消费而改在未来消费,则在未来消费时必须有大于一单位的货币可供消费,作为延迟消费的补偿。

(2)预期的通胀。经济会出现通货膨胀,代表一定数量的金钱在未来可购买的商品会比现在较少。因此,借款人需向放款人补偿此段期间的损失。

(3)代替性投资。放款人有选择地把金钱投入其他投资。由于机会成本,放款人把金钱借出,等于放弃了其他投资的可能回报。借款人需与其他投资竞争这笔资金。

(4)投资风险。借款人随时有破产、潜逃或欠债不还的风险,放款人需收取额外的金钱,以保证在出现这些情况下,仍可获得补偿。

(5)流动性偏好。人们会偏好其资金或资源可随时用于交易,而不是需要时间或金钱才可取回,利息是对此的一种补偿。

利息率,是指借贷期内所形成的利息额与所贷资金额的比率,简称为利率。“古典学派”认为,利率是资本的价格,而资本的供给和需求决定利率的变化;凯恩斯则把利率看做是“使用货币的代价”。马克思认为，利率是剩余价值的一部分，是借贷资本家参与剩余价值分配的一种表现形式。利率是经济学中一个重要的金融变量，几乎所有的金融现象、金融资产均与利率有着或多或少的联系。现在，所有国家都把利率作为宏观经济调控的重要工具之一。当经济过热、通货膨胀发生时，便提高利率、收紧信贷；而当经济衰退、萧条时，一般降低利率。因此，利率是重要的基本经济因素之一。

2）利率的种类

(1)以时间长短为标准，可以将利率分为日利、月利、年利、短期利率和长期利率。

日利是以天为实际单位计算利率，习惯叫“拆息”，通常以万分之几（毫）计算。

月利是以月为时间单位计算利率，通常以千分之几（厘）计算。

年利是以年为时间单位计算利率，通常以百分之几（分）计算。

短期利率一般是指借贷时间在一年以内的利率。

长期利率一般是指借贷时间在一年以上的利率。

习惯上，不论是拆息、月利、年利我们都用“厘”作单位，而且它们之间存在一定的换算关系。如年利8厘、月利5厘、拆息2厘，表达方式是，年利8厘为8%，月利5厘为5‰，拆息2厘为2‱；换算关系上，拆息2厘折合月利6‰(2‱×30)、年利7.2%(2‱×360)。

以年为时间单位划分短期利率和长期利率，和会计核算的时间长度有关，也与金融工具分类中货币市场工具和资本市场工具相区别的时间标准有关。一般来说，期限长短与利率大小及投资风险有直接关系。期限越长的投资，风险越大，利率越高；期限越短的投资，风险越小，利率越低。

(2)按利率与通货膨胀的关系，可以将利率分为名义利率和实际利率。

名义利率，是中央银行或其他提供资金借贷的机构所公布的未调整通货膨胀因素的利率，即利息（报酬）的货币额与本金的货币额的比率。名义利率并不是投资者能够获得的真实收益，这与货币的购买力有关。如果发生通货膨胀，投资者所得的货币的购买力会贬值，因此投资者所获得的真实收益必须剔除通货膨胀的影响，这就是实际利率。实际利率，指物价水平不变，从而货币购买力不变条件下的利率。

设 r 为名义利率，i 为实际利率，P 为物价变动率，则名义利率与实际利率之间有如下关系式：

概略的计算公式可以写成：$r = i + P$

较为精确的计算公式可以写成：$r = [(1+i)(1+P)] - 1$

这是目前国际上通用的计算实际利率的公式。

经济生活中，区别名义利率与实际利率至关重要。是亏是盈不能看名义利率，而要看实际利率。例如，如果银行一年期存款利率为2%，而同期通货膨胀率为3%，则储户存入的资金实际购买力在下降。因此，扣除通货膨胀因素后的实际利率才具有实际意义。仍按上例,实际利率为2%-3% =-1%,也就是说,存在银行里是亏钱的。在中国经济快速增长及通货膨胀压力难以消除的长期格局下,很容易出现实际利率为负的情况,即便中央银行不断加息,也难以消除。所以,名义利率可能越来越高,但理性的人士仍不会将主要资产以现金方式在银行储蓄,只有实际利率也为正时,资金才会从消费和投资领域逐步回流到储蓄领域。

(3)按借贷期内利率是否变动,可以将利率分为固定利率和浮动利率。

固定利率是指在借贷期内不作调整的利率。实行固定利率,对于借贷双方准确计算成本与收益十分方便,是传统采用的方式。但是,当借贷期限较长或市场利率波动较为剧烈时,借款人或贷款人可能就要承担利率变化的风险。因此,对于中长期贷款,借贷双方一般都倾向于选择浮动利率。

浮动利率是一种在借贷期内可定期调整的利率。根据借贷双方的协议,由一方在规定的时间依据某种市场利率进行调整,一般调整期为半年或3个月。浮动利率因手续繁杂、计算依据多样而增加费用开支,因此,多用于3年以上的及国际金融市场上的借贷。

【案例分析2-3】

连续降息　固定利率房贷不划算

加息时代的固定利率已成为一些购房人的负担。2007年,央行先后六次提高了人民币贷款利率。加息后5年期以上个人贷款基准利率增加到7.83%,下限利率也有6.65%。在去年利率高峰期办理固定利率房贷的客户,其享受的固定利率基本在7%以上。2008年开始的四次降息之后,前两年替贷款者省了不少利息的固定利率贷款反倒成了负担。

2006年开始,不少商业银行都推出了固定利率房贷业务。各家银行的利率有高有低,但一般都低于基准利率,高于8.5折后的当时下限利率。经过四次降息之后,5年期以上的房贷基准利率已降为6.12%。

有购房者去年7月在某银行办理5年期固定利率贷款,当时约定的贷款年利率为7.56%,比现在的基准利率要高出1.44个百分点。同样是50万5年期的贷款,用去年的固定利率算,每月还款10 033元左右,而现在采用浮动利率只需9 694元,两者相差338元,5年下来,后者比前者少付利息2万多元。这还没有考虑今后再降息的调整。

如果央行再次降息,固定利率与浮动利率之间的利息差会进一步扩大。理财专家建议,正打算贷款买房的新客户最近最好不采用固定利率方式,而已经使用固定利率的老客户,可根据具体情况来决定转变成浮动利率。

资料来源:程婕,《连续降息　固定利率房贷不划算可申请转办浮动利率》,载《北京青年报》,2009-09-29。

要求:根据上述资料,分析固定利率和浮动利率的特点。

分析:固定利率一开始就锁定了借贷成本,当未来市场利率上升时,借款人得利而放款人则遭受损失；反之，当未来市场利率下降时，放款人得利而借款人遭受损失，因此固定利率使得借贷双方面临着未来利率波动的风险。浮动利率根据市场利率的变动而不断调整，能及时反映市场资金实际成本，借贷双方承担的市场利率变动的风险较小。

(4)按利率是否按市场规律自由变动，可以将利率分为市场利率、官定利率和公定利率。

市场利率是指在借贷货币市场上由借贷双方通过竞争而形成的利息率，包括借贷双方直接融通资金时商定的利率和在金融市场上买卖各种有价证券时的利率。官定利率，也叫法定利率，是由一国政府金融监管部门或中央银行确定的利率，是国家实现宏观调控目标的一种政策手段。公定利率，是指一国非政府部门的民间金融组织如银行公会等所确定的利率，这种利率对其成员银行有一定的约束性。官定利率和公定利率都不同程度地反映了非市场的强制力量对利率形成的干预。

我国目前的利率体系中，官定利率处于主导地位。绝大多数利率仍是由中国人民银行制定、报国务院批准后执行。市场利率范围有限，主要是在同业拆借等领域。但中央银行在确定官定利率时，一般以市场利率作为重要依据。

(5)按金融机构对同类贷款利率制定的不同标准，可以将利率分为一般利率、差别利率、优惠利率。

一般利率是金融机构按照一般标准发放贷款和吸收存款所执行的利率，主要针对普通客户。

差别利率是指针对不同的贷款种类和借款对象实行的不同利息率。它体现了金融机构不同的贷款意向以及国家的政策倾向。

优惠利率是指国家通过金融机构对需要重点扶植或照顾的企业、行业或部门所提供的低于一般贷款利率水平的利率，目的在于刺激这些部门的生产，调动它们的积极性，实现产业结构调整和产品结构调整。在我国，享受优惠贷款利率的贷款一般有技术改造贷款、外贸出口产品收购贷款、粮棉油贷款、民政部门福利工厂贷款、老少边穷地区发展经济贷款等。

3)影响利率水平的一般因素

(1)社会平均利润率。马克思认为，利息是利润的一部分。所以，银行在调整利率时，必然会关注社会平均利润率的高低，既不会因为少数企业的利润率偏低就降低利率，也不会因为少数企业的利润率偏高而提高利率。总的来说，社会平均利润率越高，利率水平也会相应提高，否则就无法正确反映利率的杠杆作用；社会平均利润率越低，利率水平也要相应降低，否则大多数企业会承受不了这样的高利率水平。利率水平最高不可能高于社会平均利润率，但最低也不能低于零。

(2)资金的供求状况。在平均利润率既定时，利率的变动则取决于平均利润分割为利息与企业利润的比例，而这个比例是由借贷资本的供求双方通过竞争确定的。一般地，当借贷资本供不应求时，借贷双方的竞争结果将促进利率上升；相反，当借贷资本供过于求时,竞争的结果必然导致利率下降。在我国市场经济条件下,由于作为金融市场上的商品的“价格”——利率,与其他商品的价格一样受供求规律的制约,因而资金的供求状况对利率水平的高低仍然有决定性作用。

【知识链接2-2】

表2-1　　我国金融机构人民币一年期存款利率调整情况

调整时间	利　率	调整时间	利　率	调整时间	利　率	调整时间	利　率
1990.4	10.08%	1996.8	7.47%	2002.2	1.98%	2007.8	3.60%
1990.8	8.64%	1997.10	5.67%	2004.10	2.25%	2007.9	3.87%
1991.4	7.56%	1998.3	5.22%	2006.8	2.52%	2007.12	4.14%
1993.5	9.18%	1998.7	4.77%	2007.3	2.79%	2008.10	3.87%
1993.7	10.98%	1998.12	3.78%	2007.5	3.06%	2008.11	2.52%
1996.5	9.18%	1999.6	2.25%	2007.7	3.33%	2008.12	2.25%

资料来源:中国人民银行网站。

(3)物价变动的幅度。由于价格具有刚性,变动的趋势一般是上涨,因而怎样使自己持有的货币不贬值,或遭受贬值后如何取得补偿,是人们普遍关心的问题。这种关心使得从事货币资金经营的银行必须使吸收存款的名义利率适应物价上涨的幅度,否则难以吸收存款;同时也必须使贷款的名义利率适应物价上涨的幅度,否则难以获得投资收益。所以,名义利率水平与物价水平具有同步发展的趋势,物价变动的幅度制约着名义利率水平的高低。

(4)国际利率水平。现代经济的一个重要特征就是经济日益国际化、一体化。在开放的经济体系中,国际间的经济联系使国内市场利率受到国际市场利率的深刻影响。这种影响是通过资金在国际间的流动来实现的,当国际市场利率高于国内利率时,国内货币资本流向国外;反之,当国际市场利率低于国内利率时,则国外货币资本流进国内。不论国内利率水平高于还是低于国际市场利率,在资本自由流动的条件下,都会引起国内货币市场上资金供求状况的变动,从而引起国内利率变动。

(5)中央银行的货币政策。目前世界各国普遍推行国家干预经济的政策,利率成为国家对经济活动进行调节的重要工具。中央银行可以通过运用货币政策工具改变货币供给量,从而影响可贷资金的数量,间接调节市场利率。当中央银行想要刺激经济时,会增加货币投入量,使可贷资金的供给增加,利率下降,刺激消费和投资;当中央银行想要限制经济过热时,会减少货币供给量,使可贷资金的供给减少,利率上升,从而抑制消费和投资,使经济过热得到控制。

4）利率变动对经济的影响

利率的高低，能反映一国宏观经济运行的基本状况，利率的变动，又会影响所有宏观经济变量。利率作为重要的经济杠杆，对宏观经济运行与微观经济活动都有着极其重要的调节作用。

（1）利率变动对资金供求的影响。利率水平的变动会影响借贷资金的供给和需求。对资金盈余者而言，利率反映了其持有资金的机会成本和贷出资金的收益，当利率提高时，贷出资金的收益增加，资金盈余者贷出资金的动力增强，借贷资金供给增加。对资金短缺者而言，利率反映了其借入资金的成本和负担，当利率提高时，借款成本增加，借入资金需求就会受到制约，借贷资金需求减少。

（2）利率变动对储蓄的影响。从宏观看，居民的全部收入可分为消费和储蓄两个部分，储蓄＝收入－消费。在收入水平一定的情况下，储蓄的多少取决于消费倾向，若居民的消费倾向高，则新增收入中用于消费的部分大，储蓄就少。居民的消费倾向除了与目前收入水平、未来收入预期、物价水平及消费观念等有关外，还受利率水平的影响。利率上升会抑制人们的消费欲望，从而储蓄增加；利率下降会刺激人们的消费欲望，从而减少储蓄。

【小思考2－1】

利率变动对储蓄的影响

从1996年5月1日到2002年2月21日，中央银行连续八次调低利率，从10.98%下调到1.98%，利率有了极大幅度的降低，但我国居民储蓄仍然保持持续的增长，造成这种现象的原因是什么？

答：有两个方面的原因：一是储蓄分预防性储蓄和投资性储蓄。我国的储蓄以预防性储蓄为主，而非投资性储蓄，受利率影响较小。二是国民收入在这段期间快速增长，随着收入的增长，储蓄也会自然增长。

（3）利率变动对投资的影响。在影响投资的因素中，利率是主要因素。在预期投资利润率一定的情况下，企业是否进行投资，在很大程度上取决于利率的高低，即成本的高低。这是因为企业用于投资的资金多半是借来的，利息是投资的成本。利率上升时，企业投资成本增加，投资会相应减少；利率下调时，投资成本降低，投资会相应增加。利率变动不但影响投资规模，也会影响投资结构。投资结构主要是指用于国民经济各部门、各行业以及社会生产各个方面的投资比例关系。一般来说，利率水平对投资结构的作用依赖于预期收益率与利率的对比。资金容易流向预期收益率高的投资活动，而预期收益率低于利率的投资，往往由于缺乏资金而无法进行。从短期来看，利率的变动会引起投资结构的调整，利率越高，投资会越集中于期限短、收益高的项目。

（4）利率变动对股市的影响。中央银行调整基准利率，会对股票价格产生影响。一般来说，当利率下降时，股票价格就会上升；而当利率上升时，股票价格就会下降。原因有：第一，利率是计算股票内在投资价值的重要依据之一。当利率上升时,同一股票的内在投资价值下降,从而导致股票价格下跌;反之,则股票价格上升。第二,利率水平的变动直接影响公司的融资成本,从而影响股票价格。利率降低,可以降低公司的利息负担,增加公司盈利,股票价格也将随之上升;反之,则股票价格下跌。第三,利率降低,部分投资者将把储蓄投资转成股票投资,需求增加,促使股票价格上升;反之,则一部分资金将会从股票市场转向银行存款,致使股票价格下降。

(5)利率变动对国际收支的影响。利率变动对国际收支有一定的调节作用。当发生严重的逆差时,可提高本国短期利率,以吸引外国的短期资本流入,减少或消除逆差;当发生过大的顺差时,可调低本国利率水平,以限制外国资本流入,减少或消除顺差。

综合而言,利率变动对经济的影响取决于金融市场的完善程度。金融市场越是发达,利率作为价格信号就越能反映市场资本供求,同时作为调节经济的杠杆,利率的变动就越容易通过金融市场作用于整个经济。

2.2.2 单利、复利及其应用

1)利息的计算——单利与复利

按借贷期内利息计算方式不同,利率可分为单利与复利。

单利是指在计算利息时,不论借贷期限的长短,仅在原有本金上计算利息,对本金所产生的利息不再计算利息。单利计算公式为:

$$I = P \times r \times n; \quad S = P \times (1 + n \times r)$$

式中,I 为利息额,P 为本金,r 为利率,n 为借贷期限,S 为本利和。

复利是指在计算利息时,按一定期限将前一期所产生的利息计入本金一并计算下期利息的方法。复利计算公式为:

$$S = P(1 + r)^n; \quad I = S - P$$

【小思考2-2】

单利与复利的应用

一笔借款期限为5年、年利率为6%的1万元贷款,分别按单利和复利计算利息额和本利和。

答:单利:

利息额为:$I = 10\,000 \times 5 \times 6\% = 3\,000$(元)

本利和为:$S = 10\,000 \times (1 + 5 \times 6\%) = 13\,000$(元)

复利:

利息额为:$I = 13\,382 - 10\,000 = 3\,382$(元)

本利和为:$S = 10\,000 \times (1 + 6\%)^5 = 13\,385$(元)

比较而言,单利计算方便,复利计算烦琐,但是复利才真正反映了利息的本质。在比较借贷资金的成本和投资收益的大小时,通常用复利计算方法。

【案例分析2-4】

“时间+复利”创造百万富翁

1926年，一个名叫山姆的普通美国人出生了。小山姆的父母给他投资购买了800美元的美国中小企业发展指数基金。当山姆年老去世时，那始终没动的800美元投资的价值变成了384.24万美元！这是让人难以置信的回报。我们对美国股市从1926年到2002年历史数据分析发现：投资美国中小企业股票75年的累积收益率是4 803倍，对应的以复利计算的年化收益率是11.97%。这个年收益率在很多人眼中并不是暴利。投资于大蓝筹公司股票的累积收益率是1 548倍，对应的以复利计算的年化收益率是10.29%。因此，从理论上讲，假设我们自己像山姆那样用800元来投资一只处于平均业绩水平的开放式基金的话，以复利计算，50年以后，我们的资产能够达到493万元之多。

在投资时，除了收益率之外，还有一项很重要的决胜因素，就是时间。许多人理财得法，并不是他们选择了可以获得暴利的投资工具，而只是利用一些稳健的投资渠道，按部就班地进行。重要的是，他们比别人早了几步开始，并且复利起到了至关重要的作用。

假定同龄人小李和小张都以定期定额的方式每年存入2 000元用于投资基金，基金投资的年平均回报率为9%。不同的是，小李是从22岁就开始投资，只连续定投9年，31岁就停止投资，全部累计投资金额才用1.8万元；而小张比小李晚9年，从31岁才开始投资，并且不间断地定投了30年，直到60岁累计投入金额最终达6万元。你猜小李和小张都到60岁时，谁的账户里财富更多？实际上，小李60岁时账户里的财富更多，达358 614元；而尽管小张投入的累计本金更多，而那时他账户里的财富却只有297 150元。

从上面例子看，复利的作用表现得非常明显，这也就是我们通常所说的金钱的时间价值。只要长期持有，时间越久，复利效果将会越明显。同时，还要记住一条原则：不要间断。间断投资，会让你的前期投资收效大打折扣。

资料来源：黄辉，《“时间+复利”创造百万富翁》，载《青年周末》，2009-04-16。

要求：根据上述资料，我们知道复利的财富累积力量是巨大的，结合所学知识思考为什么复利会有如此神奇的财富累积效果，这对于我们将来的投资理财活动有何启示。

分析：复利的威力是巨大的，投资者投入的资金可以年复一年地获得利息、股息或者资本利得，将这些收益再次进行投资，还会产生额外的收益，这些额外的收益还会产生更多的收益，如此长期循环累积下来，投资者将获得一笔极为可观的收益。一般认为，通货膨胀会逐渐侵蚀资产的价值，但投资者可以通过复利的作用，坚持长期投资，坚持理性投资来克服通货膨胀，达到资产保值甚至增值的效果。

2)利率的应用——货币时间价值

(1)货币时间价值的概念。在商品经济中,货币的时间价值是客观存在的。如将资金存入银行可以获得利息,将资金运用于公司的经营活动可以获得利润,将资金用于对外投资可以获得投资收益,这种由于资金运用实现的利息、利润或投资收益表现为货币的时间价值。由此可见,货币时间价值是指货币经历一定时间的投资和再投资所增加的价值,也称资金的时间价值。

由于货币的时间价值,今天的 100 元和一年后的 100 元是不等值的。今天将 100 元存入银行,在银行利息率为 10% 的情况下,一年以后会得到 110 元,多出的 10 元利息就是 100 元经过一年时间的投资所增加的价值,即货币的时间价值。显然,今天的 100 元与一年后的 110 元相等。由于不同时间的资金价值不同,所以,在进行价值大小对比时,必须将不同时间的资金折算为同一时间后才能进行大小的比较。

(2)货币时间价值的计算。为了计算货币时间价值量,一般是用"现值"和"终值"两个概念表示不同时期的货币时间价值。现值,又称本金,是指资金现在的价值。终值,又称本利和,是指资金经过若干时期后包括本金和时间价值在内的未来价值。

单利现值与终值。

利息:$I = PV \times n \times i$

终值:$FV = PV(1 + n \times i)$

现值:$PV = FV/(1 + n \times i)$

单利现值与单利终值互为逆运算。

上述公式中,PV 为现值,FV 为终值,n 为时间(年),i 为年利率。

复利现值与终值。

利息:$I = PV[(1 + i)^n - 1]$

终值:$FV = PV(1 + i)^n$

现值:$PV = FV(1 + i)^{-n}$

复利现值与终值互为逆运算。

一般情况下,如果没有明确指出以单利计算,现值和终值均采用复利计算。

(3)复利法下的名义利率与实际利率。复利的计息期不一定总是一年,有可能是季度、月或日。当利息在一年内要复利几次时,给出的年利率叫名义利率,实际利率则指考虑了复利计息方式所计算出来的实际使用的利率。

年实际利率的计算公式为:$r = (1 + i/m)^{m \times n} - 1$

上述公式中,n 为期限,m 为每年复利次数,i 为年利率。

【小思考2－3】

复利现值与复利终值的应用

A想在5年后得到50 000元收入，当前平均市场收益率为10%，则A在目前至少要投资多少资金？

B将本金10 000元存入银行，银行约定年利率为8%，每季复利一次，3年后B能获得的本利和是多少？

答：A目前至少要投资的金额 $PV = 50\,000/(1 + 10\%)^5 = 31\,046.3$（元）；

3年后B能获得的本利和 $FV = 10\,000(1 + 8\%/4)^{4\times3} = 12\,682$（元）。

知识题

2.1 什么是信用？信用有哪些基本特征？

2.2 银行信用为什么会取代商业信用成为现代信用的主要形式？

2.3 什么是单利？什么是复利？

2.4 什么是固定利率？什么是浮动利率？

2.5 什么是实际利率？什么是名义利率？

2.6 结合实际论述影响利率水平的一般因素有哪些。

案例题

通货膨胀与保值贴补

当通货膨胀率很高时，实际利率将远远低于名义利率。由于人们往往关心的是实际利率，因此若名义利率不能随通货膨胀率进行相应的调整，人们储蓄的积极性就会受到很大的打击。比如在1988年，中国的通货膨胀率高达18.5%，而当时银行存款的利率远远低于物价上涨率，所以在1988年的前三个季度，居民在银行的储蓄不仅没给存款者带来收入，就连本金的实际购买力也在日益下降。老百姓的反应就是到银行排队取款，然后抢购，以保护自己的财产，因此就发生了1988年夏天银行挤兑和抢购之风，银行存款急剧减少。

针对这一现象，中国的银行系统于1988年第四季度推出了保值存款，大幅度提高名义利率，并对通货膨胀所带来的损失进行补偿。表2－2给出了1988年第四季度到1989年第四季度中国的银行系统三年保值存款的年利率、通货膨胀补贴率和总名义利率，其中总名义利率等于年利率和通货膨胀补贴率之和。保值贴补措施使得存款实际利率重新恢复到正数水平。以1989年第四季度到期的三年定期存款为例，从1988年9月10日（开始实行保值贴补政策的时间）到存款人取款这段时间内的总名义利率为21.5%，而这段时间内的通货膨胀率，如果按照1989年的全国商品零售物价上涨率来计算的话，仅为17.8%，因此实际利率为3.7%。实际利率的上升使存款人的利益得到了保护，他们又开始把钱存入银行，存款下滑的局面很快得到了扭转。

表2-2　中国的银行系统对三年定期存款的保值率(%)

季　度	年利率	通货膨胀补贴率	总名义利率
1988年第4季度	9.71	7.28	16.99
1989年第1季度	13.14	12.71	25.85
1989年第2季度	13.14	12.59	25.73
1989年第3季度	13.14	13.64	26.78
1989年第4季度	13.14	8.36	21.50

资料来源:《中国金融年鉴(1990)》。

根据上述资料，分析名义利率与实际利率的关系。

提示：实际利率＝名义利率－通货膨胀率。

实训题

实训项目：利息的计算。

假设你有100万元用于投资。有两种投资方案：一种方案是存入银行，存期10年，年利率为8%，每半年复利一次；另一种方案是购买10年期的国债，国债利率为10%。请计算：(1)10年后你的银行存款本息余额是多少？(2)10年后你的国债投资本息余额是多少？(3)在这两种方案中你会选择哪一种？(4)如果预期今后10年每年的通货膨胀率是3%，试计算国债投资的实际本息额是多少。

实训目的：考查单利与复利本息和的计算，名义利率和实际利率之间的换算。

实训步骤：(1)理解复利和单利的计算公式；

(2)理解名义利率和实际利率之间的换算关系式；

(3)计算10年后银行存款本息余额；

(4)计算10年后国债本息余额；

(5)比较10年期银行存款取得的利息和10年期国债投资取得的利息的高低；

(6)依据名义利率和实际利率间的换算公式，计算国债投资的实际本息和。

第3章

金融机构体系与金融市场

学习目标

在学习完本章节之后，你应该能够：了解金融机构、金融机构体系及金融市场的概念；明确金融机构的类型；熟知国内外金融机构体系；掌握金融市场的类型、各类型市场的特点与功能。

【引例】

我国金融体系三十年中走向发展与完善

从建国之初仅有集中央银行和商业银行功能于一身的中国人民银行，到今天商业银行林立、政策性银行获得巨大发展；从最初的由中国人民银行统一进行金融监管，到今天初步形成了以间接调控手段为主的金融宏观调控体系，银行业、证券业和保险业分业经营、分业管理的监管体系；从最初单一的金融市场，到今天已形成了以信贷市场为主的货币、资本、外汇、黄金等业务的多层次、多功能的金融市场体系……改革开放三十年来，我国金融改革取得了显著成效，金融体系得到了逐步完善与发展。

资料来源：牛娟娟，《我国金融体系三十年中走向发展与完善》，载《金融时报》，2008－11－05。

这一资料表明：金融体系主要由金融机构体系和金融市场组成，金融机构体系主要包括银行业、证券业、保险业等，金融市场主要包括货币市场、资本市场、外汇市场、黄金市场等。

3.1 金融机构体系

3.1.1 金融机构体系概述

1)金融机构

一般说来,凡专门从事各种金融活动的组织均称为金融机构,既包括在间接融资领域活动的金融机构,也包括在直接融资领域活动的金融机构。间接融资中的金融机构作为资金余缺双方融通资金的中介人,通过各种负债业务活动聚集资金,然后再通过各种资产业务活动来分配这些资金。直接融资中的金融机构,作为为融资双方牵线搭桥的中介,促成借贷双方交易,并非与借贷双方进行资产负债业务实现资金转移。从发展趋势看,目前我国金融市场的资金融通虽然以间接融资为主,大部分通过商业银行来进行,但是随着金融改革的深化、资本市场的发展,直接融资方式和投资银行等非银行金融机构对资金支配的作用在日益加强。

2)金融机构体系

(1)金融机构体系的构成。金融机构体系,又称为金融体系,是一个由经营和管理金融业务的各类金融机构组成的整体系统。在市场经济条件下,各国金融体系大多数是以中央银行为核心来进行组织管理的,形成了以中央银行为核心、商业银行为主体、各类银行和非银行金融机构并存的金融机构体系。

【知识链接3-1】

银行和非银行金融机构

银行是专门经营存款、贷款、汇兑、结算等业务,充当信用中介和支付中介的金融机构。"银行"一词源于意大利,是随着商品经济的发展最早产生的金融机构,在现代金融体系中居核心地位。银行包括中央银行、商业银行、专业银行和政策性银行等。非银行金融机构也称为其他金融机构,系指那些名称中未冠以"银行",主要经营证券承销与经纪、各类保险、信托投资以及融资租赁等金融业务的金融机构,如证券公司、保险公司、信托公司和金融租赁公司等。

(2)金融机构体系的作用。金融机构体系是通过提供各种金融服务来发挥其作用的。一般认为,金融机构提供的金融服务包括改善资金转移质量的基本存贷服务和不同类型的经纪人服务。

改善资金转移质量的服务包括:

第一,改善金融资产的期限限制。金融机构可以同时向资金供求双方提供不同到期期限的金融产品,因此在金融机构的参与下,短期的资金供给有可能间接地支持长期资金需求。

第二,增加了金融资产的可分割性。金融机构通过出售金额不等的金融产品,可以达到吸引零散的资金供给来满足巨额资金需求的目的。

第三,分散金融资产的风险。为了减少风险,金融机构可以直接对资金需求方的市场行为、财务状况、经营运作等方面加以监督。此外,金融机构还可以通过对不同风险资产的组合来降低资金风险。

第四,提高金融资产的流动性。金融机构提供的相当一部分金融产品具有高度的市场流动性,因而可以大大降低金融资产的交易成本。

经纪人服务项目方面,金融机构首先提供交易服务,例如清算业务、账户往来、保险业务等。金融机构还提供金融咨询服务,例如投资咨询、项目顾问等服务。此外,一些金融机构还提供资信评估、资金筹集的组织、投资项目的推销、保险和信托服务等。当然并不是所有金融机构都同时经营以上所列的所有金融业务。一般来说,不同类型的金融机构专营其中的一种或数种服务。

3.1.2 我国现行金融机构体系

目前,我国的金融机构按其地位和功能可分为中央银行、金融监管机构、商业银行、政策性银行和非银行金融机构。

1)中央银行

中国人民银行是我国的中央银行。中央银行在国务院的领导下制定和执行货币政策,防范和化解金融风险,维护金融稳定,提供金融服务。新中国的中央银行历经了四个阶段:

第一阶段:1948—1978年的中国人民银行。1948年12月1日,中国人民银行在石家庄正式宣告成立。1949年2月,中国人民银行总行随军迁入北京,以后按行政区设立了分行、中心支行和支行(办事处),支行以下设营业所,基本上形成了全国统一的金融体系。

这一时期的中国人民银行,一方面集中了全国农业、工业、商业短期信贷业务和城乡人民储蓄业务;同时,既发行全国唯一合法的人民币,又代理国家财政金库,并负责金融行政管理,这就是所谓的“大一统”的中央银行体制。

第二阶段:1979—1983年的中国人民银行。中国共产党十一届三中全会后,各专业银行和其他金融机构相继恢复和建立,对过去“大一统”的银行体制有所改良,但从根本上说,在中央银行的独立性、宏观调控能力和政企不分等方面并无实质性进展。同时,随着各专业银行的相继恢复和建立,“群龙无首”的问题也亟待解决。

第三阶段:1984—1998年的中国人民银行。1983年9月,国务院决定中国人民银行专门行使中央银行的职能,不再兼办工商信贷和储蓄业务,专门负责领导和管理全国的金融事业。

1984年1月1日,中国工商银行从中国人民银行分离出来,正式成立,中国人民银行专门行使中央银行的职能。

第四阶段:1998 年以后的中国人民银行。从 1998 年 10 月开始,中国人民银行及其分支机构在全国范围内进行改组,撤销中国人民银行省级分行,在全国设立了 9 个跨省、自治区、直辖市的一级分行,重点加强对辖区内金融业的监督管理,承办有关业务。

2)金融监管机构

(1)中国银行业监督管理委员会,简称中国银监会,是对中国银行业金融机构及其业务活动进行监督管理的机构,为国务院直属事业单位。为了更好地让中国人民银行履行制定和执行货币政策的职能,同时也为了加强银行业的监督和管理,2003 年,国务院根据“分业经营、分业管理”的原则设立了中国银监会,其职责为:统一监督管理银行、金融资产管理公司、信托投资公司以及其他存款类金融机构,维护银行业的合法、稳健运行。

(2)中国证券监督管理委员会,简称中国证监会,是对中国证券市场集中统一监管的机构,为国务院直属事业单位。1990 年年底上海证券交易所和深圳证券交易所成立以后,证券市场的监管工作也提到了议事日程上,1992 年成立了国务院证券委员会和中国证券监督管理委员会。1998 年 4 月,根据国务院机构改革方案,国务院证券委员会与中国证券监督管理委员会合并组成国务院直属正部级事业单位。经过这些改革,中国证监会职能明显加强,集中统一的全国证券监管体制基本形成。中国证监会的职责为:统一监督管理证券、期货机构和证券市场活动,维护证券业的合法、稳定运行。

(3)中国保险监督管理委员会,简称中国保监会,是全国商业保险的主管部门,为国务院直属事业单位,设立于 1998 年 11 月 18 日。根据国务院授权,中国保监会的主要职责为:依法对全国保险业实行统一集中监管;研究和拟定保险业的方针政策、发展战略和行业规则;起草保险业的法律、法规,制定保险业的规章;依法对境内保险及非保险机构在境外设立的保险机构进行监管。

3)商业银行

商业银行是我国金融机构体系的主体,主要由国有控股商业银行、股份制商业银行和城市商业银行构成。

(1)国有控股商业银行。国有控股商业银行是由国家专业银行演变而来的,包括中国工商银行、中国农业银行、中国银行、中国建设银行。这四家银行是 1979 年以后陆续恢复、分设的,中国工商银行主要承担城市工商信贷业务,中国农业银行主要以开展农业信贷业务为主,中国建设银行主要承担中长期投资信贷业务,中国银行主要经营外汇业务。随着金融体制改革的深化,这种传统分工逐步被打破,各行的业务交叉进一步扩大。

2004 年,在党中央、国务院的领导下,国有独资商业银行股份制改革正式启动，其目标就是要使国有商业银行最大限度地提高资本运营效率，最大限度地提高社会资源的配置效率，最大限度地保证国有资本的安全和增值，力求减少商业银行经营过程中的风险形成机会，减少对社会的负面效应。2003 年 12 月 30 日，国务院通过中央汇金投资有限责任公司向中国银行、中国建设银行分别注资 225 亿美元。2004 年，中国银行、中国建设银行完成了财务重组和股份制改造，分别于 8 月 26 日和 9 月 21 日成立股份有限公司。2005 年，两行着重完善公司治理机制，不断强化内部控制和风险管理，稳步推进战略引资工作。中国建设银行已于 2005 年 10 月 27 日在香港成功上市；中国银行也先后于 2006 年 6 月 1 日和 7 月 5 日在香港 H 股和境内 A 股成功上市。2005 年 4 月 22 日，国务院同意向中国工商银行注资 150 亿美元。2005 年 6 月底，中国工商银行财务重组工作基本完成，于 2006 年 10 月份上市。

(2)股份制商业银行。1987 年 4 月，创建于 1908 年的交通银行得以重组，成为一家股份制商业银行。此后，中信实业银行、深圳发展银行、广东发展银行、中国光大银行、华夏银行、招商银行、兴业银行、上海浦东发展银行、民生银行等 12 家股份制商业银行先后成立，突破了四大国有银行“一统天下”的格局。这些商业银行股本结构不完全相同，如交通银行、上海浦东发展银行的资本金中，财政入股占相当大比例；其他商业银行主要吸收法人入股；民生银行更是突破了商业银行原有的股权构成，成为我国第一家由非国有企业为主出资设立的股份制商业银行。

十几年来，股份制商业银行采取股份制形式的现代企业组织结构，按照商业银行的运营原则，高效决策、灵活经营，逐步建立了科学的管理机制和市场化的管理模式，自成立伊始即迅猛发展。目前，它们已经成为我国商业银行体系中一支富有活力的生力军，成为银行业乃至国民经济发展不可缺少的重要组成部分。

(3)城市商业银行。城市商业银行是我国银行业的重要组成部分和特殊群体，其前身是 20 世纪 80 年代设立的城市信用合作社，当时的业务定位是为中小企业提供金融支持，为地方经济搭桥铺路。从 20 世纪 80 年代初到 20 世纪 90 年代，全国各地的城市信用合作社发展到了 5 000 多家。为避免风险、形成规模，1995 年，国务院决定在城市信用合作社基础上组建城市商业银行，其经营职责是为发展地方经济服务，为中小企业发展服务。1995 年 7 月我国第一家城市商业银行——深圳城市合作银行成立，到 2008 年，全国已有城市商业银行 110 多家，占银行业金融机构法人机构总数的 0.57%；2008 年第二季度末，城市商业银行总资产已达 35 921.6 亿元，占银行业金融机构总资产的 6.2%。可以看出，城市商业银行已成为我国金融业的一个重要组成部分，对于完善中小企业和城镇居民的金融服务体系，促进地方经济发展起到了十分积极的作用。

【案例分析3-1】

南京银行逼近城商行第一股　本月望启动上市程序

备受关注的城市商业银行上市有望在近期获得突破。据接近南京银行的一位知情人士向记者透露,中国证监会将在近期审核南京银行的国内上市申请,本月内有望启动在上海证交所上市的程序。这意味着,在争夺"城商行第一股"的多家城商行中,南京银行极有可能胜出。

目前争夺"城商行第一股"的主要包括南京银行、宁波银行和北京银行。3家银行已先后递交了A股上市申请,目前均处于上市前的静默期。宁波银行早在去年末就向中国证监会递交了A股上市申请,计划筹资6.51亿元人民币。而北京银行则在上月末正式向中国证监会递交了上市申请材料。

南京银行前身为南京城市商业银行。作为第一家递交上市申请的城市商业银行,南京银行曾一度争取在2005年实现A股上市,但因当年股改暂停新股IPO而搁浅。两个月前,中信证券还积极为南京银行上市做准备,计划于今年5月完成上市程序,但由于中信银行、交通银行A股发行争相上马,南京银行上市日程被迫压后。

继交通银行今年5月中旬完成上市后,去年以来等待上市的国有银行和股份制银行已基本完成上市,处于第三梯队的城市商业银行终于迎来上市契机。业内人士认为,优质的城市商业银行将成为未来银行上市的"主角"。

事实上,监管部门对于城市商业银行上市也表示了支持态度。中国银监会副主席蔡鄂生不久前在一次会议中表示,监管部门将进一步修改完善相关规定,稳步有序推进城市商业银行跨区域经营,并且支持有条件的商业银行审慎地择机上市。

据了解,在目前114家城市商业银行中,南京银行、宁波银行、北京银行、重庆商业银行、上海银行等9家明确表示了上市意向,且大多数银行已成功引入战略投资者。

业内人士分析认为,发行上市有利于城市商业银行进一步补充实收资本,规范法人治理,加强信息披露,强化内部控制建设。同时,部分优质城市商业银行上市将使得百余家城市商业银行出现明显分化,实力较强的银行将借助资本市场之力脱颖而出,并走上跨区域发展道路,而实力较弱的城市商业银行将被收购或被淘汰。

资料来源:郑晓波,《南京银行逼近城商行第一股 本月望启动上市程序》,载《证券时报》,2007-06-12。

要求:根据上述资料,分析城市商业银行发行股票并上市交易的原因。

分析:城市商业银行发行股票并上市交易一方面可以进一步筹集资金,扩大资本规模,便于城市商业银行做强做大,另一方面可以借助资本市场,规范企业治理结构,规范企业经营管理。

4)政策性银行

政策性银行是由政府设立,以贯彻国家产业政策、区域发展政策为目的,不以营利为目标的经营机构。

1994年,我国组建了三家政策性银行,即国家开发银行、中国进出口银行和中国农业发展银行。设立国家开发银行的主要考虑是,一方面为国家重点建设融通资金,保证关系国民经济全局和社会发展的重点建设的顺利进行;另一方面把当时分散管理的国家投资基金集中起来,建立投资贷款审查制度,防止盲目投资和重复建设。

随着我国对外经济贸易的扩大,出口补贴的老办法已经过时。为了按照国际惯例运用出口信贷、担保等通常做法,扩大机电产品特别是大型成套设备和高技术、高附加值产品的出口,合理促进对外贸易的发展,创造公平、透明、稳定的贸易环境,我国成立了中国进出口银行。

农业是国民经济的基础。我国农业基础薄弱,比较利益低,地区差异大。为了集中力量解决农业和农村经济发展治理的政策性资金需要,促进主要农产品收购资金的封闭运行,国务院决定成立农业方面的政策性银行,即中国农业发展银行。

政策性银行与商业银行的主要区别在于:

第一,资本来源不同。政策性银行多由政府出资建立,业务上由政府相应部门领导;商业银行多采取股份制的形式,业务上自主经营、独立核算。

第二,资金来源不同。政策性银行一般不接受存款,也不从民间借款;而商业银行以存款作为其主要资金来源。

第三,经营目的不同。政策性银行是为了支持某些部门的发展而专门成立的,不以营利为目的,与相应的产业部门关系密切;而商业银行则以利润最大化为经营目的,业务范围广泛。

5)非银行金融机构

(1)保险公司。以经营保险业务为主的经济组织就是保险公司。保险公司在宏观上有四大功能:一是承担国家财政后备范围以外的损失补偿;二是聚集资金,支持国民经济发展;三是增强对人类生命财产的安全保障;四是为社会再生产的各个环节提供经济保障。我国保险公司,按照保障范围的不同,可划分为人寿保险公司、财产保险公司及再保险公司;按照组织形式的不同,可划分为国有独资保险公司和股份有限保险公司;按照经营性质的不同,可划分为商业保险公司和政策性保险公司。

(2)证券机构。证券机构是指从事证券业务的机构,包括证券公司、证券交易所、证券登记结算公司、证券投资咨询公司、基金管理公司、证券评估公司等。它们在证券市场上扮演不同的角色、从事不同的业务。这里重点介绍证券公司、证券交易所这两类机构。

证券公司又称证券商,其主要业务是:承销政府债券、企业债券和股票;代理买卖和自营买卖已上市流通的各类有价证券;参与企业收购、兼并,充当企业财务顾问等。我国第一家证券公司于1987年在深圳经济特区成立。根据中国证监会信息,截至2008年年底,我国已拥有107家证券公司。

证券交易所是不以营利为目的,为证券的集中和有组织的交易提供场所、设施,并履行相关职责,实行自律性管理的会员制事业法人。在我国,证券交易所必须报国务院批准。目前经批准设立的证券交易所有两家,即上海证券交易所和深圳证券交易所。证券交易所的职能是:提供证券交易的场所和设施;制定证券交易所的业务规则;接受上市申请,安排证券上市;组织监督证券交易;对会员和上市公司进行监管;设立证券登记结算公司;管理和公布市场信息;中国证监会许可的其他职能。

(3)信托公司。信托,是指委托人基于对受托人的信任,将其财产或财产权委托给受托人,由受托人按委托人的意愿以自己的名义,为受益人的利益或者特定目的进行管理或者处分的行为。在我国,信托公司是指依照《中华人民共和国公司法》和《信托公司管理办法》设立的主要经营信托业务的金融机构。信托业务,是指信托公司以营利和收取报酬为目的,以受托人身份承诺信托和处理信托事务的经营行为。我国信托公司的信托业务按信托财产的性质,可分为资金信托业务和财产信托业务。资金信托,又称为“金钱信托”,是指委托人基于对信托公司的信任,将自己合法拥有的资金委托给信托公司,由信托公司按委托人的意愿以自己的名义,为受益人的利益或特定目的管理、运用和处分资金的行为。财产信托是指委托人将自己的动产、不动产(房产、地产)以及版权、知识产权等非货币形式的财产、财产权,委托给信托公司按照约定条件和目的进行管理或者处分的行为。

(4)财务公司。我国的财务公司主要是由企业集团内部成员单位入股,为企业集团成员单位技术改造、新产品开发及产品销售提供金融服务,以中长期金融业务为主的非银行金融机构。企业集团财务公司不是商业银行,它的业务限制在本集团内,不得从企业集团之外吸收存款,也不得对非集团单位和个人发放贷款。财务公司在行政上隶属于企业集团,在业务上受中国银监会指导。1984年,我国第一家财务公司在深圳经济特区成立。2004年9月,中国银监会发布了《企业集团财务公司管理办法》,以规范财务公司的行为,防范金融风险,促进财务公司的稳健经营和健康发展。

(5)金融租赁公司。金融租赁公司是专门经营租赁业务的公司,是租赁设备的物主,通过提供租赁设备而定期向承租人收取租金。金融租赁公司开展业务的过程是:租赁公司根据企业的要求筹措资金,提供以“融物”代替“融资”的设备租赁;在租期内,作为承租人的企业只有使用租赁物件的权利,没有所有权,并要按租赁合同规定定期向租赁公司支付租金;租期届满时,承租人向租赁公司支付少量的租赁物件的名义货价(即象征性的租赁物件残值),双方即可办理租赁物件的产权转移手续。

由于租赁业具有投资大、周期长的特点,在负债方面,我国允许金融租赁公司以发行金融债券、向金融机构借款、外汇借款等作为长期资金来源渠道;在资金运用方面,限定主要从事金融租赁及其相关业务。这样,金融租赁公司成为兼有融资、投资和促销多种功能,以金融租赁业务为主的非银行金融机构。金融租赁在发达国家已经成为设备投资中仅次于银行信贷的第二大融资方式,从长远来看,金融租赁公司在中国同样有着广阔前景。

(6)信用合作社。信用合作社是指由一些具有共同利益的人们组织起来的、具有互助性质的合作金融组织。信用合作社基本的经营目标是以简便的手续和较低的利率,向社员提供信贷服务,帮助经济力量薄弱的个人解决资金困难。信用合作社对金融体系起到了拾遗补缺的作用,在经济生活中广泛动员了社会资金,弥补了现代金融服务难以覆盖的地区,促进了社会闲散资金的聚集和利用。随着金融的不断发展,信用合作社的业务不断拓展,资金来源与运用从以前的以会员为主逐渐向多元化发展,并且在金融市场上发挥着越来越大的作用。

在我国, 按照地域不同,信用合作社分为农村信用合作社和城市信用合作社。农村信用合作社是由农民或农村的其他个人集资联合组成,以互助为主要宗旨的合作金融组织。城市信用合作社是城市居民集资建立的合作金融组织,旨在为城市小集体经济组织和个体工商户服务,通过信贷活动帮助他们解决资金困难,促进生产发展。

(7)其他金融机构。除上述金融机构外,目前我国金融机构体系中还包括投资基金管理公司、期货公司、汽车金融公司、金融资产管理公司、货币经纪公司等。

3.1.3 国际金融机构体系

顺应国际经济发展的需要,世界上曾先后出现了各种从事国际金融业务的政府间国际金融机构。这种性质的金融机构可以追溯到 1930 年 5 月在瑞士巴塞尔成立的国际清算银行。第二次世界大战后,布雷顿森林国际货币体系建立,并相应地建立了几个全球性国际金融机构,作为实施这一国际货币体系的组织机构。从 1957 年到 20 世纪 70 年代,欧洲、亚洲、非洲、拉丁美洲、中东地区的国家为发展本地区经济,通过互助合作方式,先后建立起区域性的国际金融机构,如泛美开发银行、亚洲开发银行、非洲开发银行等。

1)国际货币基金组织

国际货币基金组织(IMF)是根据 1944 年在美国布雷顿森召开的联合国国际货币金融会议通过的《国际货币基金协定》建立的,于 1945 年 2 月正式成立,1947

年成为联合国的一个专门机构。其宗旨是:通过会员国共同探讨和协商国际货币问题,促进国际货币合作;促进国际贸易的扩大和平衡发展,开发会员国的生产资源;促进汇率稳定,维持会员国之间有秩序的汇兑安排,避免竞争性的货币贬值;协助会员国建立多边支付制度,消除妨碍世界贸易增长的外汇管制;协助会员国克服国际收支困难。会员国缴纳的基金份额,是国际货币基金组织最主要的资金来源。国际货币基金组织除了对会员国的汇率政策进行监督,与会员国就经济、金融形势进行磋商和协调外,还向会员国提供借款和各种培训、咨询服务。

【案例分析3-2】

乌克兰请求国际货币基金组织紧急放贷20亿美元

新华网基辅12月11日电(记者穆黎明) 乌克兰副总理格里戈里·涅梅里亚11日说,乌克兰政府已经请求国际货币基金组织紧急发放约20亿美元的贷款,以帮助乌克兰克服当前面临的财政困难。

涅梅里亚在一份声明中说,没有国际货币基金组织的贷款,乌克兰未来3个月的财政支出将陷入困境。他同时警告说,如果政府不能按时发放工资和养老金,则有可能引发"社会动荡"。他希望国际货币基金组织放弃"观望"态度,采取积极行动来帮助乌克兰。

全球金融危机爆发后,国际货币基金组织2008年11月宣布向乌克兰提供164亿美元贷款以应对危机,目前已向乌克兰发放了不到110亿美元的贷款。自今年11月以来,国际货币基金组织暂停向乌克兰发放剩余贷款,并要求乌克兰先进行经济改革。

据此间媒体报道,由于乌克兰国内各权力分支对国际货币基金组织发放贷款的态度不一致,并且最近一年多来乌克兰经济改革成效甚微,国际货币基金组织将等到明年1月17日乌克兰举行总统选举之后,才有可能继续向乌克兰发放贷款。

要求:根据上述资料,分析国际货币基金组织的职能。

分析:国际货币基金组织是一个以稳定各国间汇率关系为行动宗旨的国际组织,国际货币基金组织的一个重要职能就是对成员国进行资金融通,但是这种融资与一般的商业贷款不同,具有较为苛刻的条件和鲜明的政策性。

2)世界银行集团

世界银行集团由五个机构组成:国际复兴开发银行(IBRD,也称世界银行)、国际开发协会(IDA)、国际金融公司(IFC)、多边投资担保机构(MIGA)和解决投资争端国际中心(ICSID)。世界银行集团致力于在全世界减少贫困,协助成员国政府投资兴建学校和医疗设施、供水供电、防治疾病以及保护环境。

3)区域性国际金融机构

(1)亚洲开发银行:1966年成立于东京,行址设在菲律宾首都马尼拉。其宗旨是：通过发放贷款和进行投资、技术援助，促进本地区的经济发展与合作。我国在亚洲开发银行的合法席位于1986年恢复，为亚洲开发银行的第三大认股国。

（2）非洲开发银行：1963年成立，行址设在科特迪瓦首都阿比让，我国于1985年加入该行，成为正式成员国。其宗旨是：为成员国经济和社会发展服务，提供资金支持；协助非洲大陆制定发展规划，协调各国的发展计划，以期达到非洲经济一体化的目标。

（3）加勒比开发银行：加勒比开发银行（Caribbean Development Bank，CDB）是地区性多边开发银行。1969年10月18日，16个加勒比国家和2个非本地区成员在牙买加金斯敦签署协议，成立加勒比开发银行；1970年1月26日，协议生效，1月30日，理事会成立大会在拿骚（Nassau）举行。加勒比开发银行总部设在西印度群岛的巴巴多斯首都布里奇顿。该行的宗旨是：促进加勒比地区成员国经济的协调增长和发展，推进经济合作及本地区的经济一体化，为本地区发展中国家提供贷款援助。

（4）欧洲复兴开发银行：欧洲复兴开发银行（European Bank for Reconstruction and Development，EBRD），也称欧洲银行，成立于1991年。建立欧洲复兴开发银行的设想是法国总统密特朗于1989年10月首先提出来的，他的设想得到了欧洲共同体各国和其他一些国家的积极响应。1991年，该银行拥有100亿欧洲货币单位（约合120亿美元）的资本。欧盟委员会（前欧洲共同体委员会）、欧洲投资银行和39个国家在银行中拥有股权。最大股份拥有者是美国，占10%；其次是法国、德国、意大利、日本和英国，各占8.5%；东欧国家总共拥有股份11.9%，其中苏联占有6%。该行宗旨是：在考虑加强民主、尊重人权、保护环境等因素下，帮助和支持东欧、中欧国家向市场经济转化，以调动上述国家中个人及企业的积极性，促使他们向民主政体和市场经济过渡。投资的主要目标是中东欧国家的私营企业和这些国家的基础设施。

（5）欧洲投资银行：欧洲投资银行（European Investment Bank，EIB）是根据1957年3月25日在罗马签订、1958年1月1日生效的《欧洲经济共同体条约》而创建的，是欧洲经济共同体（1993年更名为欧盟）的一个金融机构，其会员为欧洲经济共同体（现为欧盟）成员国，总部设在卢森堡。欧洲投资银行的宗旨是，利用国际资本市场和欧洲经济共同体内部的资金，对欧洲经济共同体内部经济较落后地区的发展计划提供长期贷款或担保，以促进这些地区的经济发展，同时也对与欧洲经济共同体有联系或订有合作协定的国家和地区提供资金上的帮助。

（6）泛美开发银行：泛美开发银行（Inter-American Development Bank，IDB）成立于1959年12月30日，是世界上成立最早和最大的区域性多边开发银行。总行设在华盛顿，是美洲国家组织的专门机构，其他地区的国家也可加入，但非拉美国家不能利用该行资金，只可参加该行组织的项目投标。其宗旨是“集中各成员国的力量,对拉丁美洲国家的经济、社会发展计划提供资金和技术援助”,并协助它们“单独地和集体地为加速经济发展和社会进步作出贡献”。

4)国际清算银行与巴塞尔委员会

国际清算银行(Bank for International Settlement,BIS)是西方主要发达国家和若干大商业银行合办的、国际上唯一办理中央银行业务的金融机构,于1930年5月在瑞士的巴塞尔正式营业。国际清算银行的主要任务是促进各国中央银行间的合作,为国际金融往来提供额外便利,以及接受委托或作为代理人办理国际清算业务等。该行建立时只有7个成员国,现已发展到45个国家和地区。1975年,国际清算银行成立了常设机构“银行管理和监督行动委员会”(Committee on Banking Regulation and Supervisory Practices),简称巴塞尔委员会。1998年7月,巴塞尔委员会通过《巴塞尔协议》(全称是《关于统一国际银行的资本计算和资本标准的协议》),该协议成为国际银行监管方面代表性的文件。

3.2 金融市场

3.2.1 金融市场概述

1)金融市场的含义

金融市场是指资金供应者和资金需求者双方通过信用工具进行交易而融通资金的市场,广而言之,是实现货币借贷和资金融通、办理各种票据和有价证券交易活动的场所。这里的场所不仅指有形的场所,也包括没有固定空间和工作设施的无形场所。

金融市场有别于其他市场(如商品市场或劳务市场)。第一,市场参与者之间所发生的不是一种单纯的买卖关系,而是一种借贷关系,它体现了在信用这个前提下的资金所有权和使用权暂时分离;第二,市场交易的对象是一种特殊的商品,即货币或资金;第三,市场交易的场所在大多数情况下是无形的,由电话、电报、电传、电脑等电信网络所构成。

2)金融市场的类型

金融市场是一个大系统,包罗许多具体的、相互独立但又密切关联的市场,可以用不同的划分标准进行分类。

(1)按交易期限。最常见的是按金融交易期限把金融市场划分为货币市场和资本市场。货币市场是交易期限在1年以内的短期金融交易市场,其功能在于满足交易者的流动性资金需求。资本市场是交易期限在1年以上的长期金融交易市场,主要满足工商企业和政府对中长期资金的需求。

(2)按金融资产交割的方式。按金融资产交割的方式不同可以把金融市场划分为现货市场和期货市场。现货市场,一般在成交后的1～3日内立即付款交割;期货市场,交割则是在成交日之后合约所规定的日期如几周、几月之后进行。20世纪70年代以后,金融期货交易的形式越来越多样,其交易量已大大超过现货交易的数量。

(3)按交易程序。按金融交易程序可以把金融市场划分为初级市场和次级市场。初级市场又称为一级市场,是资金需求者将金融资产首次出售给公众时所形成的交易市场。次级市场是指新的金融工具在资金需求者投放初级市场后在不同的投资者之间买卖所形成的市场,也叫二级市场或流通市场。次级市场以初级市场为存在基础,反过来又成为证券发行市场正常发展的必要条件。初级市场和次级市场紧密相连,互相依存,相辅相成,共同构成一个完整的证券市场。

(4)按交易标的物性质。按交易标的物性质可以把金融市场划分为外汇市场、黄金市场、保险市场、各种有价证券市场等。外汇市场是指所有进行外汇交易的场所。黄金市场是指专门从事黄金交易的市场。黄金市场的参与者有采金国的采金企业、一般企业和集团、个人、外汇银行、中央银行、一些国际金融机构及各种投机者。保险市场是进行各种保险和再保险业务的交易场所。各种有价证券市场是股票、公司债券和政府债券等有价证券发行和交易的市场,是金融市场的重要组成部分。

(5)按交易的地理范围。按交易的地理范围可以把金融市场划分为国内金融市场和国际金融市场。国内金融市场的活动范围限于本国领土之内,双方当事人为本国的自然人与法人。国际金融市场的活动范围则超越国界,其范围可以是整个世界,也可以是某一个地区,如中东地区、加勒比地区、东南亚地区,等等,双方当事人是不同国家和地区的自然人与法人。

3)金融市场的构成要素

市场必须具备交易主体、交易客体、交易媒体及交易价格这四个要素。金融市场也是如此。

(1)金融市场交易主体。金融市场交易主体是指资金供应者和资金需求者,包括政府、金融机构、企业事业单位、居民、外商等,他们既向金融市场提供资金,也从金融市场筹措资金。它是金融市场得以形成和发展的一项基本因素。

(2)金融市场交易客体。金融市场交易客体是指金融市场交易对象或交易标的物,亦即通常所说的金融工具。金融工具的种类繁多,内容复杂,不同金融工具具有不同的市场功能。金融工具大致可分为基础性金融工具和衍生性金融工具两大类。

(3)金融市场交易媒体。金融市场媒体是指那些在金融市场上充当交易媒介,从事交易或促成交易完成的组织、机构或个人。金融市场媒体可分为两类:一类是金融市场商人,如证券经纪人、证券承销人、外汇经纪人等;另一类则是机构媒体或组织媒体,如证券交易所、投资银行、其他金融机构等。两类金融市场媒体在从业条件、权利与义务、活动范围、市场作用等方面有诸多不同。

(4)金融市场交易价格。金融市场的交易“价格”是利率。各种金融市场均有自己的利率,如贴现市场利率、国库券市场利率、银行同业拆借市场利率等。但不同的利率之间有密切联系。通过市场机制作用,各种利率在一般情况下,呈同方向的变化趋势。

4)金融市场的功能

(1)聚集资金的功能。金融市场聚集资金有两种途径:一是将分散沉淀于居民手中的消费性货币聚集起来转化为生产性货币,为经济发展提供经济来源;二是把分散闲置于各企业的不能形成投资规模的小额生产资金聚集起来,形成具有一定投资功能的巨额资金,促进经济发展。

(2)促进资金有效分配的功能。金融市场通过严格监管、规范运作,提供相对充分的信息,有利于及时发现公正的市场价格,在竞争的基础上把资金配置给效率好的企业和经营能力强的经理层,同时淘汰那些劣质企业和能力差的经营者,从而促进社会资金的有效利用。

(3)风险分散和风险转移功能。金融市场中有各种在收益、风险及流动性方面存在差异的金融工具可供选择,使投资者能够采取各种金融工具组合来分散风险。金融工具的创新,也是以分散和转移风险为目的的。例如,期货交易就是为了规避远期的价格风险而形成的金融工具。

(4)宏观调控的功能。金融市场是国家宏观间接调控的基本工具。国家的宏观金融政策,通过中央银行传导到金融市场,引起货币流量和流向的变动,并作用于各产业部门,从而带动国民经济局部或整体变动,达到宏观调控的目的。

3.2.2 货币市场

货币市场是短期资金市场,是指融资期限在一年以下的金融市场,是金融市场的重要组成部分。该市场所容纳的金融工具,主要是政府、银行及工商企业发行的短期信用工具,具有期限短、流动性强和风险小的特点。货币市场包括同业拆借市场、票据贴现市场、大额可转让定期存单市场、短期债券市场和回购协议市场等。

1)同业拆借市场

同业拆借是指具有法人资格的金融机构及经法人授权的金融分支机构之间进行短期资金融通的行为,一些国家特指吸收公众存款的金融机构之间的短期资金融通,目的在于调剂头寸和临时性资金余缺。金融机构在日常经营中,由于存放款的变化、汇兑收支增减等原因，在一个营业日终了时，往往会出现资金收支不平衡的情况，一些金融机构收大于支，另一些金融机构支大于收，资金不足者要向资金多余者融入资金以平衡收支，于是产生了金融机构之间进行短期资金拆借的需求。资金多余者向资金不足者贷出款项，称为资金拆出；资金不足者向资金多余者借入款项，称为资金拆入。一家金融机构的资金拆入大于资金拆出叫净拆入；反之，叫净拆出。这种金融机构之间进行资金拆借活动的市场叫同业拆借市场，简称拆借市场。

同业拆借市场有以下几个特点：

(1)融通资金的期限比较短，我国同业拆借资金的最长期限为4个月，因为同业拆借资金主要用于金融机构短期、临时性资金需要。

(2)参与拆借的机构基本上都在中央银行开立存款账户，在拆借市场交易的主要是金融机构存放在该账户上的多余资金。

(3)同业拆借基本上是信用拆借，拆借活动在金融机构之间进行，市场准入条件较严格，金融机构主要以其信誉参与拆借活动。

同业拆借市场有多种类型，一般可划分为有形拆借市场和无形拆借市场。有形拆借市场是指有固定场所，交易双方通过专门的中介机构进行交易的拆借市场；无形拆借市场是指交易双方通过电话、电传等方式直接进行交易的市场。同业拆借交易多种多样，按照交易方式划分，有信用拆借和抵押拆借；按期限长短划分，有隔夜、1天、7天、1个月、4个月等品种。

【知识链接3-2】

人民币同业拆借

组织原则：中国人民银行为全国银行间同业拆借市场的主管部门，全国银行间同业拆借交易中心负责市场运行并提供电子交易系统。

运行方式：行询价交易方式。凡成员确认的报价，由交易系统自动生成成交通知单，作为交易双方成交确认的有效凭证。

交易品种：交易双方可在一年范围内自行商定拆借期限。交易中心按1天、7天、14天、21天、1个月、2个月、3个月、4个月、6个月、9个月、1年共十一个品种计算和公布加权平均利率，即全国银行间同业拆借利率(CHIBOR)。

交易时间：每周一至周五(北京时间)上午9:00-12:00，下午13:30-16:30(中国国内法定假日不开市)。

成员构成：人民币拆借交易的主体是经中国人民银行批准，具有独立法人资格的商业银行及其授权分行、农村信用联社、城市信用合作社、财务公司和证券公司等有关金融机构以及经中国人民银行许可经营人民币业务的外资金融机构。

2)票据市场

票据市场(Paper Market)指的是在商品交易和资金往来过程中产生的以汇票、本票和支票的发行、担保、承兑、贴现、转贴现、再贴现来实现短期资金融通的市场。

票据市场是短期资金融通的主要场所,是直接联系产业资本和金融资本的枢纽。作为货币市场的一个子市场,票据市场在整个货币体系中是最基础、交易主体最广泛的组成部分。票据市场可以把"无形"的信用变为"有形",把不能流动的挂账信用变为具有高度流动性的票据信用。票据市场的存在与发展不仅为票据的普及推广提供了充分的流动性,还集中了交易信息,极大地降低了交易费用,使得票据更易为人们所接受。

在票据市场中,资金融通的特点是:期限短、数额小、交易灵活、参与者众多、风险易于控制,可以说是一个古老的、大众化的、基础性的市场。

根据不同的标准,票据市场可以划分为不同的种类,如:按票据发行主体划分,有银行票据市场和商业票据市场;按资金属性划分,有商业票据市场和融资票据市场;按交易方式划分,有票据发行市场、票据承兑市场和票据贴现市场等。

3)大额可转让定期存单市场

20世纪60年代,商业银行为吸收资金发行了一种新的金融工具,即大额可转让定期存单(Negotiable Certificates of Deposit),简称CD或NCDs。这种存款单与普通银行存款单不同:一是不记名,二是存单上金额固定且面额大,三是可以流通和转让。这种存款单的到期日不能少于14天,一般都在一年以下,3~6个月的居多。大额可转让定期存单的持有人到期可向银行提取本息;未到期时,如需现金,可以转让。这对企业或个人有闲置资金想贷出,而又恐有临时需要者具有很大的吸引力,故大额可转让定期存单成为货币市场重要交易对象之一。大额可转让定期存单市场就是以经营定期存款单为主的市场。

大额可转让定期存单主要由商业银行签发。从签发银行的角度看,大额可转让定期存单为它提供了和定期存款同样的资金,即在到期前不能提取,而又有利率较低的好处。银行发行大额可转让定期存单的方式大致有两类:一类是批发式发行,发行机构把准备发行的总额、利率、发行日期、到期日和每张存款单的面额等预先公布,供投资者认购;另一类是零售式发行,即按投资者的需求随时发行,利率由双方议定。大额可转让定期存单交易市场上的投资者主要是大企业、地方政府、中央银行、商业银行、货币市场互助基金以及一些个人投资者,从投资者的角度看,由于大额可转让定期存单可交易转让,流动性大、在到期前可以变现,因而补偿了它比定期存款利率低的缺点,而且也优于无息的支票存款,故投资于大额可转让定期存单的单位比较多。

4)短期债券市场

短期债券市场是指以一年以内短期债券为交易对象的市场,主要包括短期政府债券、短期金融债券、非金融企业发行的短期融资债券等,其中最主要的是短期政府债券。

短期政府债券市场,又称为国库券市场,是政府为弥补国库资金临时不足而发行的短期债务凭证。它是货币市场中最重要的组成部分之一,发行量和交易量都非常巨大,在满足政府短期资金周转的需要方面发挥着重要作用。

短期政府债券市场的主要特征有:

(1)市场风险小。由于它是由政府发行,因而被称为零风险的金边债券,这同私人部门发行的货币市场工具不可同日而语。

(2)流动性强。它的高组织性、高效率和充分竞争性非其他短期金融工具所能比拟,它的迅速变现能力强化了这一特征。

(3)税收优惠。亦即它的免税特征,这一特性有利于增强国库券的吸引力。

因此,国库券市场交易活跃,既是投资者的理想场所,也是商业银行调节流动性和中央银行公开市场操作的场所。

5)回购协议市场

回购协议市场又称为证券购回协议市场,是指通过回购协议进行短期资金融通交易的场所,市场活动由回购与逆回购组成。这里的回购协议,是指资金融入方在出售证券的同时和证券购买者签订的、在一定期限内按原定价格或约定价格购回所卖出证券的协议。

从本质上看,回购协议是一种质押贷款协议。虽然回购交易是以签订协议的形式进行交易的,但协议的标的物却是有价证券,如我国回购协议市场上回购协议的标的物是经中国人民银行批准的、可在回购协议市场进行交易的政府债券、中央银行债券及金融债券。

回购协议的期限以短期为主。按照到期日的性质,证券回购可分为约定期限的回购和无固定到期日的回购。大多数回购都属于约定期限的回购。当约定时间为 1 天时,称为隔夜回购;超过一天的,称为隔期回购,隔期回购的标准到期日通常分为 7 天、14 天、21 天、1 个月、2 个月、3 个月和 6 个月。在无固定到期日的回购中,交易双方均无须预先通知对方即可结束回购协议,这种方式可以避免不断更新回购协议的手续,只要双方合同有利可图,该回购交易就会自动持续下去。

回购协议市场的交易特点有:

(1)流动性强。协议多以短期为主。

(2)安全性高。交易场所为规范性的场内交易,交易双方权利、责任和业务都有法律保护。

(3)收益稳定并较银行存款收益为高。回购利率是市场公开竞价的结果,一般可获得平均高于银行同期存款利率的收益。

(4)融入资金免交存款准备金,因而成为银行扩大筹资规模的重要方式。

3.2.3 资本市场

资本市场是指证券融资和经营一年以上中长期资金借贷的金融市场,主要包括股票市场和债券市场,其融通的资金主要作为扩大再生产的资本使用,因此称为资本市场。

1)债券市场

债券的分类是多种的,因而债券市场也是多层次的。如果按发行者来划分,可以将债券市场划分为政府债券市场、公司债券市场等。

(1)政府债券市场。主要西方国家都有一个庞大而发达的政府债券市场,以供政府平衡财政收支。在政府债券市场上,主要的借款人有中央政府和地方政府。

以美国为例,美国政府发行的中长期国债,约占债务总额的80%以上,其中2/3可以流通,另外1/3不可流通,被称为储蓄债券,大部分由政府机构和外国中央银行所持有;国债按面额发行,利率多为半年支付一次;联邦储备银行垄断了其发行市场。一般投资者可以在美国证券交易所购买上述两类国债券。

美国州和地方政府发行的债券称为市政债券,市政债券也有短期、中期和长期之分。它们分一般责任债券和收益债券两种。前者是以发行单位的预算内收入来偿还,包括税收和政府补助,债券所筹资金大多用于周转或市政建设项目;收益债券所筹资金主要用于兴建项目,债券本息以该项目建成后所得收益作为偿还资金的来源。

【案例分析3-3】

2 000亿地方债发行今日收官

财政部将于今日为四省市代发共计110亿元的地方债券,意味着这一创新品种从3月底启动、历时5个多月的发行历程正式收尾,实现了为全国共计35个省、市、自治区筹资2 000亿元的目标。

地方政府债券作为创新性的品种,其诞生有着特殊的市场背景。面对全球经济危机的蔓延,加大政府投资力度、加快拉动内需成为我国应对危机的重要手段,而面对数万亿资金的筹集难题,各方呼吁允许地方政府发行债券。

在今年3月份的"两会"上,温家宝总理在政府工作报告中提出,国务院同意地方政府发行2 000亿元债券。3月27日,财政部代新疆维吾尔自治区发行30亿元债券,成为首单地方政府债券,并在市场竞标后获得1.61%的票面利率。

自4月份之后，地方政府债券发行加速，每周都有新券问世。并且，在4月下旬，财政部将地方政府债券的各地单独单只发行改为多只打包发行，大大提高了发行效率。

从发行利率来看，地方政府债券全部为3年期固定利率品种，其筹资成本处于整体上升区间。最低利率出现在3月31日招标的安徽政府债券，票面利率1.60%，而后受到整个债券市场状况不佳的影响，票面利率一直处于上升中，分别在4月10日和4月15日跃上1.7%和1.8%的平台。

鉴于地方政府债券票面利率保持高企，财政部于7月初发布通知，推迟了即将发行的一批地方债券，但未公布具体的调整时间。之后，受央行重启1年期央行票据的影响，债市连续下挫，特别是中短期品种，跌幅最大，这期间地方政府债券中断了发行。

随着央行票据利率企稳之后债市的回暖，地方政府债券的发行也在8月28日重启，这期囊括了吉林、广西、黑龙江和内蒙古自治区四地的地方政府债券获得市场认可，获得了1.8倍的超额认购倍率。

资料来源：秦媛娜，《2 000亿地方债发行今日收官》，载《中国证券报》，2009－09－04。

要求：根据上述资料，分析我国发行地方政府债券的市场背景及地方政府债券特征。

分析：为了应对全球金融危机，我国采取了加大政府投资的政策，发行地方政府债券可以解决资金筹集的问题。地方政府债券按照记账式国债发行方式，利率由市场化招标确定。由于采用了财政部代理发行、代办还本付息的方式，意味着地方政府债券信用等同于国债。

(2)公司债券市场。公司债券市场是长期资金市场的主要组成部分。公司债券由公司发行，购买单位主要是金融机构，如银行、保险公司、养老基金等。

公司在发行债券时都制定债券契约，说明债券性质、债务人和债权人的权利和义务等事项。债券还可以交付第三者，即信托人保存，信托人根据契约，在公司债券的发行、利息支付、本金偿还和清偿时监督债务人的行为，维护债权人的利益。

由于公司的情况千差万别，有些经营有方、实力雄厚、信誉高，也有一些经营较差，可能处于倒闭的边缘，因此公司债券的风险相对于政府债券要大一些。

2)股票市场

公司自身的资本化积累，是很难满足生产发展的需求的，所以必须从外部筹集资金。公司筹集长期资本一般有三种方式：一是向银行借贷；二是发行公司债券；三是发行股票。前两种方式的利息较高，并且有时间限制，这不仅增加了公司的经营成本,而且所获资金不够稳定,因而有很大的局限性。而利用发行股票的方式来筹集资金,一方面公司发行股票后取得的资本金可以无限期使用,稳定性高;另一方面发行股票成本较低,除了支付发行费用外,不会产生其他费用,而且通常公司只在盈利时才以部分利润支付红利。因此,综合比较这三种筹资方式,发行股票的方式相对而言对公司更有利。所以发行股票来筹集资本就成为发展“大企业经济”的一种重要形式,股票交易在整个证券交易中因此占有相当重要的地位。

股票市场的变化与整个市场经济的发展是密切相关的,股票市场在市场经济中始终发挥着经济状况“晴雨表”的作用。

根据股票市场的功能可将股票市场可划分为发行市场和流通市场。

(1)发行市场是通过发行股票进行筹资活动的市场,一方面为资本的需求者提供筹集资金的渠道,另一方面为资本的供应者提供投资场所。发行市场是实现资本职能转化的场所,通过发行股票,把社会闲散资金转化为生产资本。由于发行活动是股市一切活动的源头和起始点,故又称发行市场为“一级市场”。

(2)流通市场是已发行股票进行转让的市场,又称“二级市场”。流通市场一方面为股票持有者提供随时变现的机会,另一方面又为新的投资者提供投资机会。与发行市场的一次性行为不同,在流通市场上股票可以不断地进行交易。

发行市场是流通市场的基础和前提,流通市场又是发行市场得以存在和发展的条件。发行市场的规模决定了流通市场的规模,影响流通市场的交易价格。没有发行市场,流通市场就成为无源之水、无本之木。在一定时期内,发行市场规模过小,容易使流通市场供需脱节,造成过度投机,股价飙升;发行节奏过快,股票供过于求,对流通市场形成压力,股价低落,市场低迷,反过来影响发行市场的筹资活动。所以,发行市场和流通市场是相互依存、互为补充的整体。

知识题

3.1 什么是金融机构?什么是金融机构体系?

3.2 我国有哪几家政策性银行?

3.3 非银行金融机构主要有哪些?

3.4 什么是货币市场?什么是资本市场?

3.5 什么是股票发行市场?什么是股票流通市场?

案例题

我国三类新型农村金融机构的发展

随着我国农村工业化、现代化、信息化、市场化、国际化和城乡一体化的推进，农村经济社会发展对农村金融服务的需求日益增加，特别是农村和农业经济发展方式转变、社会主义新农村建设、农村中小企业发展、农村劳动力转移和农村社会保障等重大民生问题的解决等等，都亟需加大农村金融支持。但农村金融供给严重不足。中国农业发展银行主要是对粮、棉、油等重要农副产品收购提供政策性贷款；国有和国家控股商业银行发展战略改变后对农村信贷业务大幅度减少；股份制商业银行信贷服务的重点一般也不是农村、农业和农民；农村信用合作社支农力量不足；农村资金严重外流。据估计，农村资金供需缺口达8 000亿元人民币，严重制约了“三农”发展和社会主义新农村的建设。为此，2006年12月，中国银监会调整放宽农村地区银行业金融机构准入政策，推出了村镇银行、贷款公司、农村资金互助社等三类新型农村金融机构，并决定先从中西部6个省(区)开始试点，到2007年10月，试点范围进一步扩大到了全国31个省(市、区)。

试点一年多来，三类新型农村金融机构的运营已经取得了初步的成效。村镇银行通过吸收境内外金融机构、境内非金融机构企业法人和自然人的资本，增加了农村资金供给。贷款公司将从境内商业银行或农村合作银行那里批发的资金再零售给农户和农村中小企业，促成了部分城市相对过剩的流动性资金进入了农村；农村资金互助社以乡(镇)、行政村农民和农村小企业之间自愿互助的方式将当地乡(镇)、行政村的资金留在了当地使用。三类新型农村金融机构通过发挥与农民、农村民营小企业信息比较对称、一级法人机构贷款所拥有的审批更灵活和资金借贷手续更简便等优势，不仅部分弥补了原有农村正规金融机构的支农不足，也部分替代了农村民间借贷。许多新型农村金融机构还根据农民和农村民营小企业的个性化特征，设计了有针对性的服务。它们根据农民和农村民营小企业资金需求量小、频率高、时间紧的特点，进行市场细分，为其提供了多样化的金融产品和差异化的金融服务。三类新型农村金融机构的存在和发展，还对农村原有农村金融机构形成了竞争压力，直接或间接地促进了原有农村银行业金融机构主动改善服务、创新业务、简化流程，真正从根本上承担起服务“三农”的重任。

但另一方面，现有新型农村金融机构的试点时间不长，在制度安排和市场功能定位方面还存在着如下缺陷：一是新型农村金融机构缺乏与原有农村金融机构竞争的实力，农村地区贷款业务大多缺乏有效的担保方和可变现的抵押物，同时农村地区需要融资的项目也普遍缺乏信用评级，这些都为经营农村金融业务带来了较大的风险和压力；二是村镇银行资金来源于境内外银行资本、境内产业资本和民间资本，这些资本的目标必然是追求利润最大化，其经营行为和目标要受到经营盈利性、安全性、资本限额、员工意愿、股东会等因素制约，普及推广比较慢，发展很难保持持续性；三是由银行金融机构出资组建的贷款公司，没有与农村地方企业、自然人建立资本联结关系，同时受到经营成本、可批发资金规模、盈利性等因素的制约，支农业务活动难以持续；四是农村资金互助社只是由农户和农村小企业投资组建，排除了农村其他居民和单位的参与，实际上是限制了它吸收农村其他资金的渠道。

资料来源：陈时兴，《新型农村金融机构的市场功能应如何定位》，载《学习时报》，2008－12－01。

要求：根据上述资料，分析我国新型农村金融机构的作用。

提示：促进农村资金融通，以服务“三农”。

实训题

实训项目：调研你所在城市或省份的金融机构。

实训目的：通过实地调研，对金融机构形成直观了解，总结当地金融机构体系发展现状，评价金融机构对当地经济发展的促进作用。

实训步骤：(1)了解当地有哪些商业银行，尤其股份制商业银行有哪些家；

(2)了解当地有哪些证券公司、保险公司、信托公司等非银行金融机构；

(3)了解当地金融机构的网点分布情况；

(4)分组讨论金融机构体系的发达程度与地方经济发展有什么关系。

第4章 中央银行

学习目标

在学习完本章之后，你应该能够：了解中央银行产生的客观原因、发展历程以及性质和职能；理解中央银行在金融体系中的地位和作用；熟悉中央银行的各类基本组织形式和主要业务。

【引例】

西方中央银行联手降息应对金融危机

新华网北京2008年10月8日电　综合新华社驻华盛顿、法兰克福、伦敦和渥太华记者报道：西方主要经济体中央银行8日采取联合行动同时降低利率，努力应对当前的金融危机和恢复市场信心。

当天，美国联邦储备委员会(美联储)、欧洲央行、英国英格兰银行以及加拿大、瑞士和瑞典等国的央行均宣布将基准利率降低0.5个百分点。

据几大央行当天发表的联合声明说，近来金融危机加剧增加了经济的下行风险，缓解全球金融局势需要采取降息措施。西方主要经济体央行对当前的金融危机进行了持续和密切的磋商并决定采取联合行动以应对危机。

当天，美联储宣布将联邦基金利率即商业银行间隔夜拆借利率降低0.5个百分点，降到1.5%，欧洲央行宣布将基准利率从4.25%降至3.75%，英国英格兰银行宣布将基准利率降至4.5%，加拿大央行宣布将利率降至2.5%，瑞士和瑞典央行分别宣布将基准利率降至2.5%和4.25%。

这一资料表明：中央银行是一国最高的货币金融管理机构，在各国金融体系中居于主导地位。中央银行的职能是宏观调控、保障金融安全与稳定。

4.1 中央银行概述

中央银行是特殊的金融机构,是一国金融体系的核心。目前,世界上大多数国家都已经实行了中央银行制度。中央银行在对外金融活动中,代表国家参与国际金融事务;在对内金融活动中,负责监管国内各类金融机构,承担货币发行业务,制定和执行国家货币金融政策,调节和控制全国的货币流通和信用活动等重要职能。

4.1.1 中央银行的产生与发展

1)中央银行产生的客观要求

19 世纪初期,随着商品经济的发展,西方资本主义国家的贸易往来与货币流通日益繁荣,银行业也随之进入了一个高速发展的时期。银行数量的迅速增加,在一定程度上促进了商品的生产和流通,但同时也带来了很多新的问题。

(1)统一发行货币的问题。在银行业发展的初期阶段,没有专门的货币发行银行,各家银行均从事银行券的发行业务。但由于各家银行的规模、信誉、区域和货币发行量的不同,银行券的流通往往受到很大的限制,从而引起了货币流通的混乱和危机,严重阻碍了商品经济的发展和对外贸易的扩张。这种情况客观上要求货币发行集中统一,由一家在全国范围内享有较高声誉的大银行来承担货币的发行。这是中央银行产生的基本原因。

(2)统一票据交换和清算的问题。随着银行业务的增加,银行之间的票据往来日益增多,债权债务关系日渐复杂。由于当时没有一个统一的票据清算机构,由各家银行自行轧差进行当日清算已发生困难。这种状况客观上要求产生中央银行,作为全国统一的、有权威的、公正的清算中心。

(3)最后贷款人的问题。银行机构的日益增多和商品流通的加速发展,造成了各家商业银行经常面临资金周转的困境。因此,急需一个信誉卓著、经济实力雄厚的大银行作为商业银行的最后支持者,当商业银行发生资金来源不足、支付困难时,提供必要的支持,充当商业银行的最后贷款人。

(4)统一金融监管的问题。由于银行业存在着丰厚的利润来源,参与竞争的商业银行越来越多,这就造成了一定程度的市场混乱。而商业银行作为市场上各类企业的资金提供者,一旦倒闭破产,将会危及整个经济秩序。因此,需要一个代表政府意志的专门机构对商业银行和各类金融机构进行监管。

解决这些问题的最终方案就是建立一个稳定的信用体系制度和一个金融监管的核心机构,中央银行因此应运而生。

2）中央银行的建立与发展

（1）中央银行的建立。中央银行最初产生主要是通过大型商业银行的职能转变来完成的。发展良好的大型商业银行通过政府的授权，获得发行银行券的独立权利并监管各类金融机构，从而确认其在金融体系当中的核心地位，形成现代意义上的中央银行。

世界上最早设立的中央银行是瑞典银行，它的创办时间为 1656 年，为欧洲第一家发行货币的银行，并于 1668 年改组为国家银行，但直到 1897 年才独占货币发行权，成为真正的中央银行。

成立于 1694 年的英格兰银行是最早真正执行中央银行职能的金融机构，被称为中央银行的鼻祖。英格兰银行成立初期，正值英法战争爆发期间，英国政府开支剧增，国会授予英格兰银行两项特权：一是政府存款在该行，同时该行给予政府贷款以支持战争经费；二是作为交换条件，该行取得了不超过资本总额的货币发行权。1844 年，由英国首相皮尔主持，拟定并通过了著名的《皮尔条约》，英格兰银行才享有大部分的货币发行权，并且收取各家商业银行的准备金，具备了中央银行的基本职能；1854 年，英格兰银行成为英国银行业的票据交换中心；1872 年，充当商业银行的最后贷款人；1928 年，成为英国唯一的货币发行银行。

（2）中央银行的发展。从 19 世纪到第一次世界大战爆发前，是中央银行成立的第一个高潮期。在此期间，法国、德国、美国纷纷成立了真正意义上的中央银行，为稳定国家的金融体系，促进经济发展起到了良好的作用。

第一次世界大战爆发后，世界经济出现了剧烈的波动，通货膨胀严重、货币制度混乱。为了改变这一状况，1920 年，在比利时首都布鲁塞尔召开了国际金融会议，会议建议各国尽快设立中央银行制度，以共同维护世界货币制度和经济的稳定。在这个背景下，又掀起了中央银行成立的第二次高潮。

第二次世界大战后，纷纷独立的殖民地国家仿照资本主义国家，以政府行政力量设置了中央银行机构。此时，世界上的大部分国家都已设立了各种形式的中央银行。

3）中央银行制度的基本类型

（1）单一式的中央银行制度。单一式的中央银行制度是指国家单独建立中央银行机构，全面、专门行使中央银行职能并领导和管理全国所有金融事业的制度，包括一元式的单一中央银行制和二元式的单一中央银行制。

一元式的单一中央银行制，即全国只设一家中央银行总行，并下设若干分支机构，实行“总分行”制，总行对分行实行绝对的领导。实行一元式单一中央银行制度的国家有中国、日本等。世界上大多数国家实行的都是此类中央银行制度。

【知识链接4-1】

中国人民银行简介

中国人民银行是1948年12月1日在华北银行、北海银行、西北农民银行的基础上合并组成的。1983年9月,国务院决定由中国人民银行专门行使国家中央银行职能。1995年3月18日,第八届全国人民代表大会第三次会议通过了《中华人民共和国中国人民银行法》,至此,中国人民银行作为中央银行以法律形式被确定下来。

根据第十届全国人民代表大会审议通过的国务院机构改革方案的规定,将中国人民银行对银行、金融资产管理公司、信托投资公司及其他存款类金融机构的监管职能分离出来,并和中共中央金融工作委员会的相关职能进行整合,成立中国银行业监督管理委员会。

随着社会主义市场经济体制的不断完善,中国人民银行作为中央银行在宏观调控体系中的作用更加突出。根据2003年12月27日第十届全国人民代表大会常务委员会第六次会议修正后的《中华人民共和国中国人民银行法》,中国人民银行的主要职责为:

(一)起草有关法律和行政法规;完善有关金融机构运行规则;发布与履行职责有关的命令和规章。

(二)依法制定和执行货币政策。

(三)监督管理银行间同业拆借市场和银行间债券市场、外汇市场、黄金市场。

(四)防范和化解系统性金融风险,维护国家金融稳定。

(五)确定人民币汇率政策;维护合理的人民币汇率水平;实施外汇管理;持有、管理和经营国家外汇储备和黄金储备。

(六)发行人民币,管理人民币流通。

(七)经理国库。

(八)会同有关部门制定支付结算规则,维护支付、清算系统的正常运行。

(九)制定和组织实施金融业综合统计制度,负责数据汇总和宏观经济分析与预测。

(十)组织协调国家反洗钱工作,指导、部署金融业反洗钱工作,承担反洗钱的资金监测职责。

(十一)管理信贷征信业务,推动建立社会信用体系。

(十二)作为国家的中央银行,从事有关国际金融活动。

(十三)按照有关规定从事金融业务活动。

(十四)承办国务院交办的其他事项。

二元式的单一中央银行制，即中央银行体系由中央和地方相对独立的中央银行机构共同构成。中央机构为最高金融决策机构，地方机构接受其监督和指导。这一中央银行制度往往与联邦制的国家体制相对应。目前，世界上有美国等国家实行这种中央银行制度。

【知识链接4-2】

美国联邦储备体系

美国联邦储备系统（Federal Reserve System，Fed）负责履行美国的中央银行的职责，这个系统是根据《联邦储备法》(Federal Reserve Act）于1913年成立的。美国联邦储备系统主要由联邦储备委员会、联邦储备银行及联邦公开市场委员会等组成。

美国联邦储备系统的核心机构是联邦储备委员会(Federal Reserve Board，简称美联储；全称为The Board of Governors of the Federal Reserve System，即联邦储备系统管理委员会，也可以称之为联邦储备系统理事会)，它是一个联邦政府机构，其办公地点位于美国华盛顿特区(Washington D.C.)。该委员会由7名成员组成(其中主席和副主席各一名，委员五名)，须由美国总统提名，经美国国会上院之参议院批准方可上任，任期为十四年(主席和副主席任期为四年，可连任）。

根据《联邦储备法》的规定，美国一共分为12个储备区，每个区设1个联邦储备银行(另下辖25个分行)。每个联邦储备银行都设有一个由9名董事组成的董事会，联邦储备银行的行长和第一副行长由董事会董事提名，经联邦储备委员会批准后方可上任。而联邦储备银行分行的董事会则由5~7名董事组成，其中多数由上级联邦储备银行任命，剩下的少数则由联邦储备委员会任命。联邦储备银行受联邦储备委员会及美国国会的监督。另外，和联邦储备委员会一样，为更好履行相应的职责，各个联邦储备银行也根据自身的需要，雇用一定数量的职员从事管理及日常工作。联邦储备银行主要的职能是：管理全国的支付系统、分发由美国财政部印制的美元(纸钞及硬币)、协助联邦储备委员会监管该储备区的会员银行及银行控股公司、调整该储备区信贷政策、为本储备区的银行保管存款等。

联邦公开市场委员会(The Federal Open Market Committee，FOMC)是联邦储备系统中另一个重要的机构。它由12名成员组成，包括联邦储备委员会全部成员7名和纽约联邦储备银行行长，其他4个名额由另外11个联邦储备银行行长轮流担任。该委员会设一名主席（通常由联邦储备委员会主席担任)、一名副主席(通常由纽约联邦储备银行行长担任)。另外，其他所有的联邦储备银行行长都可以参加联邦公开市场委员会的讨论会议，但是没有投票权。联邦公开市场委员会的最主要工作是利用公开市场操作(主要的货币政策之一)，从一定程度上影响市场上货币的储量。另外，它还负责决定货币总量的增长范围（即新投入市场的货币数量），并对联邦储备银行在外汇市场上的活动进行指导。该委员会主要的决定都需通过举行会议讨论并投票产生，每年都要在华盛顿特区召开八次例行会议，其会议日程安排表每年都会向公众公开；而平时，则主要通过电话会议协商有关的事务，当然，必要时也可以召开特别会议。

(2)复合式的中央银行制度。复合式的中央银行制度是指国家不单独设立专司中央银行职能的中央银行机构，而由一家集中央银行与商业银行职能于一身的国家大银行来行使中央银行职能的中央银行制度。这种中央银行制度往往与中央银行初级发展阶段和国家实行计划经济体制相对应，如苏联和我国 1983 年以前都实行过这样的中央银行制度。

(3)准中央银行制度。准中央银行制度是指有些国家或地区只设置类似中央银行的机构，或由政府授权某个或几个商业银行行使部分中央银行职能的体制。采取这种中央银行组织形式的有新加坡、香港特别行政区等国家和地区。

【知识链接 4-3】

香港没有中央银行，中央银行的基本职能，由不同的银行及机构分担其运作。具体如下表：

表 4-1　　**香港的中央银行制度安排**

发行纸币	香港上海汇丰银行 渣打银行 中国银行 香港金融管理局
发行硬币	香港金融管理局
作为政府的银行	香港金融管理局
最后借贷人	香港金融管理局
监管商业银行及金融活动	香港金融管理局 银行监理专员 证券及期货事务监察安委员会
票据交换中心	香港上海汇丰银行
执行政府的政策	香港金融管理局 香港银行公会

(4)跨国中央银行制度。这是指由参加某一货币联盟的所有成员国联合组成的中央银行制度。这种跨国的中央银行发行共同体货币和为成员国制定金融政

策,如欧洲货币联盟的中央银行。

4.1.2 中央银行的性质和职能

1)中央银行的性质

中央银行是代表政府管理金融的特殊机构,它既不同于普通的商业银行,也不同于一般的政府行政部门。

中央银行既是为各类金融机构和政府提供金融服务的特殊金融机构,又是制定和执行货币政策、监管金融机构、维护金融秩序、调控金融和经济运行的宏观管理部门。

2)中央银行的职能

(1)货币发行职能。中央银行作为一国金融体系的核心机构,享有货币的独占发行权,这是它区别于一般商业银行的根本标志。

(2)金融服务职能。中央银行作为特殊的金融机构,服务的对象主要是各类金融机构和政府部门。

对于金融机构来说,中央银行具有以下职能:

其一,集中存款准备金。商业银行吸收的存款不能全部用于贷放,必须将存款的一定比例以准备金的形式存入中央银行。一旦有商业银行发生支付困难时,中央银行就可以用集中的各家银行的准备金给予必要的支持。

其二,充当最后贷款人。随着生产和流通的不断扩大,商业银行在资金不足或资金缺乏时,可以向中央银行申请再贷款和再贴现。

其三,作为票据清算中心。中央银行可以通过各家银行开立的准备金账户,对商业银行往来票据进行转账和划拨,直接增减各商业银行的准备金,有利于资金周转。

对于政府部门,中央银行又具有以下职能:

其一,代理国库。国家在财政收支方面无需另设机构,可直接委托中央银行进行代理,通过中央银行的各类总分支机构进行资金的流通和结算。

其二,代理国债发行。政府发行债券时,中央银行可以代理发行,必要时也可以承购国债。

其三,直接对政府贷款。当政府出现财政赤字或财政支出急剧增加时,可以向中央银行申请贷款。

其四,充当政府金融顾问。在政府金融决策中,中央银行是以金融顾问的姿态出现的,因为中央银行在国内有众多分支机构,与国外金融机构有广泛的联系,对货币市场、证券市场方面的情况非常熟悉,可以为政府进行经济决策提供情况和咨询。

其五,代表国家参加国际金融组织和国际金融活动。

(3)金融监管职能。这是指中央银行作为国家的金融管理机构,为维护金融体

系的健全和稳定,防范和化解金融风险,对国内金融机构和金融市场负有管理和监督的职责。主要包括:

其一,制定并监督执行有关金融管理法规、政策和制度,包括货币发行制度、现金管理制度、银行管理制度、资金清算制度等。

其二,监督和管理金融机构的活动。现代中央银行作为监督者,重点是监察商业银行经营的业务是否正当,是否保持了充分的融资手段,资本比例是否适当等等。

其三,监督和管理金融市场。中央银行对金融市场的监管有:借助于货币政策工具影响市场利率,调节货币供给量,实现中央银行的宏观政策目标;通过金融立法保证金融交易和资金往来的合法性和有序性;对上市证券合法性进行审查、监督等。

近些年来,为了使中央银行更好地履行制定和执行货币政策的职能,一些国家将金融监管职能从中央银行分离出来,由专门成立的金融监管部门行使。尽管如此,中央银行仍然保留了一部分金融监管职能。

4.2 中央银行业务

4.2.1 负债业务

中央银行负债业务是形成其资金来源的业务,主要有货币发行业务、存款业务等。

1)货币发行业务

货币发行是中央银行主要的负债业务,也是中央银行重要的资金来源。

货币发行是中央银行对社会公众的负债,但持币人不是持货币到中央银行索偿,而是到市场上换取等值的商品和劳务。因而,中央银行的这种负债是无需清偿的债务,从而成为其对经济进行宏观调控的成本最低的一种资金来源。这种资金来源的约束来自于对货币政策目标的追求。因此,货币发行必须遵循一定的原则:

(1)垄断发行原则。中央银行必须垄断货币发行权,只有这样才能稳定货币流通,加强宏观调控能力。

(2)信用保证原则。中央银行发行货币不能只凭国家信用,必须建立相应的发行准备制度,使货币发行与外汇、证券、黄金等资产保持一定的关系。

(3)弹性原则。中央银行要根据经济情况,不断向市场投放或回笼货币,使市场的货币供给随国民经济情况的变化而伸缩,具有弹性。

2)存款业务

存款业务也是中央银行的主要负债业务,其重要性仅次于货币发行业务。

(1)商业银行存款。商业银行存款主要是指商业银行在中央银行缴存的存款准备金,其中主要包含两个部分:一是法定存款准备金;二是超额存款准备金。

法定存款准备金是指商业银行将存款的一定比例缴存至中央银行的部分。法定存款准备金的大小取决于商业银行存款的总额和法定存款准备金率的高低。

超额存款准备金是指商业银行缴存至中央银行的超出法定存款准备金的存款,主要用于票据清算和同业资金往来。

法定存款准备金和超额存款准备金都是商业银行在中央银行的存款,所不同的是:法定存款准备金商业银行不能自由运用,而超额存款准备金属于自由准备,商业银行有权动用;中央银行对法定存款准备金往往不支付利息,对超额存款准备金却要支付利息。

商业银行在中央银行的存款准备金,既可以作为中央银行对商业银行的资金支持,也可以作为控制商业银行贷款规模的调控手段。

【案例分析4-1】

国有商业银行超额存款准备金率逼近临界点

央行日前宣布决定从5月20日起再次上调存款准备金率0.5个百分点。此举将冻结银行体系流动性资金约2 000亿元,同时也将影响商业银行的流动性。

不过,此次法定存款准备金率上调中受到考验最大的并不是中小商业银行,而是国有商业银行。知情人士表示,当前国有商业银行的超额存款准备金率平均只有1%左右。据介绍,商业银行法定存款准备金率上调的同时也意味着其超额存款准备金率的下降。在此次法定存款准备金率上调之后,国有商业银行的超额存款准备金率将只有0.5%,已逼近临界点。

上述人士还透露,在所有金融机构中,农村信用合作社的超额存款准备金率平均约为7.5%,位居各金融机构之首。中央财经大学教授郭田勇分析指出,按照相关规定,农村信用合作社的法定存款准备金率可比其他金融机构低两个百分点。如果扣除这部分,农村信用合作社的超额准备金率就没有那么高了,这是主要的原因。

此外,出于风险方面的考虑,农村信用合作社在发放贷款时并不像商业银行那么激进,这部分闲置资金可能也用作超额存款准备金了。对于备受关注的中小商业银行,上述人士表示,各家银行均有所不同,超额存款准备金率约在4%至6%之间。

对此,郭田勇认为,这并不会导致国有商业银行出现流动性危机。“当前,商业银行存款准备金的主要来源是外汇占款。尽管从今年的数据来看,贸易顺差已经有较大的下降,但今年一季度的外汇储备新增额仍高达1 539亿美元。只要有外汇占款,就可以为银行的流动性提供支持。"郭田勇解释说。

人民银行郑州培训学院教授王勇也表示,银行超额存款准备金率越低,反而越能说明该银行在短时间内获得变现资产的能力越强。"目前超额存款准备金收益率只有0.99%,远远低于银行其他资金运用的收益率。对于许多银行来说,比率太高并不划算。"王勇说。

资料来源:张广明,《国有商业银行超额存款准备金率逼近临界点》,载《证券时报》,2008-05-14。

要求:根据上述资料,分析上调法定存款准备金率对中央银行负债的影响。

分析:上调法定存款准备金率表明商业银行在中央银行法定存款准备金账户余额的增加。如果商业银行在中央银行的超额准备金没有减少,那意味着中央银行负债的增加;如果法定存款准备金增加,商业银行在中央银行的超额准备金相应减少,则说明对中央银行的负债没有影响。

(2)政府存款。中央银行是政府的银行,有着代理国库的职能。财政部在中央银行一般设有专门账户,当财政部征收税款、国有企业利润以及发行政府债券等,收入款项都记在财政部存款账户上;当财政部拨付各项经费给指定部门时,就直接从财政部的存款账户上划拨到有关部门的存款账户。政府的收支都经过中央银行办理,所以政府在中央银行会形成财政性存款。所谓财政性存款,是指财政部门和使用财政资金的单位坚持先收入后支出、先拨入后使用的原则,在银行账户上所保留的一定余额所形成的存款。

中央银行占用政府存款一般不支付利息或仅支付很少的利息,因此,中央银行也不向政府收取代理手续费。

(3)外国存款。指外国中央银行或外国政府的存款。外国中央银行或外国政府持有这些存款,是为了充当本国外汇,用以贸易结算和资金清算。

(4)其他存款。指除以上三类存款之外的其他存款,其内容因各国国情不同而差别较大,我国主要指商业银行以外的其他金融机构在中央银行的存款。

3)其他负债业务

(1)发行中央银行票据。发行中央银行票据是中央银行的一项主动负债业务,是指中央银行向一级公开市场发行短期债务凭证,其主要目的是为了调节商业银行的超额存款准备金,回笼基础货币。

2007年我国中央银行票据的交易商共有52家,除中国国际金融有限公司、3家证券公司、4家保险公司和2家基金公司外,其余的均为商业银行。一般而言,中央银行会根据市场状况,采用利率招标或价格招标的方式,交错发行3个月期、6个月期、1年期和3年期票据,其中以1年期以内的短期品种为主。

(2)向国际金融机构或外国政府借款。中央银行在国家出现重大经济波动,本国资金来源不足时,可以向国际金融机构或外国政府借款,以补充资金来源,稳定经济和金融市场秩序。

4.2.2 资产业务

中央银行的资产业务是指资金运用的业务,主要包括再贴现、再贷款、证券买卖等。

1)再贴现业务

再贴现是指商业银行将未到期的已经贴现过一次的商业票据向中央银行贴现的行为。再贴现可以使商业银行获得流动资金,同时又可以让中央银行通过办理再贴现的再贴现率来调控商业银行的资金流向和规模。

【案例分析4-2】

美联储态度峰回路转　降低再贴现利率或为降息前兆

《财经网》专稿(记者张环宇)　在持续数日暴跌之后,全球股市处于一片愁云惨雾之中。就在北京时间周五晚上美国股市开市之前,美联储召开非常规性会议,宣布了一项令市场信心大振的消息:将再贴现贷款利率从6.25%下调0.5个百分点至5.75%。

消息传来,正在等待中的金融时报指数、德国DAX指数和法国CAC指数等欧洲各大股指一改犹疑的试探之态,数分钟内普涨3%;英国10年期基准公债更是出现攀升,部分避险盘重新恢复投资活力。一个小时后,纽约开市,道琼斯指数在数分钟内上涨200多点。

此前,美联储一直试图通过隔夜或隔周抵押回购的方式向市场注入流动性,但市场对此种救市方式已经反应迟钝,并有更多的要求,希望美联储能够降息。美国股市动荡不安,并将这一压力传导至全世界的每一个角落,恐慌不断升级。但美联储此前一如既往地坚持原有观点和政策。

随着事态的一步步恶化,而原有的注入流动性方式作用有限,美联储可供选择的操作方式已然不多。既然美联储不愿违背其一贯坚持的政策原则轻易降息,那么唯一的选择或者就是下调再贴现利率了。

在上世纪60年代,只有美国联邦储备系统成员才可享受再贴现窗口带来的利益,但是伴随着美联储扩大贴现窗口使用主体的范围,并降低准入门槛,再贴现利率的作用愈发扩大,为金融机构紧急融资提供了一条畅通的途径,但其成本也更高:自2003年初开始,银行等金融机构需对贴现窗口借款支付比联邦基金利率高100个基点的利息。各个银行出现流动性问题时,多会权衡这一因素。

美联储此次降低再贴现利率,无疑给金融机构的流动性带来更多的可选择性。

比起降低再贴现利率本身，美联储的声明也许更为市场所看重。美联储在其公告中称，“金融市场的条件恶化了，紧缩的信贷条件和增加的不确定因素形成了对经济增长的潜在限制，衰退的风险有所增加”。这表明，美联储的态度发生了重要转变。

按照美联储的一贯政策思路，在美国经济没有明显走软的时刻，政策松动的可能性并不是很大，因为美联储关心通货膨胀远过于关心次级抵押信贷所带来的信贷风险。在此前数次的官方声明中，美联储丝毫不露降息之意，令市场深为失望。这次美联储的行动，不但为市场流动性提供了重要保障，更被市场看做是降息的前兆。

资料来源：张环宇，《美联储态度峰回路转　降低再贴现利率或为降息前兆》，载《财经》，2007－08－20。

要求：根据上述资料，分析美联储降低再贴现率对金融机构的影响。

分析：一方面，美联储降低再贴现率具有货币政策的“告示效应”，意味着货币政策的放松，影响金融机构对未来的预期。另一方面，美联储降低再贴现率表明商业银行向美联储融资的成本降低，增强商业银行通过再贴现来申请贷款的意愿。当然，贴现率的变化能否达到中央银行货币政策的预期结果，还取决于商业银行对贴现率变化的敏感性及整个金融市场环境的变化。

2）再贷款业务

再贷款是指中央银行直接为商业银行提供贷款。再贷款，通常是指商业银行以政府债券或商业票据作抵押的一种抵押贷款形式。再贷款是中央银行为社会提供基础货币的主要渠道，因此，中央银行可以通过调节再贷款利率和再贷款规模来调节基础货币的供应量。

中央银行对商业银行的再贷款有严格的限制，一般只发放短期贷款，只能用于解决临时性的资金周转困难。中央银行在审批时有时还规定具体用途。

3）证券买卖业务

中央银行买卖证券是指中央银行买卖各种国家债券、商业债券和外汇等。一般中央银行买卖证券都是在公开市场上进行的，所以又称公开市场买卖或公开市场操作。

这一业务不仅是中央银行的资产业务之一，也是中央银行进行宏观调控的主要手段。首先，中央银行买卖证券，必然会影响银行体系的货币增减和准备金，从而影响整个货币供给量；其次，中央银行买卖证券，会导致公开市场上证券价格的变动和利率的变化；最后，中央银行可以通过买卖不同期限的证券来影响利率结构，进而影响对不同利率有不同敏感性的贷款与投资，以同时实现多重货币政策目标。

【小思考4－1】

中央银行买卖证券的目的

中央银行在公开市场上买卖国债、中央银行票据等有价证券，目的主要是为了获取投资收益吗？

答：不是，中央银行买卖证券的目的主要是控制贷款规模和货币供给量，影响利率水平和利率结构，与再贴现率政策相辅而行。

4）其他贷款业务

主要是中央银行对非金融机构的贷款、对外国中央银行和国际金融组织的贷款。

5）国际储备

中央银行作为货币发行的银行，不仅要保持币值的稳定，还要维持汇率的平衡。因此，中央银行必须持有一定的黄金、外汇等国际储备资产。现代中央银行的国际储备资产包括黄金、外汇、有价证券、国际金融机构的储备头寸和特别提款权等。

【知识链接4－4】

表4－2　**2009年我国黄金和外汇储备情况**

项　目	2009年2月	2009年4月	2009年6月	2009年8月	2009年10月	2009年12月
黄金储备（万盎司）	1 929	3 389	3 389	3 389	3 389	3 389
国家外汇储备（亿美元）	19 120.66	20 088.80	21 316.06	22 108.27	23 282.72	23 991.52

注：自2003年以来，我国逐步通过国内杂金提纯以及国内市场交易等方式，黄金储备增加了454吨，至2009年4月末达1 054吨，合3 389万盎司。

中央银行持有国际储备，一方面是作为平衡国际收支的支付手段；另一方面是为了稳定汇率和币值。从规模上看，过多的国际储备会造成成本过高、资产贬值；过少会引起国际支付能力不足和对外汇市场的抗风险能力下降。从构成上看，应当合理配置各类国际储备资产，以降低成本、规避风险。因此，一国应根据自身国情和国际经济环境来合理确定国际储备的规模和结构。

4.2.3 中间业务

中央银行的中间业务主要是指中央银行的清算业务，即集中办理票据交换和全国金融机构之间资金清算的业务。中央银行的清算业务是中央银行金融服务职能的具体表现，包括集中票据交换、集中清算交换的差额、组织异地银行之间资金转移等业务。

1）中央银行清算业务运作的基本原理

中央银行能够在银行间提供支付清算服务的前提是各银行都在中央银行设立了存款准备金账户，当银行之间发生债权债务关系和应收应付款项时，可以通过其各自在中央银行账户的转账划拨来进行清偿。

中央银行通过组织全国银行系统的清算，一方面可以为各家银行提供金融服务，提高资金效率；另一方面有利于中央银行了解商业银行等金融机构的资金情况，有助于中央银行对金融市场的监管。

2）中央银行清算业务的主要内容

（1）集中票据交换清算。这是指同一地区范围内（同城），将所有发生业务的商业银行之间应收应付票据交换后，将其差额在中央银行的存款准备金账户进行划拨清算的业务。一般是由中央银行组织票据交换所来进行统一的票据交换。

（2）异地跨行清算。由于异地银行远距离资金往来存在障碍，因此，通过中央银行的准备金账户，可以使异地各商业银行之间的资金划拨更加便捷。中央银行办理异地跨行清算的方式一般有两种：一是先由各商业银行通过内部联行系统划转，最后由其总行通过中央银行办理转账划拨；二是把异地票据集中送到中央银行总行办理轧差转账。

（3）证券和衍生金融工具的交易清算。在许多资本市场发达的国家，由于证券和衍生金融工具交易不同于一般经济活动的债权债务清算，尤其是政府债券的清算活动，因此，有些国家将证券和衍生金融工具的清算活动由中央银行代理。

（4）跨国支付。伴随着国际交易和资金往来的频繁，国际间资金转移和债权债务关系清偿的问题日益突出，出于外汇管理和平衡国际收支的目的，有些国家的中央银行也参与国际金融活动的支付清算服务。

【案例分析4－3】

央行：今年研究建立人民币跨境支付清算体系

央行3日发布的《中国支付体系发展报告（2008）》（以下简称《报告》）表示，今年我国支付体系建设要力争在一些重点领域和关键环节取得突破，将深化支付领域的区域合作与国际合作，完善人民币跨境贸易结算的支付清算机制，研究建立符合国家对外开放需要的人民币跨境支付清算体系。《报告》指出，2008年，面对国内特大自然灾害和国外金融危机爆发等不利因素，我国支付体系依然运行平稳、安全、高效，支付基础设施建设取得了新的重要进展。

2008年，中国证券结算系统运行稳定，有力地支持了中国证券市场的健康发展。中央债券综合业务系统和中国证券登记结算系统分别为银行间债券市场和交易所证券市场提供了安全高效的登记、托管、清算和结算服务。全年银行间债券市场交易结算量达到104.6万亿元，同比增长66.03%；交易所证券交易虽然受市场低迷等不利因素影响业务量有所减少，但交易过户总笔数和金额仍然达到了39.17亿笔和64.45万亿元；结算总金额和结算净额分别达到了184.52万亿元和6.26万亿元。

统计显示，全年各类支付系统共处理支付业务93.82亿笔，金额1 131.04万亿元，是当年GDP的37.62倍，有力地支持了我国金融市场和经济的较快发展。特别是央行大额支付系统作为我国支付体系的核心基础设施，全年共处理支付业务2.14亿笔，金额640.23万亿元，同比分别增长24.42%和20.14%。

此外，非现金支付工具应用更加广泛。2008年，我国使用票据、银行卡、汇兑等非现金支付工具办理支付业务183.27亿笔，全年人均发起非现金支付13.8笔，同比增长18.1%；流通中的现金(M0)与GDP之比继续呈现逐年下降趋势，2008年为11.31%，较2007年下降了0.79个百分点。银行卡持卡消费额在社会消费品零售总额中占比达24.2%，比2007年提高了2.3个百分点，社会公众已初步形成持卡消费的习惯。

《报告》表示，央行将研究制定国家支付体系发展规划，为今后一定时期我国支付体系的科学发展提供指导。此外，将继续大力改善农村支付环境，加快形成城乡一体的支付体系新格局。同时，支付系统等金融基础设施将进一步完善，稳步推进央行第二代支付系统建设，并按期建成运行电子商业汇票系统；继续推动非现金支付工具的普及和创新，依法加强支付体系监督管理，并推动银行业金融机构行内支付系统和我国证券登记结算系统的发展和完善等。

资料来源：苗燕，《央行：今年研究建立人民币跨境支付清算体系》，载《上海证券报》，2009－04－04。

要求：根据上述资料，分析中央银行支付结算系统的作用。

分析：中央银行支付结算系统在保障经济和社会生活正常运转、便利实施货币政策、保持金融稳定、进行跨国支付结算中都具有重要作用。

知识题

4.1 中央银行制度的基本类型有哪些？

4.2 中央银行的职能有哪些？

4.3 中央银行的负债业务有哪些？

4.4 中央银行的资产业务有哪些？

4.5 中央银行的中间业务有哪些？

案例题

表 4-3 **中央银行的资产负债表** 单位:亿元

项 目	2009 年 11 月
国外资产	183 651.65
外汇	171 638.58
货币黄金	669.84
其他国外资产	11 343.22
对政府债权	15 676.74
其中:中央政府	15 676.74
对其他存款性公司债权	8 752.40
对其他金融性公司债权	11 623.90
对非金融性公司债权	43.96
其他资产	7 858.49
总资产	227 607.14
储备货币	133 674.46
货币发行	39 627.84
金融性公司存款	94 046.62
其他存款性公司	93 922.83
其他金融性公司	123.80
不计入储备货币的金融性公司存款	623.97
发行债券	40 447.01
国外负债	758.39
政府存款	30 767.82
自有资金	219.75
其他负债	21 115.73
总负债	227 607.14

要求:根据上述我国中央银行 2009 年 11 月末的资产负债表,分析中央银行主要的资产负债业务。

提示:资产主要有外汇占款、对政府及金融机构的债权;负债主要有货币发行、存款准备金、央行票据、政府存款。

实 训 题

实训项目:考察我国中央银行的业务及其职能。

实训目的:了解中央银行的业务及其职能,掌握中国人民银行的业务及其职能,了解我国中央银行资产业务、负债业务及中间业务的内容。

实训步骤:(1)阅读《中华人民共和国中国人民银行法》;

(2)分组讨论法律赋予我国中央银行的地位及主要职责;

(3)登录中国人民银行网站查阅我国中央银行的资产负债表;

(4)结合中央银行的资产负债表分组讨论我国中央银行的主要业务。

第5章 商业银行

学习目标

在学习完本章之后,你应该能够:了解商业银行产生、发展的过程;明确商业银行的性质和主要职能;熟知商业银行的各项业务;掌握商业银行经营管理的原则。

【引例】

招商银行的经营范围

招商银行的经营范围如下:吸收公众存款;发放短期、中期和长期贷款;办理结算;办理票据贴现;发行金融债券;代理发行、代理兑付、承销政府债券;买卖政府债券;同业拆借;提供信用证服务及担保;代理收付款项及代理保险业务;提供保管箱服务。外汇存款;外汇贷款;外汇汇款;外币兑换;国际结算;结汇、售汇;同业外汇拆借;外汇票据的承兑和贴现;外汇借款;外汇担保;买卖和代理买卖股票以外的外币有价证券;发行和代理发行股票以外的外币有价证券;自营和代客外汇买卖;资信调查、咨询、见证业务;离岸金融业务。经中国银监会批准的其他业务。

这一资料表明:商业银行是从事吸收公众存款、发放贷款、办理结算及提供其他各种金融服务业务的企业法人。

5.1 商业银行概述

商业银行是在商品经济中孕育和发展起来的,在各类金融机构中,其历史最为悠久、业务范围最为广泛、对社会经济生活影响最大,因此,商业银行已经成为一国金融体系的主体部分,对社会经济发展起着重要的作用。

5.1.1 商业银行的产生和发展

1）商业银行的产生

银行（Bank）一词来源于意大利语 Banca，意思是板凳。中世纪的威尼斯是意大利外贸交易的主要港口，为了方便进行商品交换，各国商人需要把各地货币兑换成统一货币，因此，市场上就出现了很多专门从事兑换货币的兑换商，而这些兑换商一般都坐在长板凳上，因此，早期的银行家被称为“坐长板凳的人”。最初兑换商只是为商人兑换货币，后来发展到为商人保管货币、收付现金、办理结算和汇款，但不支付利息，而且收取保管费和手续费。随着工商业的发展，货币兑换商的业务进一步发展，他们手中聚集了大量资金。当货币兑换商为了谋取更多的利润，利用手中聚集的货币发放贷款以取得利息时，货币兑换业就发展成为银行业了。

公元前2000年的巴比伦寺庙、公元前500年的希腊寺庙，都已经有了经营保管金银、收付利息、发放贷款的机构。近代银行产生于中世纪的意大利。1580年，威尼斯银行成立，这是世界上最早的银行，随后意大利的其他城市以及德国、荷兰的一些城市也先后成立了银行。

2）商业银行的发展

早期的银行具有浓厚的封建色彩，规模小、资金少并且利息高昂。而随着商品经济的发展，资本主义生产方式需要社会化大生产，即需要大量的货币资金来满足大规模的商品生产，因此客观上迫切需要建立一种新型的、资金雄厚、利息适度的现代商业银行制度。

现代商业银行主要通过两条途径产生：一是由旧高利贷银行转变过来；二是由新兴的资产阶级以股份制形式建立的新型资本主义银行。1694年英格兰银行的成立，标志着现代商业银行的产生。自此开始，股份制银行在各国普遍成立。这些股份制商业银行的成立，不仅规范了货币信用制度，并且推动了商品经济的进一步发展。

5.1.2 商业银行的性质和职能

1）商业银行的性质

商业银行是一种特殊的金融企业。具体体现在：

（1）商业银行的特殊性是指商业银行与其他企业相比，其经营范围不是普通的商品生产和商品流通，而是经营货币资金的企业。一般企业创造的是商品的使用价值，而商业银行创造的是存款货币。

（2）商业银行是特殊的金融机构，是指商业银行与其他金融机构相比，能够提供更多、更全面的金融服务，并且其主营业务为吸收存款、发放贷款。

（3）商业银行是企业，是指商业银行也是追求利润、独立核算、自负盈亏的法人组织。

2)商业银行的职能

商业银行在现代社会经济中所发挥的功能主要有信用中介、支付中介、信用创造和金融服务。

(1)信用中介。信用中介是指商业银行通过吸收存款聚集社会上的闲散资金,再通过发放贷款将资金提供给社会上需求资金的部门,充当资金闲置者和资金短缺者之间的中介人,实现资金的融通。商业银行在吸收存款时向存款人支付利息,发放贷款时向贷款人收取贷款利息,两种利息的差额即商业银行的主要利润来源。由于商业银行买卖的不是资本商品本身的所有权,而是资本商品的使用权,因此,我们把商业银行的这种存贷业务称为信用中介。

(2)支付中介。由于商业银行具有较高的信誉度和较多的分支机构,因此,可以通过存款账户为各类企业办理货币收付和货币结算等业务,减少现金的使用,节约流通成本,加速资金周转,促进扩大再生产。借助于这一功能,商业银行成为各类企业、居民的货币保管者、出纳和支付代理人,这使商业银行成为社会经济活动的出纳中心和支付中心,并成为整个社会信用链的枢纽。

(3)信用创造。商业银行的信用创造职能是在信用中介和支付中介职能的基础上产生的。信用创造职能是指商业银行在经营业务的基础上,通过将发放的贷款转化为存款货币,创造出数倍于原始存款的派生存款,从而扩大了整个经济的货币供给量。商业银行是唯一能接受活期存款并具有派生能力的金融机构。

(4)金融服务。金融服务是指商业银行利用其在国民经济活动中的特殊地位及其在提供信用中介和支付中介业务中的信息优势,利用电子计算机等先进工具,为客户提供的其他金融服务。这些服务主要有网上银行、财务咨询、代客理财、信托、租赁等。商业银行通过提供这些服务,一方面可以高效地利用自身资源为社会服务,另一方面可以增加其他营业收入。目前,商业银行正逐渐成为一种职能更加全面的金融机构,金融服务职能正逐步成为商业银行的重要职能。

3)商业银行的组织形式

由于各个国家的国情和国家体制不同,商业银行的组织形式也有所不同。

(1)单一银行制。单一银行制也称单元制、单元银行制,即商业银行只有一个独立的银行机构,不设立分支机构。实行单一银行制度的商业银行在经营管理上较灵活,但其经营范围受到地域的限制,难以在大范围内调配资金,风险抵抗能力相对较弱。目前实行这种制度的国家主要是美国。因为美国是一个崇尚自由的国家,实行这种制度可以从一定程度上限制垄断,促进自由竞争,但近年来有些放松,有向分支行制转化的倾向。

(2)总分行制。总分行制又称为“分支行制”,其特点是,法律允许除银行总部外在同一地区或不同地区甚至国外设立分支机构,从而形成以总行为中心的庞大的银行网络。这类银行的总部一般设在经济发达、通信便捷的大城市，从而有利于对下属分支机构进行管理和指挥。目前世界上绝大多数国家都普遍实行这一制度，如西欧各国、俄罗斯、日本以及中国等。

实行总分行制的银行的显著特点是银行分支机构众多、分布广、总规模巨大，形成一个银行网络。由于这一特点，此类银行在经营管理方面具有以下优点：

其一，可以增强资金的流动性，提高银行的安全性。由于银行分支机构较多，业务分散，因而易于吸收存款，充分有效地利用货币资本；同时由于放款分散，可以降低放款的平均风险，带来总体回报率的提高，又可以在较大范围内调剂资金，增强资金流动性。放款的分散性也大大提高了银行的安全性，即使个别分支机构经营失败，也不会影响到整个银行的生存。

其二，在现金准备方面，由于分支机构间调动灵活，就整个银行体系而言就可相对降低准备金数额，减少非营利资产占用。

其三，有利于银行扩大资本总额和经营规模。

其四，可以为客户提供更多种便利的金融服务，特别是银行的国外分支机构，能够满足客户开拓国际市场的需求。

其五，实行总分行制的国家，一般银行总行的数目较少，但规模较大。因此，国家在进行金融调控时，只要取得这些银行的积极配合就可以取得很好的效果，从而降低了国家宏观调控的难度。

当然，总分行制也有不少缺点，主要表现在以下几个方面：

其一，总分行制易于形成一国之内几家超大规模的银行操控、左右市场的局面，导致金融垄断的发生。

其二，银行规模过大，层次较多，管理困难。

其三，分支机构人员的调动、轮换等会使银行失去与其客户的联系，而银行职员固守一地又会形成本位主义，削弱总行对分行的控制管理。

其四，由于实行总分行制银行的分支行受当地经济影响较小，因而分支机构的管理人员并不十分关心当地经济的发展。

总的来说，总分行制具有其他银行体制所无法比拟的优点，更能适应现代经济发展的需要，从而成为当今商业银行的主要组织形式。

(3)持股公司制。银行持股公司制是指由某一集团成立一持股公司，再由该公司控制或收购两家以上银行的股票，又称“集团银行制”。大银行通过持股公司可以把许多小银行置于自己的控制之下。银行持股公司有两种形式：一种是单一银行持股公司，即持股公司控制一家商业银行的股权。这种形式便于设立各种附属机构，开展多种非银行的金融业务，一般以大银行为主。另一种是多家持股公司，即持股公司控制两家以上商业银行的股权。这种形式便于银行扩展和进行隐蔽的合并,多以中小银行为主。

(4)连锁银行制。连锁银行制又称"联合制",是指由某一个人或某一集团购买若干银行的多数股票,从而达到控制这些银行的程度。这些银行的法律地位仍然是独立的,但实际上其业务和经营政策因控股而被某一个人或某一集团所控制,其业务和经营管理由这个人或这个集团决策控制。

连锁银行制一般是围绕一个州或一个地区的大银行组织起来的,几个银行的董事会由一批人组成,以这种组织中的大银行为中心,形成集团内部的各种联合。其与集团银行制的区别在于,连锁银行制没有股权公司的存在形式,无需成立控股公司。

5.2 商业银行业务

【知识链接5-1】

《中华人民共和国商业银行法》规定的商业银行的业务范围

(一)吸收公众存款;

(二)发放短期、中期和长期贷款;

(三)办理国内外结算;

(四)办理票据承兑与贴现;

(五)发行金融债券;

(六)代理发行、代理兑付、承销政府债券;

(七)买卖政府债券、金融债券;

(八)从事同业拆借;

(九)买卖、代理买卖外汇;

(十)从事银行卡业务;

(十一)提供信用证服务及担保;

(十二)代理收付款项及代理保险业务;

(十三)提供保管箱服务;

(十四)经国务院银行业监督管理机构批准的其他业务。

5.2.1 负债业务

负债业务是商业银行形成资金来源的业务,是商业银行资产业务和其他业务的基础。

1)自有资金

一定数量的自有资金是企业成立、经营和发展的基础,商业银行也不例外。而且,商业银行作为经济社会中一切经济组织的资金中介,其资金的充足性更要得到保障。自有资金对商业银行具有重要的意义：首先，自有资金是商业银行建立和发展的基础，商业银行建立之初还没有吸收存款时，必须借助于自有资金购买设备、招募人员和建立经营场所。其次，自有资金的大小代表了商业银行的资金实力，增强了客户的信心。此外，自有资金可以增强商业银行清偿和抵御风险的能力。

2）存款业务

存款业务是商业银行最重要的资金来源，也是商业银行赖以生存的根本。下面以我国商业银行的单位存款和储蓄存款为例介绍商业银行的存款业务。

（1）单位存款。单位存款是指企业、事业、机关、部队和社会团体等单位在商业银行办理的人民币存款。我国商业银行可办理的单位存款业务主要有：

其一，单位活期存款。单位活期存款是一种随时可以存取、按结息期计算利息的存款，其存取主要通过现金或转账办理。活期存款账户分为基本存款账户、一般存款账户、临时存款账户和专用存款账户。这种存款的特点是期限不固定，客户存取方便，随时可以支取。

其二，单位定期存款。单位定期存款是指银行与存款人双方在存款时事先约定期限、利率，到期后支取本息的存款。定期存款用于结算或从定期存款账户中提取现金；客户若临时需要资金，可办理提前支取或部分提前支取。

其三，单位协定存款。单位协定存款是指客户通过与银行签订《单位协定存款合同》，约定期限，商定结算账户需要保留的基本存款额度，由银行对基本存款额度内的存款按结息日或支取日活期存款利率计息，超过基本存款额度的部分按结息日或支取日中国人民银行公布的高于活期存款利率、低于6个月定期存款利率的协定存款利率给付利息的一种存款。单位协定存款既能够保证满足资金随时调度的要求，又能取得高于活期存款利息的收益。

其四，单位通知存款。单位通知存款是指存款人在存入款时不约定存期，支取时需提前通知金融机构，约定支取日期和金额方能支取的存款。在我国，通知存款不管实际存期长短，统一按存款人取款提前通知的期限长短划分为一天通知存款和七天通知存款两个品种。一天通知存款必须至少提前一大通知约定支取存款，七天通知存款必须至少提前七天通知约定支取存款。

其五，结构性存款。所谓结构性存款，是在普通存款的基础上嵌入某种金融衍生工具（主要是各类期权），通过与利率、汇率、指数等的波动率挂钩，或与某商品的价格挂钩，从而使存款人在承受一定风险的基础上获得较高收益的业务。结构性存款是一种结合固定收益产品与选择权组合形式的产品交易。它透过选择权与固定收益产品间的结合，使得结构性产品的投资报酬与连接到标的关联资产价格波动产生联动效应，可以达到在一定程度上保障本金或获得较高投资报酬率的功能。

（2）储蓄存款。储蓄存款是指为居民个人积蓄货币资产和获取利息而设定的一种存款。储蓄存款基本上可分为活期和定期两种,两者都要支付利息。活期储蓄存款的存取无一定期限,只凭存折提现。定期储蓄存款需事先约定存款期限,利率比活期储蓄存款高。具体来说,我国储蓄存款主要有以下几种形式:

一是活期存款。活期存款是一种不限存期,凭银行卡或存折及预留密码可在银行营业时间内通过柜面或通过银行自助设备随时存取现金的存款。人民币活期存款1元起存,外币活期存款起存金额为不低于人民币20元的等值外汇。人民币个人活期存款按季结息,按结息日挂牌活期利率计息,每季末月的20日为结息日。未到结息日清户时,按清户日挂牌公告的活期存款利率计息到清户前一日止。

二是整存整取定期存款。整存整取定期存款是在存款时约定存期,一次存入本金,全部或部分支取本金和利息的存款。人民币整存整取定期存款50元起存,多存不限,其存期分为3个月、半年、1年、2年、3年、5年。存款利率按存入日挂牌公告的相应期限档次整存整取定期存款利率计息。定期存款利随本清,遇利率调整,不分段计息。全部或部分提前支取的,支取部分按支取日挂牌公告的活期储蓄存款利率计息,未提前支取部分仍按原存单利率计息。逾期支取的,超过存单约定存期部分,除约定自动转存外,按支取日挂牌公告的活期储蓄存款利率计息。

三是人民币教育储蓄存款。人民币教育储蓄存款是指为接受非义务教育积蓄资金,实行优惠利率,分次存入、到期一次支取本息的存款,开户对象为在校小学四年级(含四年级)以上学生。教育储蓄存期分为1年、3年、6年,50元起存,每户本金最高限额为2万元。按照国家相关政策规定,教育储蓄的利息收入可凭有关证明享受免税待遇。

四是人民币零存整取定期存款。人民币零存整取存款是指客户按月定额存入,到期一次支取本息的存款。零存整取存款5元起存,多存不限。零存整取存款存期分为1年、3年、5年。存款金额由客户自定,每月存入一次。存款利率按存入日挂牌公告的相应期限档次零存整取定期储蓄存款利率计息;遇利率调整,不分段计息,利随本清。客户中途如漏存一次可在次月补齐,未补存或漏存次数超过一次的视为违约,对违约后存入的部分,支取时按活期存款利率计付利息。

五是人民币整存零取定期存款。整存零取存款指在存款时约定存期及支取方式,一次存入本金,分次支取本金和利息的存款。整存零取存款1 000元起存,存款存期分为1年、3年、5年。

六是人民币存本取息定期存款。存本取息定期存款指本金一次存入,约定存期及取息期,存款到期一次性支取本金,分期支取利息的存款。存本取息定期存款5 000元起存。存本取息定期存款存期分为1年、3年、5年。存本取息定期存款取息日由客户在开户时约定,可以一个月或几个月取息一次;取息日未到不得提前支取利息;取息日未取息,以后可随时取息,但不计复息。

七是人民币定活两便储蓄存款。人民币定活两便储蓄存款是存款时不确定存期,一次存入本金随时可以支取的存款。定活两便存款50元起存。存期不满3个月的,按天数计付活期利息;存期3个月以上(含3个月)不满半年的,整个存期按支取日定期整存整取3个月存款利率打6折计息;存期半年以上(含半年)不满1年的,整个存期按支取日定期整存整取半年期存款利率打6折计息;存期在1年以上(含1年),无论存期多长,整个存期一律按支取日定期整存整取1年期存款利率打6折计息;打折后低于活期存款利率的,按活期存款利率计息。

八是个人通知存款。个人通知存款是指存入款项时不约定存期,但约定支取存款的通知期限,支取时按约定期限提前通知银行,约定支取存款的日期和金额,凭存款凭证支取本金和利息的存款。人民币个人通知存款的最低存款金额为5万元(含),外币个人通知存款的最低存款金额各地区略有不同,约为等值人民币5万元(含)。本金一次存入,可一次或分次支取。人民币个人通知存款按提前通知的期限,分为一天通知存款和七天通知存款两个品种;外币个人通知存款提前通知的期限为七天。

【知识链接5-2】

表5-1　　人民币储蓄存款利率表(2008-12-31)

项　目	利　率
一、城乡居民存款	
(一)活期	0.36%
(二)定期	
1.整存整取	
3个月	1.71%
半年	1.98%
1年	2.25%
2年	2.79%
3年	3.33%
5年	3.6%
2.零存整取、整存零取、存本取息	
1年	1.71%
3年	1.98%
5年	2.25%

续表

项目	利率
3. 定活两便	按一年以内定期整存整取同档次利率打6折
二、通知存款	
一天	0.81%
七天	1.35%

【小思考5-1】

我国储蓄存款利率的特征

根据上述人民币储蓄存款利率表，你发现这些利率有一个什么共同特点？

答：这些利率都能被9整除。银行的利息计算以天为单位，因此，按年表示的利率都必须被360除尽。月利率 = 年利率 ÷ 12；日利率 = 年利率 ÷ 360 或月利率 ÷ 30。为了利息的正确计算，年利率必须能被360整除。能被360整除的，一定是9的倍数。

3)其他负债业务

(1)同业拆借。同业拆借是指商业银行之间为了调剂资金余缺，利用资金融通过程的时间差、空间差、行际差来调剂资金而进行的短期借贷，目的在于调剂头寸和临时性资金余缺。金融机构在日常经营中，由于存放款的变化、汇兑收支增减等原因，在一个营业日终了时，往往出现资金收支不平衡的情况，一些金融机构收大于支，另一些金融机构支大于收，资金不足者要向资金多余者融入资金以平衡收支，于是产生了金融机构之间进行短期资金相互拆借的需求。资金多余者向资金不足者贷出款项，称为资金拆出；资金不足者向资金多余者借入款项，称为资金拆入。我国金融机构间同业拆借由中国人民银行统一负责管理、组织、监督和稽核。严禁非金融机构和个人参与同业拆借活动。

(2)央行借款。商业银行在资金来源不足时，可以向中央银行借款来补充资金，一般向中央银行借款的手段包括再贴现和再贷款。商业银行在贴现票据到期前，可持未到期的贴现票据，向中央银行申请再贴现。再贷款指商业银行以本票或以政府债券等作抵押向中央银行取得贷款。申请再贷款在操作上比再贴现简便、灵活，但中央银行对再贷款的限制也比再贴现更严格。商业银行通过再贷款获得的资金，一般只允许用于补充银行储备不足和资产临时性调整之需，而不能用于扩大银行资产规模。商业银行申请再贷款必须向中央银行说明借款用途，提供财务报表以及其他反映银行经营状况的资料，经中央银行严格审查后，才能取得贷款。

(3)发行债券。商业银行可以作为筹资主体为筹措资金而面向社会发行有价证券，该债券是表明债务债权关系的一种凭证。债券按法定发行手续，承诺按约定利率定期支付利息并到期偿还本金。它属于商业银行的主动负债。

金融债券能够较有效地解决银行等金融机构的资金来源不足和期限不匹配的矛盾。一般来说,银行等金融机构的资金有三个来源,即吸收存款、向其他机构借款和发行债券。存款资金的特点之一是在经济发生动荡的时候,易发生储户争相提款的现象,从而造成资金来源不稳定,向其他商业银行或中央银行借款所得的资金主要是短期资金,而金融机构往往需要进行一些期限较长的投融资,这样就出现了资金来源和资金运用在期限上的矛盾。发行金融债券有效地解决了这个矛盾。债券在到期之前一般不能提前兑换,只能在市场上转让,从而保证了所筹集资金的稳定性。同时,金融机构发行债券时可以灵活规定期限,比如为进行一些长期项目投资,可以发行期限较长的债券。因此,发行金融债券可以使金融机构筹措到稳定且期限灵活的资金,从而有利于优化资产结构,扩大长期投资业务。由于银行等金融机构在一国经济中占有较特殊的地位,政府对它们的运营又有严格的监管,因此,金融债券的资信通常高于其他非金融机构债券,违约风险相对较小,具有较高的安全性。所以,金融债券的利率通常低于一般的企业债券,但高于风险更小的国债和银行储蓄存款利率。

(4)结算过程中的短途资金占用。指银行办理结算业务过程中暂时占用的一部分资金。

银行办理转账结算业务,实行先收款后付款的原则,即要求付款单位先将应付资金交给银行,然后银行才向收款单位转账。由于有一部分付款单位同收款单位不在同一城镇或虽在同一城镇但不在同一银行开户,银行从付款单位收入款项,经过联行划转到收款单位账户需要一段时间。在这段时间里,结算资金就停留在银行,成为银行的结算中占用资金。银行每天要办理大量转账结算业务,结算中占用资金也就成为银行的一种稳定的、大量的信贷资金来源。

5.2.2 资产业务

商业银行的资产业务是指其资金运用的业务,主要包括现金资产、贷款和证券投资等。

1)现金资产业务

现金资产是指商业银行随时可以用来应付现金需要的资产,是银行资产业务中最富流动性的部分,包括现金和活期存款。

现金资产作为银行流动性需要的第一道防线,是非盈利性的资产,从经营的观点出发,银行一般都尽可能地把它降低到法律规定的最低标准。现金资产没有利息收入,只要不造成交易障碍,银行总是尽可能少地保留现金。如果银行把腾出的资金用于别的投资,即可获得利润,因此过量的现金准备具有较高的机会成本,并且随着投资利率水平的上升,机会成本也随之增加。但是,银行现金准备过少,又存在着很大的风险。如果银行手头没有足够的现金满足储户的提款需求,就将丧失储户对银行的信任。同样,一家银行必须在中央银行和其他业务往来银行保持足够的存款余额以补充存款的外流。拥有现金资产太少对清偿能力会产生潜在的不利影响,并增加借款成本,故银行现金资产应保持一个合理适度的水平。

商业银行的现金资产主要包括:

一是库存现金。库存现金是指商业银行保存在金库中的现钞和硬币。库存现金主要是银行用来应付客户提取现金和银行本身的日常零星开支。从经营角度讲,库存现金不宜太多。库存现金的经营原则就是保持适度的规模。

二是在中央银行存款。这是指商业银行存放在中央银行的资金,即存款准备金。在中央银行存款由两部分构成,一是法定存款准备金,二是超额准备金,而只有超额准备金才是商业银行的可用资金。

三是存放同业存款。存放同业存款是指商业银行存放在代理行和相关银行的存款。在其他银行存款的目的,是为了便于银行在同业之间开展代理业务和结算收付。由于存放同业存款属于活期存款,可以随时支用,因此可以视同银行的现金资产。

四是在途资金。在途资金,也称托收未达款,是指在本行通过对方银行向外地付款单位或个人收取的票据。在途资金在收妥之前是一笔占用的资金,又由于通常在途时间较短,收妥后即成为存放同业存款,所以将其视同现金资产。

2)贷款业务

贷款是商业银行按一定利率和必须归还等条件出借货币资金的一种信用活动形式。广义的贷款指贷款、贴现、透支等出贷资金的总称。银行通过贷款的方式将所集中的货币和货币资金投放出去,可以满足社会扩大再生产对补充资金的需要,促进经济的发展;同时,银行也可以由此取得贷款利息收入,增加银行自身的积累。

(1)贷款种类。按照不同分类标准,贷款可以分为不同类型。

按偿还期不同,可分为短期贷款、中期贷款和长期贷款。①短期贷款,是指贷款期限在1年以内(含1年)的贷款。②中期贷款,是指贷款期限在1年以上(不含1年)5年以下(含5年)的贷款。③长期贷款,是指贷款期限在5年(不含5年)以上的贷款。

按偿还方式不同,可分为活期贷款、定期贷款和透支。①活期贷款不规定还贷期限,客户可以随时偿还全部或部分贷款,银行也可以随时要求借款人偿还贷款。②定期贷款,借款人必须在约定的期限内偿还本利。③透支是指银行允许其往来存款户在约定的限额范围内超过其存款金额签发支票并予以兑付。存款户有抵押品的,称"抵押透支";无抵押品的,称"信用透支"。对于透支部分的金额,银行按透支日期及贷款利息率计收利息。

按贷款担保条件不同，贷款可分为票据贴现贷款、信用贷款、担保贷款等。

票据贴现，是指商业汇票的持票人在汇票到期日前，为了取得资金而贴付一定利息将票据权利转让给金融机构的票据行为，是金融机构向持票人融通资金的一种方式。贴现的商业汇票，应以真实、合法的商品交易为基础。贴现的期限，最长不超过六个月。贴现利率采取在再贴现利率基础上加百分点的方式生成，加点幅度由中国人民银行确定。

信用贷款，是指以借款人的信誉发放的贷款，借款人不需要提供担保。其特征是，债务人无需提供抵押品或第三方担保，仅凭自己的信誉就能取得贷款，并以借款人信用程度作为还款保证。这种信用贷款是我国银行长期以来的主要放款方式。由于这种贷款方式风险较大，一般要对借款方的经济效益、经营管理水平、发展前景等情况进行详细的考察，以降低风险。

担保贷款，是指保证贷款、抵押贷款、质押贷款。保证贷款，是指按《中华人民共和国担保法》规定的保证方式由第三人承诺在借款人不能偿还贷款时，按约定承担一般保证责任或者连带责任而发放的贷款。抵押贷款，是指按《中华人民共和国担保法》规定的抵押方式以借款人或第三人的财产作为抵押物发放的贷款。质押贷款，是指按《中华人民共和国担保法》规定的质押方式以借款人或第三人的动产或权利作为质物发放的贷款。

按照贷款的风险，贷款可以划分为正常、关注、次级、可疑和损失五类，后三类合称为“不良贷款”。①正常：借款人能够履行合同，没有足够理由怀疑贷款本息不能按时足额偿还。②关注：尽管借款人目前有能力偿还贷款本息，但存在一些可能对偿还产生不利影响的因素。③次级：借款人的还款能力出现明显问题，完全依靠其正常营业收入无法足额偿还贷款本息，即使执行担保，也可能会造成一定损失。④可疑：借款人无法足额偿还贷款本息，即使执行担保，也肯定会造成较大损失。⑤损失：在采取所有可能的措施或一切必要的法律程序之后，本息仍然无法收回，或只能收回极少部分。

(2)贷款原则。所谓贷款原则是指银行对贷款人发放贷款的基本准则，是银行和借款人必须共同遵守的行为准则，也是约束银行贷款活动的行为规范。通常西方国家都使用5C原则来作为贷款行为的指导，即品德(Character)、能力(Capacity to Borrow)、资本(Capital)、担保(Collateral)、经营的环境条件(Condition of Business)。

借款人的品德：是指借款人不仅要有偿还贷款的意愿，还要具备对贷款使用的负责态度。它是一个综合性的概念，包括借款人有无不良的行为记录，借款人的性格作风及其经营管理观念等。

借款人的能力：是指借款人在借入资金后，凭借自身的生产管理能力获取利润并偿还贷款的能力。评估借款人的偿债能力，可以从两个方面来考察：一是企业的经营成本、经营质量、销售收入以及产品竞争力。这方面可以通过企业经营的一些经济技术指标来反映,如企业的资本比率、流动比率、折旧率、净值收益率、毛利和净利、销售收入增长率和产品市场占有率等。二是企业经营者的经验和能力。这里特别要分析企业主要决策者的决策能力、组织能力、用人能力、协调能力和创新能力,从个体和群体两个方面了解企业经营者的经营作风和管理水平。

企业的资本:是企业取得贷款的一个决定性因素,反映了企业的财力和风险承担能力,资本金额越大,借款人承担风险损失的能力越强。

贷款的担保:作用在于为贷款提供一种保护,在借款人无力还款时,可以通过处分担保品或向保证人追偿而收回贷款本息,从而保证贷款本息的安全。评价贷款的担保,要看企业提供的担保品是否适合于作担保品,担保品的整体性、变现性、价格稳定性,保险、贷款保证人的担保资格、经济实力和信用状况,以及保证人的担保能力是否与担保贷款额度相符等。

借款人经营的环境条件:是指借款人自身的经营状况和外部环境。本身的经营状况包括经营范围、经营方向、销售方式、原材料供应渠道、竞争能力和对市场的应变能力、企业生产受季节性因素影响的程度,企业的生产设备、生产能力、生产规模、技术水平、人员素质、经济效益、发展前景等。借款人经营的外部环境对借款人来说具有不可控性,但对其经营状况有着重要影响,所以在发放贷款时,必须对借款人的环境条件及其变动作出分析与预测,并采取必要的措施作为应变手段,以保证贷款的安全。

我国《商业银行法》第四章规定:商业银行贷款,借款人应当提供担保。商业银行应当对保证人的偿还能力,抵押物、质物的权属和价值以及实现抵押权、质权的可行性进行严格审查。经商业银行审查、评估,确认借款人资信良好,确能偿还贷款的,可以不提供担保。

3)证券投资业务

一般而言,商业银行进行证券投资业务主要出于三个目的:一是将证券作为生息资产,意在获取资金来源与资产运用之间的利差;二是出于交易目的,赚取基于客盘的买卖价差或者自营交易的资本利得;三是用证券来进行资产负债管理,调配资产与负债的持续期结构。当然,在利用债券进行资产负债管理的同时,银行也会综合考虑证券本身的收益状况。虽然各商业银行的目的各异,经营策略不同,但是最终结果是资产结构中都会存在相当比例的证券投资。

5.2.3 中间业务

中间业务,是指商业银行代理客户办理收款、付款和其他委托事项而收取手续费的业务。中间业务是银行不需动用自己的资金,依托业务、技术、机构、信誉和人才等优势,以中间人的身份代理客户承办收付和其他委托事项,提供各种金融服务并据以收取手续费的业务。银行经营中间业务无需占用自己的资金,是在银行的资产负债信用业务的基础上产生的,并可以促使银行信用业务的发展和扩大。

【知识链接5-3】

我国商业银行可以办理的中间业务

人民币现金结算、转账结算;国际结算;

代理业务,主要包括代收代付;代理企业债券、股票、国库券等有价证券发行、清算、兑付、托管;黄金现货买卖、交易清算、实物交割、租赁黄金、黄金项目融资;黄金清算交易;代理发行金融债券;代理保险;代理保管有价证券、有价物品;出租保管箱;代理政策性金融业务或其他金融机构业务等;

人民币及外汇银行卡业务;

信息咨询业务,主要包括资信调查;资产评估;金融信息咨询;行业信息网服务;开立人民币存款证明;

外汇中间业务,主要包括进口开证;进口代收;汇出汇款;来证通知;议付;托收;汇入汇款;结汇;售汇;旅行支票;代客外汇买卖;外汇票据的承兑和贴现;外汇担保;外汇存款证明;代理发行股票以外的外币有价证券;代理买卖股票以外的外币有价证券;外币兑换;为利用国际金融组织贷款的项目开立周转金账户;

融资类和履约类担保业务;

商人银行业务,主要包括融资顾问和银团贷款安排;企业财务顾问;企业海外上市;

个人理财服务;

投资基金管理、托管和销售;其他受托和委托资产管理;

企业资信评级。

1)结算业务

(1)结算业务概念。结算业务是商业银行通过提供结算工具,如本票、汇票、支票等,为购销双方或收付双方完成货币收付、转账划拨行为的业务。结算业务具有直接为银行客户提供服务、接触面宽、影响范围广等特点,对商业银行大量吸收公司低成本资金、提高市场知名度合社会声誉等具有重要作用。也正因为如此,结算业务在国内成为各商业银行业务量最大的一项中间业务。商业银行为公司企业办理结算业务时,必须遵守三个方面的基本原则,即恪守信用、履行付款;谁的钱进谁的账,由谁支配;银行不垫款。

(2)结算方式。结算方式是指经济往来中对货币资金收付的程序和方法,它包括结算地点、委托人、凭证手续、凭证传递方式以及货币资金的收付方法等。具体方式如下:

一是票据结算。票据结算方式是指银行客户利用银行汇票、商业汇票、银行本票及支票办理转账结算的方式。

二是汇兑结算。汇兑是汇款人委托银行将其款项支付给收款人的结算方式。汇兑分为信汇和电汇两种。

三是委托收款结算。委托收款结算是收款人委托银行向付款人收取款项的一种结算方式。

四是托收承付结算。托收承付是指根据购销合同由收款人发货后委托银行向异地付款人收取款项,由付款人向银行承认付款的结算方式。

五是信用证结算。信用证是由进口方的开证银行根据进口商的申请向出口商开出的,授权出口商按照信用证规定的条款,签发以该银行为付款人的汇票,并保证在交来符合信用证条款规定的汇票和单据时,该银行必定承兑或付款的保证文件。信用证结算方式应用于国际结算业务中。

六是银行保函结算。银行保函是指银行应委托人的申请向受益人开立的一种书面凭证,保证申请人按规定履行合同,否则由银行负责偿付债款。银行保函结算方式应用于国际结算业务中。

2)银行卡业务

银行卡是由经授权的商业银行向社会发行的具有消费信用、转账结算、存取现金等全部或部分功能的信用支付工具。银行卡业务可分为贷记卡业务、准贷记卡业务和借记卡业务。借记卡可进一步分为转账卡、专用卡和储值卡。

3)代理业务

代理业务指商业银行接受客户委托代为办理客户指定的经济事务、提供金融服务并收取一定费用的业务,包括代理政策性银行业务、代理中国人民银行业务、代理商业银行业务、代收代付业务、代理证券业务、代理保险业务、代理其他银行银行卡收单业务等。

4)担保及承诺类业务

担保类业务指商业银行为客户债务清偿能力提供担保,承担客户违约风险的业务,主要包括银行承兑汇票、备用信用证、各类保函等。

5)交易业务

交易业务指商业银行为满足客户保值或自身风险管理等方面的需要,利用各种金融工具进行的资金交易活动,主要包括金融衍生业务。

6)投资银行业务

投资银行业务主要包括证券发行、承销、交易、企业重组、兼并与收购、投资分析、风险投资、项目融资等业务。

7)基金托管业务

基金托管业务是指有托管资格的商业银行接受基金管理公司委托,安全保管所托管的基金的全部资产,为所托管的基金办理基金资金清算和款项划拨、会计核算、基金估值,监督管理人投资运作等,包括封闭式证券投资基金托管业务、开放式证券投资基金托管业务和其他基金托管业务。

8)咨询顾问业务

咨询顾问业务指商业银行依靠自身在信息、人才、信誉等方面的优势,收集和整理有关信息,并通过对这些信息以及银行和客户资金运动的记录和分析,形成系统的资料和方案提供给客户,以满足其业务经营管理或发展的需要的服务活动。

9)其他中间业务

包括保管箱业务以及其他不能归入以上八类的业务。保管箱业务是代理保管的一种,指银行将自己设有的专用保管箱出租给客户使用,客户在此保管贵重物品与单证的租赁业务。

【案例分析5-1】

中国工商银行中间业务增长迅速

中国工商银行董事长姜建清昨日提出,将稳步推进国际化进程,包括在海外设立分支机构,进行有合适条件的并购,“工行目前是全球市值最大的上市银行、全球第三大市值的上市公司。对此,我们很冷静地看待,市值并不代表一切,资产规模也不代表一切,我们还需要努力。我们的目标是,经过艰苦努力,使工行成为全球最优秀、最盈利、最受尊敬的企业。”

他透露,中国工商银行现在正积极争取参与内地个人投资海外证券市场的试点,工行完全有能力,并且也做好了充分准备,“只要获得批准,马上可以开办这项业务”。

中国工商银行行长杨凯生介绍,继2006年中国工商银行的净手续费与佣金收入同比大幅增加55%以后,2007年上半年,该项收入绝对额直逼去年全年,达到149亿元,同比增长89%。

上半年,中国工商银行理财产品销售额达到5 185亿元,同比增加3 159亿元,增长156%,带动理财业务收入同比增长310.5%。其中,QDII(合格的境内机构投资者)的销售额已高达40亿元,居同业领先水平。

中国工商银行的银行卡和电子银行业务在同业中遥遥领先。到2007年上半年底,中国工商银行银行卡的发卡量已超过2.1亿张;电子银行交易额占全行业务总量的33.5%,收入同比增速达到84%。

此外,中国工商银行的资产托管业务收入更是突飞猛进,同比增长118%。

今年上半年,中国工商银行中间业务收入增幅达89%与国内资本市场活跃有一定联系,基金等理财产品销售增加了中间业务收入,杨凯生说,“但在过去四年里,工行中间业务收入年增长率达到42.7%,而其间资本市场的表现并不一样,所以中国工商银行手续费、佣金收入的增长主要得益于强大的客户基础、销售渠道和创新能力”。

目前，中国工商银行手续费、佣金收入占总收入的比重是12.7%，他表示，“我们并不满足于此，国外先进银行的这一比例有的高达20%甚至30%。所以，加快中间业务的发展是工行继续努力的方向”。

资料来源：周明、李宇，《姜建清：平静看待全球市值最大上市银行》，载《中国证券报》，2007－08－24。

要求：根据上述资料，分析中国工商银行主要的中间业务有哪些。

分析：中国工商银行的手续费及佣金收入来源于中间业务。中国工商银行主要的中间业务包括银行理财产品、基金托管、银行卡及电子银行业务（结算）等。

5.3 商业银行经营管理

5.3.1 商业银行经营管理的原则

商业银行是金融企业，它具有一般企业的基本特征，即追求利润的最大化；但是，商业银行又是一个融通资金的特殊企业，因此它的经营管理又有着特殊性。在长期的实践活动中，商业银行逐步形成了基本的经营管理原则，即流动性原则、安全性原则和盈利性原则。这三个原则可以说是利润最大化目标的具体表现。如何在这三个原则之间保持平衡和稳定，是商业银行经营管理的永恒主题。

1）流动性原则

流动性原则是指商业银行对全部应付款的支付、清偿能力及满足各种合理资产需求的能力，即能够随时应付客户提取存款和必要贷款的需求。

流动性包括商业银行资产的流动性和负债的流动性。资产的流动性是指商业银行在不受损失的前提下随时变现的能力，负债的流动性是指银行能经常以合理的成本吸收各种存款和其他所需资金的能力。

在银行的经营活动中，流动性的高低十分重要。过高的流动性会使银行失去盈利的机会甚至亏损；过低的流动性可能导致银行出现信用危机。因此，商业银行应保持适度的流动性。

保持适度流动性的方法有：一是强化流动性资产的配置，将各种现金资产与短期债券资产组合持有；二是实施负债管理，以增加负债的形式借入资金来缓解流动性不足的问题；三是统筹规划银行的流动性需求和流动性供给。

2）安全性原则

安全性是指商业银行承担风险的能力。商业银行经营管理的安全性原则就是尽可能地避免和减少风险。

银行业是高风险行业。贷款作为商业银行的主要利润来源,如果发生不良贷款,就会带来无法收回本金和利息的风险。而商业银行与一般企业相比,自有资金所占比例很小,属于负债经营,一旦遇到贷款和投资风险,就会影响银行正常的清偿能力,危及银行本身的安全。因此,安全性原则是银行盈利的客观前提,也是其生存和发展的基础。

影响安全性的因素有信用风险、利率和汇率风险、流动性风险、资本风险和管理风险。

3)盈利性原则

盈利性原则是指商业银行为其所有者获取利润的能力。它是商业银行一切经营活动的中心和原动力所在。保持理想的盈利水平可以使商业银行扩大经营规模,增强银行信誉,提高银行竞争力,因此,保持盈利性对商业银行有着十分重要的意义。

盈利性的决定因素主要有资产的收益与损失、资金成本和其他营业收支等。

增强盈利性的方法有:一是加强存贷利差管理;二是扩大资产规模;三是控制管理费用;四是增加中间业务的费用。

4)三者之间的辩证关系

商业银行流动性、安全性和盈利性原则之间的关系可以简单概括为:流动性原则是商业银行正常经营的前提条件,安全性原则是商业银行稳健经营的重要保证,盈利性原则是商业银行的最终目标。流动性和安全性是盈利性的重要前提,而盈利性又是流动性和安全性的重要基础。

然而三者之间又存在着矛盾,流动性和安全性往往需要付出损失盈利性的代价,盈利性又会使银行增大风险。因此,银行在经营中应同时兼顾三原则,在保证安全性的前提下,通过灵活调整流动性来达到提高盈利性的目的。

5.3.2 商业银行的资产负债管理

现代商业银行在几百年的发展历程中创造了一系列的商业银行管理理论,它基本上分为三个阶段:20 世纪 60 年代前的资产管理理论阶段,20 世纪 60 年代后的负债管理理论阶段以及 20 世纪 70 年代兴起的资产负债综合管理理论阶段。

1)资产管理理论

资产管理理论是最传统的商业银行管理理论。

早期商业银行家认为银行的负债主要取决于客户的存款,银行对此没有决定权,是被动的。而商业银行可以主动安排自有资金的运用,合理安排资产结构,通过资产业务获得尽量高的利润,并保证资产的流动性和安全性。银行管理关键在于资产管理,在既定负债所决定的资产规模前提下,实现资产结构的最优化。

2)负债管理理论

负债管理理论兴起于 20 世纪 60 年代,该理论主张银行可以积极主动通过借入资金的方式来维持资产流动性，支持资产规模的扩张，获取更高的盈利水平。负债管理理论开辟了满足银行流动性需求的新途径，改变了长期以来资产管理仅从资产运用角度来维持流动性的传统做法。

负债管理理论主张以负债的方法来保证银行流动性的需要，使银行的流动性与盈利性的矛盾得到协调；同时，使传统的以流动性为先的经营管理理念转变为流动性、安全性、盈利性并重，使银行在管理手段上有了质的变化；将管理的视角由单纯资产管理扩展到负债管理，使银行能够根据资产的需要来调整负债的规模和结构，增强了银行的主动性和灵活性，提高了银行资产盈利水平。

但同时也应看到，负债管理依赖货币市场借入资金来维持流动性，必然会受货币市场资金供求状况的影响，外部不可测因素的制约增大了银行的经营风险；同时借入资金要付出较高的利息，增加了银行的经营成本。因此，负债管理不利于银行的稳健经营。

3)资产负债综合管理理论

资产负债综合管理理论产生于20世纪70年代中后期，该理论并不是对资产管理、负债管理理论的否定，而是吸收了前两种管理理论的合理内涵，并对其进行了发展和深化。资产负债综合管理理论认为，商业银行单靠资产管理或单靠负债管理都难以达到流动性、安全性、盈利性的均衡。银行应对资产负债两方面业务进行全方位、多层次的管理，保证资产负债结构调整的及时性、灵活性，以此保证流动性供给能力。

20世纪70年代末，市场利率大幅上升，使得负债管理在负债成本提高和经营风险增加等方面的缺陷越来越明显。单纯的负债管理已经不能满足银行经营管理的需要。这一时期各国金融管制放松，使得银行吸收存款的压力减小，因此，商业银行由单纯偏重资产或负债管理转向资产负债综合管理。

资产负债综合管理理论既吸收了资产管理理论和负债管理理论的精华，又克服了其缺陷，从资产负债平衡的角度去协调银行安全性、流动性、盈利性之间的矛盾，使银行经营管理更为科学。

知识题

5.1 什么是商业银行？商业银行的职能是什么？

5.2 什么是商业银行的负债业务？商业银行的负债业务包括哪些？

5.3 什么是商业银行的资产业务？商业银行的资产业务包括哪些？

5.4 什么是商业银行的中间业务？商业银行的中间业务包括哪些？

5.5 什么是单位通知存款？什么是单位协定存款？

5.6 什么保证贷款？什么是抵押贷款？什么是质押贷款？

5.7 什么是商业银行贷款的5C原则？

5.8 商业银行经营的原则是什么？

5.9 商业银行资产负债综合管理理论的主要内容是什么？

案 例 题

网银业务加速增长

对用户来说，网上银行方便、快捷、高效，节省交易时间和成本。随着无线互联网的普及应用，用户可以在任何地方、任何时候办理银行业务。对银行来说，网上银行简化了业务流程，降低了经营成本，提高了经营效率。数据显示，网上银行经营成本约为传统银行经营成本的三分之一。正因上述特点，网上银行在世界范围内得到快速发展。我国网上银行业务量也呈现迅速发展态势。

目前，我国大多数银行都推出了网上银行业务，网上银行已成为一种新型的银行服务手段。我国网上银行业务具有如下特点：

网上银行业务量大幅增长。据有关统计，2002年我国网上银行交易额为5万亿元，用户数为350万户；到2008年底，网上银行交易额已达到321万亿元，个人用户达到6 475万户。自推出网上银行以来，各银行网上银行交易额呈几何级数增长。以工商银行为例，2000年工商银行网上银行交易额为2万亿元，2008年交易额已达到120.27万亿元。

小额转账与支付是网上银行的主要业务。据有关调查，账户查询和转账汇款是网上银行最主要的业务，这两项业务的网上交易额约占网上银行交易额的70%以上。调查显示，用户办理网上银行业务最高的分别是“网上支付”、“账户查询”和“在线缴费”。可见，传统银行业务仍是网上银行的主要业务。

创新性金融产品和服务日益丰富。近些年来，利用网络优势的创新性金融产品和服务日益丰富。例如，中国工商银行针对企业用户推出的“信用卡支付B2B(中介商城)”，主要是由中国工商银行为签约商城建立中间账户，对商城买卖双方交易资金进行存管，并办理资金清算；又如，招商银行推出的“银基通”服务，用户不仅可以在网上查询基金的净值、费率、收益率、盈亏等信息，还可以像网上购物一样在线办理开放式基金开户认购、申购、赎回等业务。

非银行机构介入网上银行业务。如支付宝、财付通、快钱等提供的网上支付服务，通过充当网上购物买卖双方的“中介”，为双方进行资金存管和清算结算，确保网上交易的顺利进行。这类平台有点类似于国外不依托传统银行机构的独立网上银行，只是提供的服务相对单一，仅是网上支付，业务量增长很快，其发展前景不容忽视。

资料来源:樊会文,《网络银行加大业务创新 加强安全管理》,载《经济日报》,2010-02-20。

要求:根据上述资料,分析网上银行业务的优点。

提示:方便、快捷、高效、节省交易时间和成本。

实训题

实训项目:商业银行银行卡业务。

实训目的:通过办理银行卡业务,了解银行办理银行卡的开户、销户、存款、取款、持卡消费以及换卡的一整套流程,从而加深对银行卡业务实务的认识。

实训步骤:(1)申领银行卡;

(2)使用银行卡存、取款;

(3)持卡购物、消费;

(4)对客户损坏或磁记录信息丢失的银行卡换新卡;

(5)银行卡账户销户。

第6章 货币需求与货币供给

学习目标

在学习完本章之后，你应该能够：掌握货币需求的含义和各种货币需求理论；熟知货币供给量的含义及其层次的划分；掌握基础货币、货币乘数及商业银行的信用创造；了解货币均衡及中央银行对货币供求的调节。

【引例】

需求不足是通缩的主导因素

在当下的危机时刻，各国政府都采取宽松的货币政策，利率都降到零以后，全球都采取数量宽松政策。换句话说，各国中央银行可以无限制印发钞票，创造宽松的货币环境，希望改变通货紧缩的局面。但是经济继续恶化，全球出现了"流动性陷阱"。如果没有货币需求的匹配，货币的均衡水平不可能因为宽松的货币供给而提升，通货紧缩的压力仍然存在。在经济大幅下滑的态势下，货币需求不足显然是通货紧缩的主导因素。所以，在全球"流动性陷阱"的困境下，仅仅通过数量型货币政策，不断加大货币供给的力度，是达不到走出通缩的目标的。

我们认为，采用积极的财政政策，有针对性地激活有效货币需求，特别是激活民间有效投资、消费以及相应产生的货币需求，与宽松的货币政策创造的宽松的货币供给环境相结合，应该是有效改变通货紧缩态势的完备的危机拯救方案。

只有投资需求和消费需求上升，相应的货币需求上升，吸收宽松的货币供给，经济增长恢复，价格水平开始上升，经济恢复良性循环，才能够真正解除通缩的威胁。这就需要财政加大投入，创造有效投资需求、消费需求和货币需求，利用宽松的货币供给激活经济循环。

资料来源：左小蕾，《创造货币需求应对通缩压力》，载《证券时报》，2009－05－12。

这一资料表明：货币需求主要来自于政府和各经济主体的消费需求和投资需

求,而货币供给则来自于银行体系,以中央银行为主导,以商业银行的贷款为途径;货币需求与货币供给应该保持均衡,货币供求均衡对经济保持良性发展具有重要的作用。

6.1 货币需求

6.1.1 货币需求的含义

货币需求是指社会各部门在既定的收入或财富范围内能够而且愿意以货币形式持有的数量。在现代高度货币化的经济社会,社会各部门都需要持有一定的货币作为媒介进行交换、支付费用、偿还债务、从事投资或保存价值,因此便产生了货币需求。

人们对各种商品和服务有需求,对货币也不例外。由于在经济社会,货币基本上可以购买人们想要的任何商品和服务,因此,人们对货币的需求更加强烈,任何人都想拥有更多的货币,那么对货币的需求岂不是无限的?并非如此。因为货币需求量是有条件限制的,它是一种能力与愿望的统一,它以收入或财富的存在为前提,是人们在具备获得或持有货币的能力范围之内愿意持有的货币量。因此,构成货币需求需要同时具备两个条件:

第一,必须有能力获得或持有货币;

第二,必须愿意以货币形式保有其财产。

二者缺一不可,有能力而不愿意持有货币不会形成对货币的需求;有愿望却无能力获得货币也只是一种不现实的幻想。

此外,现实中的货币需求不仅包括对现金的需求,而且包括对存款货币的需求。因为货币需求是所有商品、劳务的流通以及有关一切货币支付所提出的需求。这种需求不仅现金可以满足,存款货币也同样可以满足。如果把货币需求仅仅局限于现金,显然是狭隘的。

6.1.2 货币需求理论概述

1)马克思的货币需求理论

马克思的货币需求理论也称为货币必要量理论。

马克思的货币必要量理论,集中表现在其货币流通规律公式中,即

$$M = PT/V$$

上式中,M 表示执行流通手段职能的货币量;P 表示商品价格水平;T 表示流通中的商品数量;PT 表示商品价格总额;V 表示同名货币的流通速度。

这一公式表明,货币必要量取决于进入流通的商品量、价格水平和货币流通速度三个因素。这三个因素的变动与货币必要量变动的关系是:货币必要量与商品

价格总额成正比,与货币流通速度成反比。

为了便于分析,马克思是以完全的金币流通为假设条件的,其论证过程为:

商品价格取决于商品价值和黄金价值,商品价值决定于生产过程,而商品价格是在流通之外决定的,商品是带着价格进入流通的,商品价格有多大,就需要有多少金币来实现它。商品与金币交换后,商品退出流通,金币却留在流通之中,所以一枚金币流通几次就可使相应几倍价格的商品出售。

所以商品价格总额是一个既定的值,货币需要量是根据这一既定值确定的,货币流通公式只能是右方决定左方。经济中存在的数量足够大的黄金贮藏充分发挥着调节功能,它既是排水渠,又是引水渠,货币永远不会流出它的流通渠道。

马克思进而分析了纸币流通条件下货币量与价格之间的关系。他指出,纸币本身没有价值,只有流通才能作为金的代表。由于流通所能吸收的金量是客观决定的,所以无论向流通中投入多少纸币,所能代表的也只是客观所能吸收的金量。马克思概括的纸币流通规律是:纸币的发行量限于它象征地代表的金(或银)的实际流通的数量。这样,纸币投入越多,每一单位纸币所能代表的金量越少,即纸币贬值,物价就上涨。所以在纸币流通条件下,纸币数量的增减成为商品价格涨跌的决定因素。

马克思的货币必要量公式,揭示了决定货币必要量的本质,指出了货币流通规律的实质就是货币流通量必须与商品流通相适应,从而货币流通必须要符合经济发展的需要。

2)费雪交易方程式

古典经济学家在19世纪末20世纪初发展起来的货币数量理论中揭示了对既定数量的总收入应该持有的货币的数量,并且认为利率对货币需求没有影响。美国经济学家费雪1911年出版的《货币购买力》一书对古典货币数量论作了最清晰的阐述,其理论内容主要反映在费雪交易方程式中。

费雪交易方程式是:$M \times V = P \times Y$

其中,M 是给定年份的货币数量,V 是给定年份的货币流通速度,P 是给定年份的价格水平,Y 是给定年份的交易量。

该方程式表示货币数量乘以货币使用次数必定等于名义收入。费雪认为短期内 V、Y 是不变的,因为 V 是由社会制度和习惯等因素决定的,所以在长期内比较稳定;同时在充分就业条件下,社会商品和劳务总交易量,即 Y 也是一个相当稳定的一个因素。这样,交易方程式就转化为货币数量论。而且,货币数量论提供了价格水平变动的一种解释:价格水平变动仅源于货币数量的变动,当 M 变动时,P 作同比例的变动。费雪认为人们持有货币的目的在于交易,这样,货币数量论揭示了对于既定的名义总收入人们所持的货币数量,它反映的是货币需求数量,又称"现金交易数量论”。

3)凯恩斯的货币需求理论

凯恩斯的货币需求理论是在遵循剑桥分析方法的基础上发展起来的,在其1936年出版的名著《就业、利息和货币通论》中首次提出。在这本书中,凯恩斯抛弃了前人关于货币流通速度不变的观点,提出了一种强调人们的流动性偏好和利率影响的重要性的货币需求理论,因此凯恩斯的货币需求理论又称为“流动性偏好理论”。

流动性偏好,是指人们愿意以流动性强的货币形式保存自己的收入和财富的心理动机。凯恩斯从人们持有货币的动机入手来研究货币需求。他在研究什么因素影响个人持有货币的决策时,提出人们对货币的需求出于三个动机,即交易动机、预防动机和投机动机。

交易动机是指人们为了日常交易的方便,而在手头保留一部分货币。凯恩斯认为,人们因交易动机而产生的货币需求是与其收入同向变动的。

预防动机又称谨慎动机,是指人们需要保留一部分货币以备未曾预料的支付。凯恩斯认为,人们因预防动机而产生的货币需求也与收入同向变动。因为人们拥有的货币越多,预防意外事件的能力就越强,而拥有较多的货币用于不测之需是以较高的收入为基础的。

投机动机是指由于未来利息率的不确定,人们为避免资本损失或为增加资本收益,及时调整资产结构而形成的对货币的需求。凯恩斯认为,投机动机产生于货币和债券价格之间的相互关系,投机性货币需求与利率的高低呈反向变化,是利率的减函数。

投机动机的分析是凯恩斯货币理论中最有特色的部分。凯恩斯认为,人们之所以持有货币,除了交易需求和应付意外支出外,还为了贮藏价值或财富。他把用于贮藏财富的资产分为两类:货币和债券,货币是不能产生利息收入的资产,其收益为零;债券是能产生利息收入的资产。凯恩斯假定每个经济个体都认为利率会趋向于某个正常值,如果现在利率较高,且高于正常值,此时人们根据经验判断未来利率下降的可能性较大,若未来利率下降,则债券价格就要上升,持有债券不但会带来利息收入,还会带来资本收益,人们此时就会放弃货币而持有债券,从而对货币的需求就减少;反之,如果现在利率较低,人们通常会预测利率将要上升,则债券的价格就要下跌,当未来债券价格的下跌幅度超过债券提供的利息收入时,人们此时投资债券不但没有收益,反而会遭受损失,因此这时持有债券就不如持有货币了,人们对货币的需求就增加。由此看出,投机动机是指由于未来利率的不确定,人们为了避免资本损失或增加资本收益,及时调整资产结构而形成的对货币的需求,且投机性货币需求同利率成反比。

【小思考 6－1】

利率变动对债券价格的影响

利率的变动对债券价格影响很大。如果利率上升,会引起债券价格下跌;如果利率下降,会引起债券价格上升,这是什么原因?

答:我们可以举例说明。某两年期上市交易型国债,面额 100 元,票面利率 5%(单利),到期一次性还本付息,到期可以兑付 110 元,还有一年到期。若现在的市场利率相较于去年上升了,比如一年期的银行存款利率上升至 12%,那么该国债的市场价格是多少呢?如果该国债的市场价格现在是 105 元(100 元面值 + 一年 5 元的利息),有甲、乙两名投资者,甲以 105 元买入国债并持有一年到期,可以兑付 110 元,也就是获得 5 元利息;乙存入银行 105 元,一年可获得 12.6 元利息。显然投资者把钱存入银行更划算,那么国债肯定没有人买,其价格必然下跌,一直下跌到能为投资者提供一年 12% 收益的价格为止。假设这个价格为 P,显然 $P\times(1+12\%)=110$,则 $P=98.2$ 元。也就是说,如果投资者在该国债发行时以面额 100 元的价格买入并持有一年,由于市场利率的上升,投资者不仅没有获得任何收益,反而本金亏损了 1.8 元。

在货币需求的三个动机中,由交易动机和预防动机所产生的货币需求一般都用于商品或劳务的交易,故称为交易性货币需求,以 $L1$ 表示;由投机动机而产生的货币需求用于金融市场的投机,故称为投机性货币需求,以 $L2$ 表示。

而货币总需求(L)等于货币的交易需求($L1$)与投机需求($L2$)之和。对于交易性需求,凯思斯认为它与待交易的商品和劳务有关,若用国民收入(Y)表示这个量,则货币的交易性需求是国民收入的函数,表示为 $L1=L1(Y)$;而且,收入越多,交易性需求越多,因此,该函数是收入的递增函数。对于投机性需求,凯恩斯认为它主要与货币市场的利率(i)有关,而且利率越低,投机性货币需求越多,因此,投机性货币需求是利率的递减函数,表示为 $L2=L2(i)$。但是,当利率降至一定低点之后,货币需求就会变得无限大,即进入了凯恩斯所谓的"流动性陷阱"。

这样,货币需求函数就可写成:

$$L=L1(Y)+L2(i)=L(Y,i)$$

也就是说,货币的总需求是由收入和利率两个因素决定的。

4)弗里德曼的货币需求函数

美国经济学家弗里德曼于 1956 年在《货币数量论——一种新的阐释》一文中提出货币需求函数。弗里德曼认为,货币作为一种资产持有形式,其需求量首先决定于个人持有的财产总量;其次决定于货币与其他金融及非金融资产的组合选择关系,而这种关系又决定于一系列其他因素。为了说明上述关系,弗里德曼建立起多元的货币需求函数:

$$M/P = f(y, w, rm, rb, re, \pi e, u)$$

上式左边是人们要求持有的实际货币数量,它是名义货币数量 M 与物价水平 P 之比。

右边是决定货币实际需求的各种因素,包括:

(1)总财富水平(y)。既然货币只是财富的一种持有形式或总财产的一部分,则总财富是决定货币需求量的最重要的因素。由于总财富无法从统计中得到,而财富可视为收入的资本化价值,故改用收入来代表总财富。但弗里德曼所说的收入并不是现期收入,而是持久性收入。所谓持久性收入,是指一个人过去、现在得到和今后预期会得到的收入的平均数。货币需求量与持久性收入成正比关系。

(2)人力财富收入在总收入中所占比重(w)。弗里德曼把财富划分为人力财富和物质财富,它们都能带来收入。但是工薪等人力财富缺乏流动性,如果持久性收入主要来自于工薪等人力财富,人们就需要持有更多具有高度流动性的货币,以备不时之需;反之,如果持久性收入主要来自于股息、利息、租金等非人力的物质财富收入,由于它们具有较强的流动性,总财富中货币的比重就会小些。所以人力财富收入在总收入中所占比重与货币需求成正比关系。

(3)各种金融资产的预期报酬率 rm、rb 和 re。它们分别表示货币、债券和股票三种金融资产的预期收益率,它们互为持有另一种资产形式的机会成本。货币不能带来收益,但它的高度灵活性能避免由于不便及需要意外支出时可能形成的损失,所避免的这些损失也可看做是它的收益。如果持有货币所能避免的损失是确定的,那么利率或股息率越高,持有货币的机会成本越高,人们将减少货币在财富中所占比重,扩大债券及股票持有量;反之,利率或股息率下降,人们则趋于减少债券及股票持有量,扩大货币在财富中所占比重。因此,利率或股息率与货币在收入中所占比重成反比关系。但利率不过是一系列影响货币需求量的因素之一。根据弗里德曼对美国1867—1961年的研究,利率对货币的影响是微弱的,货币的利率弹性仅为0.15。

(4)预期通货膨胀率(πe)。如果预期有更高的通货膨胀率,持有货币就会降低财产的实际价值,人们将趋于减少货币需求,将收入中一个更大的比例转向非货币财产以求保值,故通货膨胀预期与货币在收入中所占比重成反比。

除上述因素外,政治经济形势和政府政策的预期,以及偏好、社会风尚、交易制度等多种因素都会影响货币在收入中所占比重。这些非收入综合变量用 u 表示。

6.1.3 我国货币需求的影响因素

由于不同国家在经济制度、金融发展水平、文化和社会背景以及所处经济发展阶段的不同,影响货币需求的因素也会有所差别。现阶段影响我国货币需求的因素主要有:

(1)收入。在市场经济中,各微观经济主体的收入最初都是以货币形式获得的,其支出也都要以货币支付。一般来说,收入提高,说明社会财富增多,支出也会相应扩大,因而需要更多的货币量来满足商品交易。所以,收入与货币需求呈同方向变动关系。近年来,随着人们收入水平的不断上升,以及经济货币化程度的提高,货币在经济生活中的作用领域不断扩大,使得我国的货币需求不断增加。

(2)价格。从本质上看,货币需求是在一定价格水平上人们从事经济活动所需要的货币量。在商品和劳务量既定的条件下,价格越高,用于商品和劳务交易的货币需求也必然增多。因此,价格和货币需求,尤其是交易性货币需求之间是同方向变动关系。在现实生活中,由商品价值或供求关系引起的正常物价变动对货币需求的影响是相对稳定的,而由通货膨胀造成的非正常物价变动对货币需求的影响则极不稳定。建国后我国几次通货膨胀期间都曾不同程度地出现了提款抢购、持币待购的行为,造成了这些时期货币需求的超常增长。可见,价格因素对我国货币需求的影响是很大的。

(3)利率。由于利率的高低决定了人们持币机会成本的大小,利率越高,持币成本越大,人们就不愿持有货币而愿意购买生息资产以获得高额利息收益,因而人们的货币需求会减少;利率越低,持币成本越小,人们则愿意手持货币而减少了购买生息资产的欲望,货币需求就会增加。利率的变动与货币需求量的变动是反方向的。

(4)货币流通速度。货币流通速度是指一定时期内货币的转手次数。动态地考察,一定时期的货币总需求就是货币的总流量,而货币总流量是货币平均存量与速度的乘积。在用来交易的商品与劳务总量不变的情况下,货币流通速度的加快会减少现实的货币需求量;反之,货币流通速度的减慢则必然增加现实的货币需求量。因此,货币流通速度与货币总需求呈反方向变动关系。

(5)金融资产选择 。各种金融资产与货币需求之间有替代性,所以各金融资产的收益率、安全性、流动性以及公众的资产多样化选择,对货币需求量的增减都有影响。

(6)其他因素。如体制变化、对利润与价格的预期变化、财政收支引起的政府货币需求的变化、信用发展状况、金融服务技术与水平,甚至民族特性、生活习惯等都影响货币需求。

6.2 货币供给

6.2.1 货币供给和货币供给量

1)货币供给的定义

货币供给是指某一国或货币区的银行系统向经济体中投入、创造、扩张(或收缩)货币的金融过程。

2)货币供给量的定义及其层次划分

货币供给量指的是一个经济体在某一个时点上的货币总量。这里的货币,既包括流通中的现金,即银行体系之外的现金,也包括银行存款,甚至包括某些有价证券。

世界各国中央银行对货币供给量的统计口径不完全一致,但划分的基本依据是一致的,即货币流动性大小。所谓货币流动性,是指货币能够及时可以变为现实购买力,而对持款人又不带来任何损失的性质。货币的流动性不同,在流通中的周转次数就不同,形成的货币购买力及其对整个社会经济活动的影响也不一样。

一般来说,中央银行发行的钞票具有极强的流动性或货币性,随时都可以直接作为流通手段和支付手段进入流通过程,从而影响市场供求关系的变化。商业银行的活期存款,由于可以随时支取、随时签发支票而进入流通,因此其流动性也很强,也是影响市场供求变化的重要因素。有些资产,如定期存款、储蓄存款等,虽然也是购买力的组成部分,但必须转换为现金,或活期存款,或提前支取才能进入市场购买商品,因此其流动性相对较差,它们对市场的影响不如现金和活期存款迅速。

按流动性标准划分货币供给量的层次,对中央银行而言,有两个方面的意义:一方面,这种货币供给层次的划分,有利于为中央银行的宏观金融决策提供一个清晰的货币供给结构图,有助于掌握不同的货币运行态势,并据此采取不同的措施进行调控;另一方面,这种货币层次划分方法,有助于中央银行分析整个经济的动态变化。每一层次的货币供给量都有特定的经济活动和商品运动与之对应,通过对各层次货币供给量变动的观察,中央银行可以掌握经济活动的状况,并分析预测其变化的趋势。

按国际货币基金组织的口径,一般情况下,可把货币层次作如下划分:

(1)流通中的现金(M0),流通中的现金指流通于银行体系以外的现金,即居民手中的现钞和企业单位的备用金,不包括商业银行的库存现金。由于这部分货币可随时作为流通手段和支付手段,因而具有最强的购买力。

(2)狭义货币(M1),M1 = M0 + 商业银行的活期存款。由于活期存款可以随时签发支票而成为直接的支付手段,所以它同现金一样是最具有流通性的货币。各种统计口径中的“货币”,通常是指狭义货币。狭义货币作为现实的购买力,对社会经济生活有着最广泛而直接的影响,因此,许多国家都把控制货币供给量的主要措施放在这一层,使之成为政策调控的主要对象。

(3)广义货币(M2),M2 = M1 + 准货币。所谓准货币,一般由银行存款中的定期存款、储蓄存款、外币存款以及各种短期信用工具,如银行承兑汇票、短期国库券等构成。准货币本身并非真正的货币，但由于他们在经过一定的手续后，能比较容易地转化为现实的货币，加大流通中的货币供给量，故又称为亚货币或近似货币。

中国从1990年起开始编制货币供给量统计口径，从1994年10月开始由中国人民银行向社会定期公布货币供给量统计数据。根据2001年7月最新修订的统计口径，中国目前的货币供给量层次为：

第一层次为M0，流通中的现金；

第二层次即狭义货币M1，M0＋可开支票进行支付的单位活期存款；

第三层次即广义货币M2，M1＋居民储蓄存款＋单位定期存款＋单位其他存款＋证券公司客户保证金。

最新修订的口径将证券公司客户保证金计入广义货币M2，是因为证券公司客户保证金主要来自于居民储蓄和企业存款，认购新股时，大量的居民活期储蓄和企业活期存款转为客户保证金，新股发行结束后，未中签资金又大量流回上述存款账户。将客户保证金计入M2，有利于准确监测货币供给量。中国的货币供给量口径将现金单独划为第一层次（M0）是出于管理和控制的需要，因为与发达国家相比，中国的现金在交易中所占比重较大，范围较广泛，单独对其进行监测有特殊意义。

货币供给量是中央银行重要的货币政策操作目标，它的变化也反映了中央银行货币政策的变化，对企业生产经营、金融市场，尤其是证券市场的运行和居民个人的投资行为有重大影响。当货币供给不足时，市场商品价格下跌，生产减少，投资乏力，经济紧缩；当货币供给过量时，市场商品价格上涨，生产扩大，投资强劲，经济繁荣。当然，上述“不足”或“过量”都是有限度的，如果超出了一定限度，那么货币供给量极易成为通货紧缩或通货膨胀的源头。

6.2.2 货币供给的形成机制

货币供给其实就是以中央银行的基础货币为源头，通过商业银行的信用创造而实现的。

1）基础货币

基础货币又称强力货币或高能货币，它是整个银行体系内存款扩张、货币创造的基础，其数额大小对货币供给总量具有决定性的影响。

基础货币包括两部分，即流通中的现金和商业银行的准备金。商业银行的准备金包括库存现金和商业银行在中央银行缴存的存款准备金两部分，而商业银行在中央银行缴存的存款准备金又包括法定存款准备金和超额存款准备金两部分。因此，基础货币的计算公式如下：

基础货币＝法定存款准备金＋超额存款准备金＋商业银行系统的库存现金＋流通中的现金

影响基础货币变化的因素主要有以下几个：

(1)中央银行对商业银行等金融机构债权的变动。这是影响基础货币的最主要因素。一般来说,中央银行的这一债权增加,意味着中央银行对商业银行再贴现或再贷款资产增加,这必然引起商业银行超额存款准备金增加,同时也意味着通过商业银行注入流通领域的基础货币增加,使货币供给量得以多倍扩张;相反,如果中央银行对金融机构的债权减少,就会使货币供给量大幅收缩。通常认为,在市场经济条件下,中央银行对这部分债权有较强的控制力。

(2)国外净资产数额。国外净资产由外汇、黄金占款和中央银行在国际金融机构的净资产构成。其中外汇、黄金占款是中央银行用基础货币来收购的。一般情况下,若中央银行不把稳定汇率作为政策目标的话,则对通过该项资产业务投放的基础货币有较大的主动权;否则,中央银行就会因为要维持汇率的稳定而被动进入外汇市场进行干预,以平抑汇率,这样外汇市场的供求状况对中央银行的外汇占款将产生很大影响,造成通过该渠道投放的基础货币相当地被动。

【知识链接6-1】

外汇占款

外汇占款是指受资国中央银行收购外汇资产而相应投放的本国货币。由于人民币是非自由兑换货币,外资引入后需兑换成人民币才能进入流通使用,国家为了外资换汇要投入大量的资金,这增加了货币的需求量,形成了外汇占款。

外汇储备作为一种金融资产,它的增加无异于投放基础货币。外汇储备增加越多,人民币的发放增长越快。因为,官方储备是由货币当局购买并持有的,其在货币当局账目上的反映就是外汇占款,外汇占款的增加直接增加了基础货币量,再通过货币乘数效应,造成了货币供给量的大幅度增长,使得流通中的人民币迅速增多。数据显示,2007年,中国增加了4 619亿美元的外汇储备,按2007年1:7.5的汇率比价,全年就有34 642亿元的基础货币被投放。这不仅加剧了通货膨胀的压力,而且弱化了货币当局对货币供给量控制的能力,不利于中央银行宏观调控目标的顺利实现。因为,当国家外汇储备迅速增长时,为了保证人民币汇率的稳定,货币当局必须使用金融工具,如正回购、发行央行票据等手段来对冲过多的外汇占款。而近年来,面对外汇储备的迅速增加,央行除了正回购、发行央行票据来对冲外汇占款之外,已没有足够的金融工具可用,也没有有效的资产来对冲过多的外汇占款,显示出对外汇储备超常增长的无奈,甚至在某种程度上陷入了进退两难的境地。

(3)对政府债权净额。中央银行对政府债权净额的增加通常有两条渠道:一是直接认购政府债券;二是贷款给财政以弥补财政赤字。无论哪条渠道,都意味着中央银行通过财政部门把基础货币注入了流通领域。

【案例分析6-1】

美联储完成收购3 000亿美元国债计划

新浪财经讯　北京时间10月30日早间消息，据国外媒体昨日报道，美联储周四完成了收购3 000亿美元国债的计划。有迹象表明，这项维持了七个月时间的计划帮助稳定了住房市场，同时也限制了借款成本的上升。

据纽约联储周四发表的声明表示，美联储当日收购了总额19.36亿美元的八种国债，其到期时间在2013年12月份到2014年9月份之间。

数据显示，自美联储开始实施国债收购计划以来，基准10年期国债的收益率从未上升至4%以上，这种国债在从抵押贷款到公司债等各种贷款和债券的利率决定问题上都有一定影响。

与美联储在3月18日宣布国债收购计划的前一天相比，基准10年期国债目前的收益率仅高出不到50个基点，而美国财政部在这一期间出售了总额1.25万亿美元的政府债券和国库券，创下了有史以来的最高水平，较去年同期的水平高出一倍还强。

这项国债收购计划是美联储自20世纪60年代以来第一次通过收购国债的方式来压低借款成本，再加上美联储此前已将基准利率下调至接近于零，因而对解冻美国信贷市场和终结经济衰退起到了帮助作用。与此同时，英国和日本等各国央行也都破例采取了债券收购计划。

资料来源：唐风，《美联储完成收购3 000亿美元国债计划》，新浪财经，2009-10-30。

要求：根据上述资料，分析美联储收购3 000亿美元国债所产生的经济效果。

分析：美联储收购3 000亿美元国债意味着美联储通过财政部门向流通领域中投入了3 000亿美元的基础货币，相应地扩大了全社会的货币供给量，降低了市场利率，进而达到了刺激经济的效果。

(4)其他项目的净额。这主要是指固定资产的增减变化以及中央银行在资金清算过程中应收应付款的增减变化。它们都会对基础货币量产生影响。

2)商业银行的信用创造

为了了解商业银行的信用创造，我们先来看一个简单的例子。

A企业将销售所得的10万元现金支票存入其开户行甲银行，客户A在甲银行的活期结算账户上增加余额10万元。按照法定存款准备金率10%的要求，甲银行要将其中的1万元上缴中央银行，其余9万元用于发放贷款。若甲银行向B企业贷款9万元，B企业获得贷款后用于支付C企业的购货款，C企业将收到的9万元支票存入其开户行乙银行，这样C企业在乙银行的活期账户余额增加9万元。乙银行按照10%的法定存款准备金的要求上存中央银行0.9万元，其余8.1万元全部用于贷款。若乙银行向 D 企业贷款 8.1 万元,D 企业获得贷款后用于支付 E 企业的购货款,E 企业将收到的 8.1 万元支票存入其开户行丙银行,这样 E 企业在丙银行的活期账户余额增加 8.1 万元。丙银行按照 10% 的法定存款准备金的要求,上存中央银行 0.81 万元,其余 7.29 万全部用于贷款。依次类推,整个商业银行体系的资产余负债如表 6-1 表所示。

表 6-1　商业银行存款创造过程　单位:元

银行	存款	法定存款准备金	贷款
甲	100 000	10 000	90 000
乙	90 000	9 000	81 000
丙	81 000	8 100	72 900
⋮	⋮	⋮	⋮
合计	1 000 000	100 000	900 000

经过不断的存款与贷款,10 万元的原始存款最终形成商业银行体系内的 100 万元存款,贷款总额为 90 万元。在银行系统中,把商业银行起初接受客户的现金所形成的存款称为“原始存款”,把通过发放贷款等资产业务创造的存款,称为“派生存款”。简单观察就可发现,经过派生后的存款总额实际上是原始存款的一定倍数,其倍数值正好为法定存款准备金比率的倒数,其计算公式为:

$$\triangle D = \triangle R \times \frac{1}{rd}$$

上述公式中,$\triangle D$——存款货币的最大扩张量

$\triangle R$——增加的原始存款数量

rd——法定存款准备金率

如果用 K 代表存款乘数,则 $K = \frac{1}{rd}$,K 表示单位原始存款可能引起的存款总额最大扩张倍数。

上述案例说明,商业银行在吸收存款的基础上发放贷款,在支票的流通和转账结算基础上,贷款可以转化为存款,在存款不提取的情况下,就增加了商业银行的资金来源,最后,整个银行体系可以形成数倍于原始存款的派生存款,这就是银行的信用创造功能。

商业银行进行信用创造的两个必备条件是可以经营存款业务和贷款业务,在这两种业务的不断循环进行下才能够进行货币创造。不能从事存款业务,则货币创造无从产生;不能从事贷款业务,则无从向社会公众提供存款的资金渠道。两个条件缺一不可。其他金融机构虽具有筹集资金和资金运用的业务,但均不能经营存款业务和贷款业务,不具备货币创造的条件,从而没有货币创造的功能。

【小思考6-2】

中央银行如何调控派生存款的总量

通过分析上述商业银行活期存款创造的案例，你认为中央银行可以通过何种途径调控派生存款的总量？

答：中央银行有两种途径调控派生存款总量：一是改变法定存款准备金率；二是调控商业银行的贷款规模。

实际上，除了上缴的法定准备金以外，银行往往还要自留必要的准备金（通常称为超额存款准备金），以应付客户提现的要求，这个比率越高，存款派生的倍数也越小。另外，客户在取得贷款后，不一定全部以存款转账形式支用，往往有一部分要提取现金，被提取的部分显然没有形成派生存款，可视为存款派生过程中的现金漏损，现金漏损越多，派生存款越少。如果用 e 和 c' 分别代表超额存款准备金比率和现金漏损率，那么，存款派生的倍数就应修正为 $K = 1/(rd + e + c')$。除了 rd、e、c' 这三个影响派生存款倍数值的因素之外，还有其他因素，如活期存款转为定期存款的比例和对定期存款规定的法定准备率的大小，也会影响派生存款的多少。许多国家都对期限不同的存款规定不同的准备率。一般来说，存款期限越短，其货币性越强，规定的准备率就越高，因此活期存款法定准备率一般都高于定期存款法定准备率。也有的国家只对活期存款规定应缴准备金的比率，这样，活期存款中有多大比例转为定期存期以及定期存款法定准备率的高低，就成为影响派生存款倍数值的又一个因素。如果用 rt 表示定期存款法定准备率，用 t' 表示定期存款占活期存款的比例，那么，该影响因素就可表示为 $rt \cdot t'$，考虑该因素后的派生存款倍数值就可修正为：$K = 1/(rd + e + c' + rt \cdot t')$。如果进一步考虑市场因素，那么，社会对银行信贷资金的需求，也会在很大程度上制约银行存款派生的总量。需要提醒的是，商业银行创造存款货币的功能不能简单理解为单纯的信用扩张。当原始存款减少时，银行系统的存款总量也会呈倍数紧缩，其原理与扩张过程是一样的，只是方向相反而已。

3）货币乘数

基础货币经过商业银行的信用创造，能产生数倍于自身的货币供给量，通常把这个倍数称为货币乘数，其计算公式为：

$$M = m \times B$$

上述公式中，M 为货币供给量，m 为货币乘数，B 为基础货币。

因为 $M1$ 是流通中的货币量，是最重要的货币层次，我们在这里考察 $M1$ 的货币乘数决定。

假定活期存款为 D，流通中的现金为 C，则一定时期内的货币供给量 $M1$ 为：

$$M1 = D + C \qquad (1)$$

假定商业银行的准备金总额为 A,它由法定存款准备金和超额存款准备金 E(包括超额存款准备金和库存现金)两部分组成。假定活期存款准备率为 rd,定期存款准备率为 rt,定期存款为 T,则:

$$A = D \times rd + T \times rt + E \tag{2}$$

假定流通中的现金 C 与活期存款、定期存款 T 与活期存款、超额存款准备金 E 与活期存款分别维持较稳定的比例关系,其系数分别用足 k、t、e 表示,则:

$$C = D \times k \tag{3}$$

$$T = D \times t \tag{4}$$

$$E = D \times e \tag{5}$$

基础货币 B 由商业银行的总准备金和流通中的现金两部分构成,即:

$$B = A + C \tag{6}$$

若将(2)、(3)代入(6)式中,则基础货币公式为:

$$B = D \times rd + T \times rt + E + D \times k \tag{7}$$

再将(4)、(5)代入(7)式中,得:

$$\begin{aligned} B &= D \times rd + D \times rt \times t + D \times e + D \times k \\ &= D \times (rd + rt \times t + e + k) \end{aligned} \tag{8}$$

或

$$D = B / (rd + rt \times t + e + k) \tag{9}$$

其中 $1 / (rd + rt \times t + e + k)$ 便是活期存款扩张倍数。

再将(3)代入(1),得

$$M1 = D \times k + D = D \times (k + 1) \tag{10}$$

将(9)代入(10),则得出货币供给量 $M1$ 的一般模式为:

$$M1 = [(k + 1)/(rd + rt \times t + e + k)] \times B$$

其中,B 为基础货币,假定货币乘数为 m,则货币乘数为:

$$m = (k + 1)/(rd + rt \times t + e + k)$$

6.2.3 货币供给的调控

在典型、发达的市场经济条件下,货币供给的控制机制是由基础货币和货币乘数两个环节构成的。货币当局或中央银行只能通过调控这两者来间接调控货币供给量。

当代中央银行通常运用三大货币政策工具,即公开市场操作、再贴现率、法定存款准备金率调控基础货币和货币乘数,进而间接调控货币供给量。

(1)公开市场操作。当中央银行从商业银行、公司或个人手中购入债券时,会造成基础货币的增加,或增加了通货发行,或增加了商业银行在中央银行的储备存款;当中央银行卖出债券时,对基础货币产生了相反的影响,或减少了通货发行,或减少了商业银行在中央银行的储备存款。

【小思考6-3】

中央银行购入国债对货币供给量的影响

如果某一段时期中央银行从商业银行手中净购买国债1 000亿元，货币乘数为5，经过商业银行存款创造，理论上可以增加货币供给量多少？

答：理论上可以增加1 000×5＝5 000亿货币供给量。

由此可以看出，中央银行通过购买或出售债券可以增加或减少流通中的现金或商业银行的准备金，这些都是基础货币的增减。基础货币增加，货币供给量随之增加；基础货币减少，货币供给量随之减少。不过，是增减通货，还是增减准备金，还是二者在增减过程中的比例不同，会导致不同的乘数效应，因而货币供给量增减的规模也有所不同。

【案例分析6-2】

央行公开市场两周累计净投放1 120亿元

10日，央行在公开市场发行了950亿元3个月期央行票据，同时进行了500亿元91天期正回购操作。至此，公开市场已连续两周净投放，累计金额达1 120亿元。分析人士表示，鉴于9月份到期资金量较大和国庆长假因素，本月公开市场仍有望实现净投放；而时隔近两月后再启91天期正回购，则显示央行继续在公开市场进行期限结构调整，以稳定未来到期资金量。

央行公告显示，中国人民银行于本周四(9月10日)以价格招标方式发行了2009年第四十三期央行票据，并开展了正回购操作。其中，第四十三期央行票据发行量800亿元，期限3个月，参考收益率连续第四周持平于1.328%；正回购操作期限91天，交易量500亿元，中标利率1.33%，该利率水平较上次同期限操作上涨23个基点。

据统计，本周公开市场到期资金量为2 650亿元，周二、周四分别回笼950亿元和1 300亿元后，本周公开市场将实现400亿元净投放。目前央行已连续两周实现净投放，累计金额为1 120亿元。连续净投放为货币市场注入了充分的流动性，使得资金利率在大盘股中国中冶发行期间保持了相对稳定。

从月度数据来看，目前9月份的到期资金量为11 020亿元，央行已回笼4 350亿元，本月尚有6 670亿元可供对冲。招商证券分析师表示，考虑到中秋国庆假期因素的流动性之需，9月份央行公开市场操作仍将以小幅净投放为主。

资料来源：葛春晖，《央行公开市场两周累计净投放1 120亿元》，载《中国证券报》，2009-09-11。

要求：根据上述资料，分析我国中央银行如何通过公开市场操作央行票据来实现对基础货币的回笼与投放。

分析:央行票据即中央银行票据,是中央银行为调节商业银行超额准备金而向商业银行发行的短期债务凭证。央行票据是我国公开市场操作的主要工具之一,发行央行票据,是一种向市场出售证券、回笼基础货币的行为;央行票据到期,则体现为基础货币的投放。

(2)再贴现率。当中央银行提高再贴现率时,商业银行从中央银行借款的成本会随之提高,它们会相应减少贷款数量;当中央银行降低再贴现率时,意味着商业银行从中央银行的借款成本降低,则会鼓励商业银行扩大贷款。但是如果同时存在更强劲的制约因素,如过高的利润预期或对经济前景毫无信心,此时的再贴现率的调节作用则是极为有限的。

(3)法定存款准备金率。当中央银行提高法定存款准备金率时,一定比率的存款就会从商业银行流向中央银行,商业银行的资金来源减少,贷款能力降低,货币乘数变小,货币供给量就会相应收缩;当中央银行降低法定存款准备金率时,则出现相反的调节效果,最终扩大货币供给量。

最后,还应该注意,法定存款准备金率在控制货币供给中是一个作用较为强劲的工具;再贴现率主要通过利率机制间接发挥作用,因此作用有限;公开市场操作灵活方便,但需要一个极为完善、发达的证券市场。

6.3 货币均衡

6.3.1 货币均衡概述

1)货币均衡的含义

所谓货币均衡,是指货币供给与货币需求基本相适应的货币流通状态。具体是指货币供给量的实际操作结果和客观需求量相一致,或当年的货币发行量与经济增长的合理需求相适应。

在现实生活中,货币供给与货币需求之间往往呈现三种状态:供给大于需求;需求大于供给;供需基本相适应。前两种状态,我们称之为货币失衡,它往往会导致市场价格和币值不稳,对国民经济带来负面影响;而第三种状态,即货币均衡状态是最为理想的。在实际经济生活中,绝对的货币均衡往往很难实现,因为一国经济状况甚至国际经济环境都处于经常变动之中,影响货币需求和货币供给的因素也千变万化,一旦经济情况出现波动,就必然破坏原有的均衡关系,出现货币失衡。这时就需要中央银行综合运用各种机制和调节手段,重新建立新的货币均衡关系。因此说,货币均衡是一个动态的概念,是一个不断由均衡到失衡,再由失衡恢复到均衡的不断运动的过程。同时它也是一种在持续的货币失衡中暂时达到的均衡状态,因而货币均衡又具有相对性。

2)货币均衡的实质

货币均衡的实质是社会总供求平衡的一种反映。在商品经济条件下,一国的经济运行可以概括为两方面:一方面是商品、劳务的运行,由此产生社会总供求;另一方面是货币和货币经济的运行,由此产生货币总供求。这两个方面是紧密联系在一起的。

社会总供求的均衡是货币供求均衡的基础。因为货币的供求从根本上取决于社会的总供求。社会总供求的规模决定了货币供求的总量,社会总供求的结构决定了货币量的分布与结构。所以,货币供求的均衡是以社会总供求的均衡为基础的。

货币供求的均衡是实现社会总供求平衡的条件。在货币供求均衡时,币值稳定,货币流通正常,市场物价稳定,这就为经济的发展创造了良好的货币环境,为实现社会总供求的均衡提供了重要的条件。

货币均衡与社会总供求均衡在某种意义上不过是一个问题的两个方面。

3)通过利率机制实现货币均衡

在市场经济条件下,利率不仅是货币供求是否均衡的重要信号,而且对货币供求具有明显的调节功能。因此,货币均衡便可以通过利率机制的作用而实现。

就货币供给而言,当市场利率升高时,一方面社会公众因持币机会成本加大而减少现金提取,这样就使现金比率缩小,货币乘数加大,货币供给增加;另一方面,银行因贷款收益增加而减少超额存款准备金来扩大贷款规模,这样就使超额存款准备金率下降,货币乘数变大,货币供给增加。所以,利率与货币供给量之间存在着同方向变动关系。

就货币需求而言,当市场利率升高时,人们的持币机会成本加大,必然导致人们对金融生息资产需求的增加和对货币需求的减少。所以利率同货币需求之间存在反方向变动关系。

当货币市场上出现均衡利率水平时,货币供给与货币需求相等,货币均衡状态便得以实现。

当市场均衡利率变化时,货币供给与货币需求也会随之变化,最终在新的均衡货币量上实现新的货币均衡。

6.3.2 中央银行对货币供求的调节

中央银行总是针对具体的货币供求状况来进行调节。一般而言有如下几种情况:

一是货币供求均衡,社会总供求也处于均衡状态。此时,社会物价稳定,生产发展,资源得到有效的利用。这是一种较为理想的状态。这种情况下,中央银行应采取一种中立的货币政策。供应多少货币,完全由经济过程中的各种力量决定,中央银行不必从外部施以调节。

二是货币供给不足,客观的货币需求得不到满足,整个经济必然会处于萎缩或萧条状态,资源大量闲置,企业开工不足,社会经济的发展因需求不足而受阻。这种情况下,中央银行就应采取一种扩张性的货币政策,增加货币供给,降低市场利率,刺激社会总需求的增加,从而促进生产的恢复和发展,促使货币的供求保持其均衡。

三是货币供给量过多,超过货币需求量,整个经济必然会处于过度膨胀的状态,生产发展很快,各种投资急剧增加,市场商品物资供应不足,大多的货币追逐太少的商品,物价上涨。这时中央银行就应采取一种紧缩的政策,缩减货币供给量,提高市场利率,抑制社会总需求的增加,从而使物价趋于稳定,社会的货币供给与货币需求趋于均衡。

四是货币供给与货币需求构成不相适应,一些经济部门由于需求不足,商品积压,一些商品不能顺利实现其价值和使用价值,生产停滞,而另一些经济部门则需求过度,商品供不应求,价格上涨,生产发展速度很快。这表明整个经济结构失调,发展畸形。这时,中央银行的货币政策应有松有紧,松紧搭配,通过调整货币供给的构成和流向,改变这种供求结构不相适应的状况,促使供求结构趋于协调,以促进整个经济的协调发展。

知识题

6.1 货币需求的含义是什么?

6.2 凯恩斯货币需求理论的主要内容是什么?

6.3 什么是货币供给?什么是货币供给量?

6.4 什么是M0?什么是M1?什么是M2?

6.5 什么是基础货币?影响基础货币变化的因素是什么?

6.6 什么是商业银行的信用创造?

6.7 什么是货币乘数?

6.8 什么是货币均衡?

6.9 针对不同的货币供求状况,中央银行如何调节货币供求?

案例题

央行:去年全年新增9.59万亿元

新华网北京1月15日电(记者王宇、姚均芳) 中国人民银行15日发布的数据显示,2009年12月我国新增人民币贷款达3 798亿元。至此,2009年全年人民币各项贷款增加9.59万亿元,同比多增4.69万亿元。

央行数据显示,2009年12月末,金融机构人民币各项贷款余额近40万亿元,同比增长31.74%,增幅比2008年末高13.01个百分点。2009年全年人民币各项贷款增加9.59万亿元,同比多增4.69万亿元。

分部门看,居民户贷款增加2.46万亿元,其中,短期贷款增加7 570亿元,中长期贷款增加1.7万亿元;非金融性公司及其他部门贷款增加7.14万亿元,其中,短期贷款增加1.38万亿元,中长期贷款增加5万亿元,票据融资增加4 563亿元。

截至2009年12月末,我国广义货币供给量(M2)同比增长27.68%,增幅比2008年末高9.86个百分点,比2009年11月末低2.06个百分点;狭义货币供给量(M1)余额为22万亿元,同比增长32.35%,增幅比2008年末高23.29个百分点,比2009年11月末低2.28个百分点;流通中的现金(M0)余额为3.82万亿元,同比增长11.77%;全年累计净投放现金4 027亿元,同比少投放71亿元。

存款方面,全年人民币各项存款增加13.13万亿元,同比多增5.44万亿元。从分部门情况看,居民户存款增加4.28万亿元,非金融性公司存款增加8.08万亿元,财政存款增加4 368亿元。非金融性公司存款中,企业存款增加6.56万亿元。2009年12月份当月人民币各项存款增加5 020亿元。

央行数据同时显示,2009年12月末,国家外汇储备余额为23 992亿美元,同比增长23.28%。

要求:根据上述资料,分析2009年我国各层次货币供给量、各种存款及贷款的情况。

提示:分析各层次货币供给量就是分析资料中的M0、M1、M2。

实训题

实训项目:掌握我国货币层次划分的依据和内容。

实训目的:了解现金、企业活期存款、企业定期存款、居民储蓄存款等各种货币的流动性,掌握我国对货币层次划分的依据和内容。

实训步骤:(1)课题讨论我们现代生活中存在哪些货币;

(2)讨论这些货币共同点与不同点;

(3)在教师指导下了解货币的流动性;

(4)登录中国人民银行网站,了解2008年、2009年我国各层次的货币量;

(5)分组讨论2008年、2009年我国各层次货币量的变化情况。

第7章

货币政策

学习目标

在学习完本章之后，你应该能够：明确货币政策的内容与类型；了解货币政策目标及其之间的相互关系；熟知货币政策工具。

【引例】

周小川：2010 年继续实行适度宽松的货币政策

中新网 12 月 31 日电　据央行网站消息，31 日，中国人民银行行长周小川在央行网站发表的新年致辞中表示，2010 年继续执行适度宽松的货币政策。

周小川说，2009 年，面对国际金融危机持续扩散蔓延、国内经济发展遇到严重困难的复杂环境，人民银行在党中央国务院的坚强领导下，把应对国际金融危机、保持经济平稳较快发展作为金融调控的首要任务，坚定不移地实施适度宽松的货币政策，深入落实应对金融危机一揽子计划，坚定信心，大胆探索，上下一心，系统联动，科学履职，各项工作取得了新成绩、新进展。

他说，2010 年，人民银行继续实施适度宽松的货币政策，根据新形势新情况着力提高政策的针对性和灵活性，加大信贷政策对经济社会薄弱环节、就业、战略性新兴产业、产业转移等方面的支持，在巩固和增强经济回升向好势头的同时，支持发展方式转变，推进结构调整，夯实"三农"发展基础，扩大内需增长空间，进一步深化金融体制改革，增强金融对经济的服务功能，促进国际收支平衡，有效防范和化解金融风险，为全面建设小康社会作出更大贡献。

资料来源：中国人民银行网站，2009－12－31。

这一资料表明：货币政策是国家宏观经济政策的重要组成部分，是货币当局或中央银行旨在调控货币供给量使其与货币需求量相适应的基本准则和措施的总和，对于实现经济增长、转变经济增长方式，具有十分重要的意义。

7.1 货币政策及其目标

7.1.1 货币政策的内涵

1)货币政策的定义

货币政策是货币当局或中央银行为实现宏观经济调控目标而制定的,旨在调控货币供给量,使其与货币需要量相适应的基本准则和措施的总和。它是国家宏观经济政策的重要组成部分,是货币当局或中央银行指导和调控信贷活动及货币供给的准则,也是一项重要的经济政策。

货币政策制约着信贷政策、利率政策、汇率政策、黄金政策等,它的变化会引起价格水平、资本流量与流向、经济增长速度,乃至整个社会经济结构的变化。中央银行运用各种政策手段,凭借其所拥有的货币发行权和对全国金融机构的领导和管理权,组织货币政策的实施,以达到稳定币值和发展经济的目的。

作为一个完整而相对独立的经济政策体系,货币政策由政策主体、政策目标、政策手段等要素构成。货币政策的政策主体是国家,国家通过制定和实施货币政策来调节一定时期的货币供给量,实现宏观调控目标。货币政策目标是国家制定货币政策要达到的预期目的,它反映国家实施货币调控的基本意图,并规范货币政策手段及其运作方式的选择。货币政策手段是实现货币政策目标所采用的货币政策工具及其操作方式的统称,它是货币政策的重要组成部分,正确选择货币政策手段,是实现货币政策的基本前提。

2)货币政策的内容

货币政策的内容较为广泛,包括货币政策的最终目标、实现目标所运用的政策工具、用以调节和控制最终目标实现的各种中间目标和操作目标、货币政策指标的选择以及货币政策的效应。也就是说,货币政策包含了目标、手段和监控指标等一系列内容。

在制定货币政策时,货币当局或中央银行首先对经济形势和金融形势进行分析,按照国家的宏观经济总决策,根据国民经济和金融体系的实际情况,确定货币政策的最终目标,然后确定实现该目标的政策工具。但由于目标都是原则性的,工具不能对其直接产生作用,因此必须确定一个中介目标,以便通过对它的调节和控制实现最终目标。中介目标包括中间目标和操作目标。货币政策一经制定,与之相配套的信贷政策、利率政策、汇率政策等一系列金融方面的政策就相应确定了。

3)货币政策的类型

从货币政策对社会总需求的不同影响,即从总量调控的角度,可将其分为扩张性、紧缩性和均衡性三种类型。

(1)扩张性货币政策。扩张性货币政策,也称膨胀性货币政策,它是通过增加货币供给量以扩大社会总需求的政策。扩张性货币政策的功能是增加货币供给量,刺激社会总需求,使其与社会总供给相适应,目的是调动闲置资金,推动经济增长。因此,扩张性货币政策的实施条件是社会有效需求不足,有效供给过剩。

扩张性货币政策的主要措施包括:一是降低存款准备金率,扩大商业银行对其已吸收存款的支配份额并使其转化为现实的投资需求,通过存款派生信贷规模来刺激社会需求的增长;二是降低再贴现率,以降低商业银行向中央银行融资的成本,刺激其对中央银行的借款需求并相应扩大其贷款规模,扩大投资需求;三是在金融市场上买进有价证券,增加流通中的货币供给量,并以此拉动证券市场价格吸引投资,增加社会投资需求。此外,在必要时还可以采取放宽央行贷款限额,甚至增加货币发行等手段来增加货币供给量,达到充分调动闲置资源、推动经济发展的目标。

(2)紧缩性货币政策。紧缩性货币政策,又称"紧"的货币政策,它是通过减少流通中的货币供给量以收缩社会总需求的政策。紧缩性货币政策的功能是减少流通中的货币量,抑制社会总需求,目的是使社会总需求与社会总供给相适应,消除可能出现或已经出现的经济发展过热的隐患或现象,稳定经济增长速度。因此,紧缩性货币政策的实施前提是社会总需求过剩而社会总供给不足。

紧缩性货币政策的主要措施包括:一是提高存款准备金率;二是提高再贴现率;三是提高存款利率以鼓励储蓄和提高贷款利率以抑制贷款;四是在金融市场上公开卖出有价证券。此外,在必要时也可以采取直接规定贷款的限额,实行金融管制等行政性手段,以达到迅速抑制社会需求,平抑物价,稳定经济发展速度的目的。

(3)均衡性货币政策。均衡性货币政策,也叫"中性"的货币政策,它是指货币供给量与经济增长大体一致,以维持社会总供求均衡格局的货币政策。均衡性货币政策的功能在于维持既定的社会总供求对比关系,继续保持社会总供求的均衡局面。由于这种政策对社会总供给和社会总需求的关系只起到维持作用,不起调节作用,因此,它适宜于在社会供求矛盾不突出或社会总供求处于基本平衡的经济条件下实施。

4)货币政策的功能

货币政策作为国家调控宏观经济运行的重要工具之一,主要有两方面的功能。

(1)促进社会总需求与总供给的均衡。总供给是指一定时期内国民经济各部门供给的商品与劳务的综合,总需求则是一定时期内对商品与劳务的需求总和。而现实的社会总需求,在任何情况下都体现为有货币支付能力的需求。货币政策调节宏观经济是通过调整社会总需求而实现的。通过对社会总需求的调整间接地影响社会总供给的变动,从而促使整个社会总需求与总供给达到平衡。

(2)保持经济稳定。货币政策是一种稳定经济的政策,它通过操纵货币供给量和影响信贷规模、利率水平、汇率水平来调节整个社会经济活动,以维持物价与经济的稳定。货币政策具有通常所讲的逆对经济风向的作用。也就是说,在经济过度繁荣,出现通货膨胀时期,中央银行应采取紧缩性货币政策,控制货币供给量的增长率,提高利息率,抑制社会总需求的增长,以缓和通货膨胀所造成的压力,促使经济稳定、正常地发展;而在经济萧条或衰退时,中央银行应实行扩张性货币政策,提高货币供给量的增长率,降低市场利息率,刺激社会总需求的增长,以降低经济萧条或衰退造成的困难,促使经济的繁荣发展。

7.1.2 货币政策目标的内涵

货币政策目标又称为最终目标,它是中央银行调节和控制货币供给量、社会信用活动的出发点和归宿点,是通过货币政策手段在较长时期要完成的经济任务。货币政策目标必须严格服从于国家的总体经济发展目标,就其实质而言,货币政策目标是经济发展总目标在货币政策上的体现。

1)稳定价格

稳定价格是中央银行货币政策的首要目标。所谓稳定价格,就是要控制通货膨胀,使一般价格水平在短期内不发生急剧的波动,呈现相对稳定的状态。稳定价格的实质就是稳定币值。在货币经济时代,价格的变动是纸币币值变动的指示器,是衡量货币流通是否正常的主要标志。货币数量不足,有效需求下降,在商品(劳务)供给量不变的情况下,会引起价格下跌,投资水平下降,经济增长速度放慢;而货币数量过多,则会引起价格上涨,影响社会经济稳定。这两种情况都会使币值不稳定。目前世界各国均采用价格指数来衡量币值是否稳定,价格指数上升,表示货币贬值;价格指数下降,则表示货币升值。常用的价格指数有消费者价格指数、生产者价格指数和国民生产总值平减指数等。

稳定价格,并不是指价格水平的绝对不变。在一般价格水平相对稳定的前提下,某种商品(劳务)的价格相对于其他商品(劳务)的价格的变动,是经济运行中自由竞争的正常现象,能促使社会资源得到有效的配置,提高整个社会的经济效益。中央银行将价格水平控制在什么幅度内才算是实现了价格稳定,这要根据各国经济发展状况与居民的承受能力而定。根据各国的经验,一般认为每年的通货膨胀率在5%以下就可视为达到价格稳定的目标,即社会可承受的通货膨胀率。

在经济发展过程中,价格波动往往表现为价格上涨的趋势。引起价格水平上升的因素很多,其中最基本的因素有:社会总需求膨胀,即由于货币供给量增加引起的社会有效需求超过社会总供给而引起的价格水平的普遍上涨;成本上升;结构性因素;制度性因素等。其中,与中央银行货币政策有关的是社会总需求膨胀,因此,所谓稳定价格目标,主要是指防止出现由于货币供给量过多导致的社会总需求膨胀而造成的价格上涨。

2）充分就业

所谓充分就业目标，就是要保持一个较高的、稳定的就业水平。充分就业目标作为货币政策目标被提出，是由于1929—1933年的资本主义世界经济大危机中，西方各国都遭受了高失业率的惨重打击，表明市场不能自发地保证充分就业。随后，西方国家普遍实行干预经济的政策，充分就业就成为了货币政策的重要目标之一。

充分就业本来就是针对所有资源讲的，但由于要测量各种资源的就业程度困难较大，因此通常以劳动力的就业程度为基准，即以失业率指数来衡量劳动力的就业程度。所谓失业率，就是社会的失业人数与愿意就业的劳动力之比。但怎么样才算是"充分就业"呢？就人们的一般意愿而言，最好是失业率为零。但是，由于种种原因，社会上总存在一些失业者。造成失业的主要原因有以下几点：

（1）总需求不足造成的失业。指由于社会总供给大于社会总需求，使得社会的各种经济资源（包括劳动力资源）无法得到充分的利用。主要表现为：一是持续的普遍性的失业，即在整个经济周期或几个经济周期中劳动力需求长期不足导致的失业；二是周期性失业，即在经济周期中的衰退和萧条阶段，由于需求不足导致的失业。

（2）总需求分布不平衡造成的失业。指由于总需求在整个经济社会中分布不平衡，造成某些地区、行业或职业需求不足。主要表现为：一是摩擦性失业，当一个国家某一地区某一职业的人员供给过剩，而另一地区该职业的人员又供给不足时，就产生了摩擦性失业；二是结构性失业，在劳动力需求和供给的长期变化中，由于劳动力的流动性不足，致使劳动力供给与需求的种类不相符合，新兴行业在发展中出现劳动力不足，而衰退行业劳动力过剩，此外新技术的采用也会引起劳动力需求的改变。

（3）季节性失业。有的行业的生产季节性很强，其对劳动力的需求也就呈现很强的季节性，而各种季节性工作所需要的技术性质又难以完全相互替代，因此就造成了季节性的失业。

（4）正常的或过渡性的失业。在动态的经济社会中，每一时点总有一些人在交换自己的工作，在他们离开了原有的工作岗位，但还没有找到新的工作之前，就处于短暂的失业状态。

总而言之，充分就业指包含劳动力在内的一切生产要素都能以愿意接受的价格参与生产活动的状态。如非自愿失业已消除，失业仅限于摩擦性失业、结构性失业和自愿失业的话，就是实现了充分就业。一般认为充分就业不是百分之百就业，充分就业并不排除像摩擦性失业这样的失业情况存在。有的经济学家认为，失业率为3%可视同充分就业，而大多数学者认为4%～6%的失业率就可视为充分就业,并将其称为“自然失业率”。

3)经济增长

所谓经济增长,是指一国或一个地区实际经济产品与劳务总量的增长。根据经济增长含义,一般采用国内生产总值(GDP)或国民生产总值(GNP)作为衡量经济产品与劳务总量的指标。因此,各国衡量经济增长的指标主要有国民生产总值增长率、国内生产总值增长率、人均国民生产总值增长率、人均国内生产总值增长率。它们都是用名义增长率扣除价格上涨因素来计算的。其中,前两个指标反映经济总量的增长情况和一国的经济实力状况,后两个指标则反映一国富裕程度的变化。

影响经济增长的因素很多,中央银行的货币供给量是影响经济增长率的一个重要因素。一国币值的稳定,归根结底依赖于经济的增长。因此,促进经济增长,成为中央银行货币政策的重要经济目标。经济的合理增长需要多种因素的配合,其中最重要的是要增加各种经济资源,并提高各种经济资源的生产率。中央银行作为经济运行中的货币供给部门,能够影响其中的财力部分,即对资本的供给和配置产生一定影响。中央银行的货币政策以经济增长为目标,指的是中央银行在既定目标下,通过其所能操纵的各种工具协助和促进经济增长。中央银行可以通过增加货币供给量、降低实际利率水平的办法来促进投资增加,或者通过控制通货膨胀率,降低或消除通货膨胀率产生的不确定性对投资的影响。

虽然目前世界上有些国家和地区的中央银行将经济增长作为货币政策的目标之一,但它在各国货币政策中所处的地位和重要程度是不同的。就一个国家而言,在不同的历史时期也不完全一样。美国在20世纪40年代至50年代,面临第二次世界大战之后的生产下降以及50年代初出现的经济衰退,中央银行(美联储)就曾以经济增长为最重要的货币政策目标。而从20世纪70年代以来,尤其是1981年里根担任总统之后,货币政策就一直以反通货膨胀为重点。日本在第二次世界大战之后也提出了发展经济的目标,但那时是基于对战后生产极度衰退的考虑,实际上,在经济增长和稳定价格这两个目标的选择上,日本始终是以稳定价格为主的。前联邦德国由于两次世界大战之后爆发恶性通货膨胀的惨痛教训,虽然也把经济增长列入了政策目标,但在实际执行中却是以稳定马克为主,甚至不惜以牺牲经济增长为代价。

4)平衡国际收支

国际收支状况对国内货币供给量状况有重大影响。当一国国际收支出现顺差时,该国的外汇收入大于外汇支出,外汇收入增加,而收购这些外汇必然增加国内市场的货币供给量。同时,顺差时商品的输出大于商品的输入,减少了国内市场的商品量,意味着相对增加了国内市场的货币供给量。因此,国际收支顺差不利于国内物价的稳定。当然,在国内市场货币供给不足、外资缺乏、商品供过于求的情况下,顺差则有利于国内的经济发展与稳定。当国际收支出现逆差,国外的商品流入大于国内的商品流出,国内市场商品供应增多,货币供给相对减少。在国内市场商品供应过多的情况下,会加剧国内市场商品的供求矛盾,使国内市场的货币供给量显得更加不足。当然,在国内市场上货币供给过多、物价上涨、商品供应不足的情况下,增加一些进口,出现一定数量的逆差,反而会有利于吸收部分国内市场过剩的货币,增加市场商品供应,缓解货币过多的矛盾。正是因为国际收支状况与国内货币供给量存在着这样的密切关系,所以为了稳定币值,各国中央银行一般都把国际收支平衡纳入货币政策目标。

平衡国际收支,简单地说,就是采取各种措施,纠正国际收支差额,使其趋于平衡,即一国对其他国家的全部货币收入和货币支出相抵,略有顺差或逆差。

从各国平衡国际收支目标的建立来看,一般都与该国国际收支出现问题有关。20 世纪60 年代以后,由于日本、前联邦德国等国经济迅速增长,国际竞争力不断加强,美国国际贸易不断出现逆差,国际收支状况恶化,1969—1971 年三年间,国际收支逆差累计达 400 亿美元,黄金储备大量流失,这时美国才将平衡国际收支列为货币政策的第四个目标。日本的情况与美国类似,20 世纪 50 年代以后,日本对外贸易和国际收支经常出现逆差,严重影响了其国内经济的发展,因此,日本将平衡国际收支列为货币政策目标之一。1965 年以前,日本银行在国际收支方面主要是解决逆差问题,此后,日本国际收支呈现出完全顺差的趋势。起初,日本因致力于国内价格稳定而忽视了对顺差的关注,结果导致顺差进一步扩大,并由此引起了 1971 年 12 月的日元升值。在此之后,日本银行转而将注意力放在解决国际收支顺差长期化问题上来。

7.1.3 货币政策目标之间的关系

货币政策执行的理想状态,自然是四大政策目标均能同时实现,但由于四大目标之间矛盾和冲突的存在,在实际操作中,对于任何一个国家而言,上述各种目标往往不能同时兼顾。最明显的是稳定物价与充分就业之间、经济增长与平衡国际收支之间存在着相当严重的矛盾。如何在这些相互冲突的目标中作出适当的选择,是各国中央银行制定货币政策时所面临的最大难题。从各国情况来看,货币当局通常都宣称要同时实现其中两个以上的目标,而实际上,任何两个政策目标都难以完全统一。

1)稳定价格与充分就业

稳定价格目标与充分就业目标之间的冲突表现为:若要降低失业率,增加就业人数,就必须增加货币工资。若货币工资增加过少,则不会对充分就业目标产生明显的促进作用;若货币工资增加过多,致使其上涨率超过了劳动生产率的增长率,便会导致成本推动型通货膨胀，造成稳定价格与充分就业两个目标之间的矛盾冲突。

1958 年，英国经济学家菲利普斯（A. W. Phillips）根据 1861—1957 年美国的失业率和货币工资变动率的经验统计资料，提出了一条用以表示失业率和货币工资变动率之间交替关系的曲线，即后人所称的“菲利普斯曲线”。这条曲线表明：在失业率降低时，货币工资增长率较高；反之，当失业率较高时，货币工资增长率较低。由于货币工资增长率与通货膨胀之间的联系，这条曲线又被西方经济学家用来表示失业率与通货膨胀率之间此消彼长、相互交替的关系。

降低失业率与稳定价格不能并行，在失业率为 5%、通货膨胀率为 3% 的情况下，降低失业率可能会导致通货膨胀率的提高。因此，若要实现充分就业的目标，就必须在一定程度上牺牲价格稳定；若要保持价格稳定，又必须以在一定程度上提高失业率为代价。所以，按照菲利普斯曲线，中央银行的货币政策目标只能根据当时的社会经济条件，寻求失业率和物价上涨率之间的某一适当的组合点，而不可能有两全其美的办法。

2）稳定价格与经济增长

经济增长同稳定价格作为两大货币政策目标，存在着一定的矛盾性，在短期内尤其如此。政府在促进经济增长时，往往会采用扩张信用和增加投资的办法，扩大社会商品生产量，结果必然导致货币供给量的增加和价格上涨。而为抑制通货膨胀采取的提高利率、减少货币供给量等紧缩性货币政策又可能会因抑制投资而影响经济增长。

3）稳定价格与平衡国际收支

稳定价格与平衡国际收支之间是互相影响、互相制约的矛盾关系。从价格对国际收支平衡的影响看，当本国出现通货膨胀时，由于本国价格水平上涨而使外国商品价格相对低廉，导致国内商品出口减少而国外商品进口增加，结果是国际收支严重失衡，出现大量逆差。但是，本国的价格稳定也并不能保证国际收支平衡，因为在本国价格稳定而他国发生通货膨胀的情况下，他国商品价格相对于本国商品价格较高，使得出口增加而进口减少，难免发生顺差失衡的现象。

从国际收支不平衡对国内价格稳定的影响看，由于外汇收支不平衡，不论是顺差还是逆差，都会给国内货币流通的稳定带来不利的影响，集中表现在商品运动与外汇（货币）运动的脱节。在存在大量顺差的情况下，可能形成部分外汇收入的闲置浪费，没有商品与原来投放收购出口商品的货币所形成的购买力相对应，从而影响价格稳定。而且收购大量外汇会引起新的货币投放，更加剧了国内商品市场的供需失衡，引起通货膨胀。当对外收支出现大量逆差时，由于商品进口多而增加了国内市场商品供应量，有利于稳定物价，但为了解决逆差问题所采取的鼓励商品出口等措施，又会造成价格不稳定。

由此可见,把世界作为一个经济整体来看,一个国家要保持国际收支平衡,必须是多数国家的价格都趋于稳定。由于该条件难以达到,稳定价格与平衡国际收支两者之间就难免发生冲突。

4)经济增长与平衡国际收支

在正常的情况下,经济增长必然会带来国际收支状况的改善,但是从动态的角度来看,两者也存在不一致。

(1)在经济发展过程中,由于国民收入的增加带来支付能力的增强,除要求增加国内商品的供应量,也会增加对进口商品的需求,使进口的增长快于出口的增长,就可能导致国际收支出现逆差。

(2)为促进国内经济增长,必然要求增加投资。在国内资本来源不足的情况下,必须借助于外资。虽然外资的流入会使资本项目出现顺差,从而在一定程度上弥补由于贸易逆差导致的国际收支失衡,但若本国不具备大量利用外资的条件及外汇还款能力,则又会导致国际收支失衡。

(3)治理经济衰退所采取的手段与平衡国际收支所采取的手段往往存在冲突。在经济衰退的时候,政府通常采用扩张的货币政策,其结果可能因进口增加或通货膨胀而导致国际收支逆差。而当国际收支逆差时,通常必须采取国内紧缩政策,其结果又可能带来经济衰退。

【案例分析 7-1】

高顺差加大经济增长风险

据海关最新数据显示,今年上半年我国贸易顺差达到 396.5 亿美元,超过去年全年 319.8 亿美元的顺差总额。

“贸易顺差是当前我国经济增长的主要推动力。”北京大学经济研究中心教授宋国青说。但过高的外贸依存度也将加大中国经济潜在的风险。

据海关统计,今年上半年我国外贸进出口总值达 6 450.3 亿美元,与去年同期相比增长 23.2%。其中,出口 3 423.4 亿美元,增长 32.7%;进口 3 026.9 亿美元,增长 14%,比上月末提高 0.3 个百分点。

过大的贸易顺差并不是好事。商务部国际贸易经济合作研究院副院长表示,这增加了我国与其他贸易伙伴之间的摩擦,同时,外汇储备增多也加大了人民币汇率方面的压力。

但更可怕的是我国现今的经济增长主要在靠外需拉动。国家信息中心高级经济师张峰表示:“在 9.4% 的经济增长率中,即使考虑价格因素,至少有 3 个百分点是外需拉动的。”而内需在经过连续两年的高速扩张后,形成了较大的基数,在今年一季度的 GDP 增量中所占份额比去年一季度明显下降。依靠外需拉动经济增长引起了国内学者的警惕。国家发改委宏观院副院长刘福垣对《经济参考报》记者说："我们的贸易战略是外需拉动型，这种方式必须转变。"他认为，一个大国的经济发展，消费应该占主导地位，达到70%左右。比如美国国内消费对经济的贡献达到了78%，日本更高，占85%。我国则不然，进出口贸易总额占GDP的比重即外贸依存度年年攀高：2002年，中国外贸依存度为51%，2003年为60%，2004年超过70%。"这相当危险。"刘福垣说。宋国青也表示，当前我国的内需较弱，一旦外需出现波动，经济就将出现问题。

资料来源：方烨、杨大鹏，《高顺差加大经济增长风险》，载《经济参考报》，2005-07-19。

要求：根据上述资料，分析贸易收支与经济增长之间的关系。

分析：扩大对外贸易是保持经济增长的一条重要途径，但是由于外需的波动性较大，如果一个国家的经济对外依存度很高，也就意味着这个国家的经济发展受外界的影响大，会影响经济发展的稳定性。

5）充分就业与平衡国际收支

就业的增加通常会引起货币工资的增加，而有支付能力的需求的扩大必然要求增加国内商品的供应量。此时，如果货币工资的增加与产品的增加能保持同步，便不会影响国际收支平衡；若两者在动态上不能保持一致，便需要增加进口商品来弥补国内市场的供应不足，在进口大于出口的情况下，会使国际收支出现逆差。

6）充分就业与经济增长

通常情况下经济增长能够创造更多的就业机会，使得失业率降低；而就业水平的提高会带来更多的产出，促进经济的增长。但在某些情况下两者也会出现不一致，例如以内涵型扩大再生产所实现的高经济增长，就不能带来高就业，经济增长的过程中会出现资本有机构成的提高，出现机器排挤工人的现象，而劳动生产率的提高会使得企业不需要更多的劳动者。再如，片面地强调高就业，硬性分配劳动力到企业单位就业，造成人浮于事，效益下降，产出减少，导致经济增长速度放慢。

7.2 货币政策工具

中央银行的货币政策目标是通过调节货币供给量和控制信贷规模来实现的。为了有效地调节货币供给量和控制信贷规模，中央银行必须有足够的货币政策工具。中央银行的货币政策工具是指能影响货币供给量及其变动以及货币市场上的价格（利率）的政策手段，通常可分为一般性货币政策工具、选择性货币政策工具和补充性货币政策工具。

7.2.1 一般性货币政策工具

一般性货币政策工具即传统的三大货币政策工具，俗称为中央银行的"三大法宝”,包括法定存款准备金政策、再贴现率政策和公开市场业务。它们是中央银行用以调控经济、实现货币政策目标的最重要的政策工具。“三大法宝”是针对社会的货币信用量进行总量的控制,而不是对各种特殊用途资金的特别控制。

1)法定存款准备金政策

法定存款准备金是指国家规定商业银行等存款类金融机构按照规定比例将部分存款上缴中央银行而形成的备用金,该比例称为法定存款准备金率。

法定存款准备金政策是指中央银行在法律所赋予的权利范围内,通过规定或调整商业银行缴存中央银行的法定存款准备金比率改变货币乘数,控制商业银行的信用创造能力,间接地控制社会货币供给量的政策措施。

法定存款准备金率变动对商业银行的作用过程如下:当中央银行提高法定存款准备金率时,商业银行可提供的放款及创造信用的能力就下降。因为法定存款准备金率提高,货币乘数就变小,从而降低了整个商业银行体系创造信用、扩大信用规模的能力,其结果是社会的银根偏紧,货币供给量减少,利息率提高,投资及社会支出都相应缩减;反之,亦然。比方说,如果法定存款准备金率为7%,就意味着金融机构每吸收100万元存款要向中央银行缴存7万元的法定存款准备金,用于发放贷款的资金为93万元;倘若中央银行将法定存款准备金率提高到7.5%,那么金融机构的可贷资金将减少到92.5万元。

商业银行在自身正常的借贷业务中需要持有一定比例的现金准备,以便应付储户的取款需求。因为商业银行的效益往往与总贷款规模有密切联系,商业银行总是倾向于追求贷款规模的扩张而降低现金准备的比例。中央银行出于稳定金融的考虑,为了降低商业银行的风险,就通过立法要求商业银行必须在中央银行存一定比例的法定存款准备金,以使中央银行能够在商业银行遇到流动性不足的时候出面支持。

随着金融制度的发展,法定存款准备金制度有了比维持金融稳定更重要的作用,它为中央银行控制货币总量提供了一个政策工具。在现代中央银行制度下,中央银行发行的纸币只是货币供给量的一小部分,货币供给量的绝大部分是商业银行创造的存款货币。货币供给量与中央银行提供的基础货币的数量之比称为货币乘数。而决定货币乘数的最重要因素便是法定存款准备金率。法定存款准备金政策的核心就是中央银行通过提高或降低法定存款准备金率,来影响商业银行创造存款货币的能力,最终控制货币供给量。

2)再贴现率政策

再贴现率政策是中央银行通过制定或调整再贴现利率来干预和影响市场利率及货币市场的供给与需求,从而调节货币供给量的一种政策措施。

再贴现率政策是中央银行最早拥有的政策工具,它是由早期的再贴现业务发展而来的。最初再贴现业务是一种纯粹的信用业务，商业银行在办理贴现业务的基础上，为解决暂时性的资金短缺，把贴现所获得的未到期票据转向中央银行进行再贴现。随着中央银行职能的不断完善以及调节宏观经济作用的日益增强，再贴现业务逐渐演化发展成为中央银行的一种货币政策手段。

当社会需求过旺，经济发展过热时，提高再贴现率，可以增加商业银行的融资成本，抑制其贷款需求，从而减少货币供给量，收缩社会总需求，降低过快的经济增长速度；当社会需求不足，经济发展较慢时，降低再贴现率，可以降低商业银行的融资成本，刺激其借款需求，增加市场货币供给量并使其转化为社会的有效需求，从而拉动经济的增长速度。不仅如此，中央银行的再贴现率还对市场利率有着显著的调节作用，提高再贴现率必然引起市场利率的提高。当然，再贴现率对货币供给量的调控也有一定的局限性，其有效程度取决于商业银行从其他渠道取得资金的机会及资金需要的时间。当商业银行依赖其他渠道可以获得足够的资金时，比如通过银行间同业拆借获取资金，再贴现率便难以对货币供给量产生影响。

3)公开市场业务

公开市场业务就是中央银行直接介入金融市场活动，在金融市场上买进或卖出有价证券，以改变居民手中持有的货币及商业银行的准备金，调控信用规模和货币供给量，从而实现其货币政策目标的一种政策措施。它是目前各国中央银行最常用的政策工具。

公开市场业务的作用过程是，中央银行通过在金融市场上买卖有价证券，直接或间接地影响商业银行的准备金，进而调节社会货币供给量。当金融市场资金缺乏时，中央银行就通过公开市场业务买进有价证券，这就相当于中央银行向社会投入一笔基础货币。这些基础货币若直接进入商业银行，就会通过商业银行的信用创造过程引起货币供给量的多倍增加。若这些货币首先是流入社会大众之手，一方面直接地增加了货币供给量，另一方面会由社会大众存入商业银行，增加银行准备金，从而通过信用创造过程引起货币供给量的多倍增加。

目前，越来越多国家的中央银行将公开市场业务作为其主要的货币政策工具。20世纪50年代以来，美国联邦储备委员会（即美国中央银行）90%的货币吞吐是通过公开市场业务进行的，德国、法国等也大量采用公开市场业务调节货币供给量。从20世纪80年代开始，许多发展中国家将公开市场业务作为货币政策工具。

【知识链接7-1】

公开市场

所谓公开市场，是指各类有价证券（包括政府债券、中央银行证券）自由议价，其交易量和交易价格都必须公开显示的市场，在我国，上海和深圳证券交易所、全国银行间债券市场、中国外汇交易中心等就是典型的交易股票、债券、外汇的公开市场。

7.2.2 选择性货币政策工具

中央银行的一般性货币政策工具侧重于从总量上对货币供给量和信贷规模进行控制,亦称为量的控制。这些措施并不能调控商业银行的资金运用方向和不同信用方式的资金利率。因此,对于一些特殊的信用方式,中央银行便运用选择性货币政策工具加以控制。选择性货币政策工具亦称为质的控制,具体包括证券市场信用控制、不动产信用控制、消费信用控制和优惠利率。

1)证券市场信用控制

证券市场信用控制是指中央银行通过规定和调整购买证券的保证金比率,间接地控制流入证券市场的信用量,以保持证券市场的稳定。

在西方国家,股票和其他有价证券的购买者可以从银行或其他金融机构那里借款来购买证券或进行卖空,这样一方面增加了证券市场的资金量,促进了证券市场繁荣;另一方面又加强了证券市场的投机气氛,增加了证券市场风险。中央银行为控制证券市场风险,一般通过规定保证金比率,即规定购买证券时自有资金的比例来降低证券市场风险,也就是对以信用方式购买有价证券的第一次付款额进行管制。若法定保证金比率为100%,就表示证券的购买者自己必须以现金支付购买证券金额的100%;若保证金比率为70%,则表示证券的购买者必须以自有资金支付购买金额的70%,只能从金融机构借入购买金额的30%。

中央银行通过规定和调整保证金比率,可以控制运用于证券交易的贷款最高额度〔贷款最高额度=证券交易额×(1-保证金比率)〕,并以此间接控制流入证券市场的信用数量,影响证券市场的资金总量和供求关系,平抑证券市场价格,促进证券市场稳定。当证券市场投机盛行时,中央银行可提高保证金比率,增加人们购买证券的付款额,减少证券市场的信用数量,使证券市场的资金供应总量减少,以起到稳定证券行市的作用;而当证券市场处于低迷状态时,中央银行可调低保证金比率,使金融机构投入证券市场的信用增加,增加证券市场的资金供给,刺激对证券的需求,使证券行市趋于稳定并逐步回升。

2)不动产信用控制

不动产信用控制是指中央银行通过规定和调整金融机构对客户的住宅或商业用房贷款的限制条件,控制不动产贷款的信用量,从而影响不动产市场的政策措施。

在西方国家,不动产的投资者和投机商在购买住房或商用房屋时大都不是完全用自己的资金购买,而是自己出资一部分,其余部分(通常是大部分)都通过向不动产抵押银行等金融机构贷款来完成付款。不动产贷款一方面降低了购买者购买房屋的难度,使得许多人可以使用分期付款方式购买到自己的住房,而不必要等到存足了购买住房的全部资金后才能购房,极大地繁荣了房地产市场,推动了房地产业的发展;另一方面,它又助长了不动产市场的投机行为,影响了国民经济的稳定。为了限制地产、房屋建筑等不动产的投机和缓和通货膨胀,中央银行一般都要对商业银行等金融机构所从事的不动产信用业务加以严格控制。

不动产信用控制的主要内容包括：①对金融机构的不动产贷款规定其贷款的最高限额，即对一笔不动产贷款的最高贷款额予以限制，若要放松不动产信用，则提高这一额度；反之，则严格予以限制；②规定购买不动产第一次付款的最低金额，若要扩张不动产信用，则降低第一次付款的最低金额；反之，则提高这一金额限制；③规定不动产贷款的最长限制，若要扩张不动产信用，则延长期限；反之，则缩短期限。

【小思考7-1】

二套房贷款首付款比例不得低于40%

伴随着房地产市场的回升，近期部分城市房价过快上涨等问题引起决策层高度重视。2010年1月10日，国务院正式下发《关于促进房地产市场平稳健康发展的通知》，要求进一步加强和改善房地产市场调控，稳定市场预期，促进房地产市场平稳健康发展。已利用贷款购买住房又申请购买第二套（含）以上住房的家庭（包括借款人、配偶及未成年子女），贷款首付款比例不得低于40%，贷款利率严格按照风险定价并要求加大差别化信贷政策执行力度。金融机构在继续支持居民首次贷款购买普通自住房的同时，要严格二套住房购房贷款管理，合理引导住房消费，抑制投机性购房需求。根据上述资料，你认为国家对首套及第二套住房采取不同的首付款比例有什么意义？

答：第二套住房的首付款比例高于首套住房的首付款比例，可以抑制对住房的投机性需求，平稳房价，促进房地产市场健康发展。

3）消费信用控制

消费信用控制是指中央银行对不动产以外的各种耐用消费品的销售融资予以控制的政策措施。消费信用是由银行或企业提供给消费者的信用。银行提供给消费者的信用，采用的是消费贷款的方式；而企业提供给消费者的信用，则是采用分期付款的方式。不论哪种形式的消费信用都是在消费者暂时没有货币购买商品时，对其提供信用以促进商品销售的一种手段，这实际是使消费者提前使用其将来的收入。这种消费信用一方面通过刺激消费者需求以达到繁荣市场的目的，另一方面会造成虚假的社会需求，加剧通货膨胀。为了不使这种虚假的需求过大和通货膨胀加剧，中央银行对消费信用也要加以控制。

消费信用控制的主要内容包括：①规定用分期付款等消费信用购买各种耐用消费品时首期付款的最低金额；②规定用分期付款等消费信用购买各种耐用消费品的借款的最长期限；③规定用分期付款等消费信用方式购买的耐用消费品的种类；④针对不同的耐用消费品规定不同的放款期限。

4）优惠利率

优惠利率是指中央银行对国家拟重点发展的某些经济部门、行业或产品制定较低的利率，目的在于刺激这些部门及行业的生产，调动它们的积极性，以实现产业结构和产品结构的调整和优化。

优惠利率主要是用于协助国民经济结构调整目标的实现。如国家需要调整三大产业的结构,重点支持农业的发展时,中央银行就可以对农业的贷款制定较低的利率,以鼓励加大对农业的投入,促进农业的发展;再如国家要想提高出口产品占国民经济的比重,增强创汇能力,就可以降低对生产出口产品的企业的贷款利率,以降低出口产品的成本,从而提高其在国际市场的竞争力,使出口量上升。

中央银行实行优惠利率有两种主要形式:①中央银行对需要重点发展的部门、行业和产品制定较低的贷款利率,由商业银行具体执行;②中央银行对这些部门及行业的票据制定较低的再贴现率,以此引导商业银行的资金投向和投入数量,使它们获得更多信贷支持。

7.2.3 补充性货币政策工具

除前面所述的一般性货币政策工具和选择性货币政策工具之外,中央银行有时还会运用一些补充性的货币政策工具来加强其对货币信用的管理。这些工具主要有:

(1)直接信用控制,主要包括利率最高限额、信用分配、流动性比率和直接干预等。

(2)间接控制措施,主要有道义劝告、窗口指示等。

7.3 我国货币政策的目标与工具

我国的货币政策也与大部分国家一样,是由货币政策目标(最终目标)、货币政策工具、货币政策的中间目标和操作目标等组成的。但由于我国实行的是社会主义市场经济,国情和社会经济状况不同,选择的目标和采用的工具就有我国自己的特色。

7.3.1 我国货币政策的目标

1984 年中国人民银行专门行使中央银行职能以后,就开始提出自己的货币政策目标。以后的十年,货币政策目标的选择,在理论界存在较大争论,在实践中也不断地转换重点。此间,对货币政策目标主要有两种主张,一种是单一目标,以稳定币值作为首要的基本目标;另一种是双重目标,即稳定货币和发展经济兼顾。从各国中央银行货币政策的历史演变来看,无论是单一目标、双重目标还是多重目标,都不能脱离当时的经济社会环境以及当时所面临的最突出的基本矛盾。但货币政策要保持足够的稳定性和连续性,政策目标不能偏颇和多变。直至 1995 年,我国正式颁布实施了《中华人民共和国中国人民银行法》,才正式以国家法律的形式将最终目标确定了下来。《中华人民共和国中国人民银行法》第三条明确规定“我国中央银行的货币政策目标是保持货币币值的稳定,并以此促进经济增长。”

1)稳定币值

稳定币值,就是把货币供给量控制在货币需求量所容许的上下限范围之内。事实上,要使货币供给量完全等于货币需求量是不可能的。同样,绝对的货币稳定也是从来都不存在的。因此,所谓的稳定币值,就是指货币供给量与货币需求量保持基本相适应的动态趋势,而不是固定不变。

稳定币值从一定意义上来说就是稳定价格,也就是将价格水平的变动控制在一定范围之内。但中央银行在判断价格稳定与否时,应将非货币因素引起的价格波动区别开来,如政策性价格调整、结构性价格调整等。中央银行在考察稳定货币的数量指标时,应将这些因素引起的价格波动视为正常情况。

2)发展经济

促进经济发展,是国民经济各部门的共同职责。作为中央银行,在促进经济发展问题上具有以下三个显著特点:

(1)同财政以外的国民经济其他部门相比较,中央银行促进国民经济发展是从货币资金这一角度出发的。通过信贷资金的投放,调控社会总供给,调节社会投资方向,促进经济的发展。

(2)同财政相比,中央银行调节和分配的货币资金都是有偿的,而财政资金一般是无偿使用的,并且中央银行调节和分配货币资金主要是通过经济手段来进行的,而正是这种有偿使用能够提高资金的使用效率,做到投资收益最大化。

(3)同所有的国民经济其他部门相比较,中央银行直接负有调节社会总需求与总供给平衡的职责,负有为经济发展创造良好的货币金融环境和在发展经济过程中稳定币值的职责。中央银行是货币政策的制定者,通过货币政策和政府部门的财政政策的双重配合,调控经济发展。

【小思考7-2】

我国货币政策的目标

《中华人民共和国中国人民银行法》第三条明确规定:"我国中央银行的货币政策目标是保持货币币值的稳定,并以此促进经济增长。"在这里,币值稳定与经济增长之间有无矛盾之处?

答:有。关键是抓住重点目标,并做到两个目标的相对协调。

7.3.2 我国货币政策目标的重点

1)货币政策目标只有一个重点

在《中华人民共和国中国人民银行法》颁布以前,我国一直把稳定币值、发展经济作为货币政策的双重目标,试图兼顾稳定币值与经济增长。我国是一个资金严重短缺的发展中国家,在政府直接管理经济的体制下,货币政策的双重目标就容易倾向于经济增长而忽视币值稳定,甚至牺牲币值稳定来促进经济增长,最终导致严重的通货膨胀。我国自经济体制改革以来,就出现过三次较为严重的通货膨胀。

第一次是在1980年,通货膨胀率由1979年的2%上升到1980年的6%,这主要是由于提高农副产品收购价、调高职工工资、恢复奖金制度引起的。

第二次是1984—1989年,这次通货膨胀持续时间最长,伴随着投资、收入、消费多方面的膨胀和经济结构失衡的加剧,通货膨胀率不断攀升。

第三次是1992—1993年,货币超经济发行,货币供给量增长过快。1992年国民生产总值增长12.8%,而货币流通量增长26.7%;1993年国民生产总值增长13.4%,货币流通量增长却高达35.5%,致使通货膨胀率再次高攀。

实践证明,双重目标是难以实现的,中央银行在执行双重目标时,往往顾此失彼,以致两个目标都难以很好地实现。改革开放以来发生的通货膨胀,就是一度过分追求经济增长这一目标而造成的结果。因此,货币政策目标必须有一个重点,而不能是两个以上(包括两个)的平行目标,这样,中央银行在货币政策目标之间出现矛盾冲突时,才能有所侧重,不致左右为难。

2)我国货币政策目标必须以稳定币值为重点

我国的《中华人民共和国中国人民银行法》规定货币政策目标是保持货币币值稳定,并以此促进经济增长。在这个政策目标中,包括两个方面:一是稳定币值,二是促进经济增长。在这两个目标中,稳定币值是重点,只有币值稳定,才能促进国民经济持续、稳定、健康发展。币值稳定具有稳定和维护正常经济秩序的作用,是经济效率原则得以发挥的前提条件;币值稳定具有维护社会分配公平和激发劳动者积极性的功能,有利于形成经济健康发展的良好社会环境;币值稳定为实现其他宏观政策目标提供了必要的条件。我国正处于经济改革的进程中,币值的稳定是社会稳定、经济稳定发展的基础,因此应把它作为货币政策目标的重点。

7.3.3 我国货币政策工具

货币政策工具是实施货币政策所采用的货币政策手段及其操作方式。我国的货币政策工具主要包括以下几种:

1)存款准备金制度

我国的存款准备金制度,是根据1983年9月《国务院关于中国人民银行专门行使中央银行职能的决定》重新恢复建立的。《中华人民共和国中国人民银行法》对其作了明确规定,把它列为中国人民银行货币政策工具的首位。1998年3月24日中国人民银行发布了《关于改革存款准备金制度的通知》,对有关存款准备金制度的事宜作了具体规定。

我国早期的存款准备金制度要求各国有商业银行和其他金融机构在中国人民银行开设两个准备金账户,一个是准备金存款账户,另一个是备付金账户。自1998年3月21日起,中央银行对存款准备金制度实行改革,法定存款准备金账户和备付金存款账户合并为准备金存款一个账户。

中国人民银行实行的存款准备金制度,增强了中国人民银行的资金实力,巩固了其作为中央银行的地位,也为调节商业银行等金融机构的信贷规模起到了一定的作用。同时,中国人民银行用准备金方式征集而来的资金,并不是全部留存,而是将其中一部分以再贷款的方式贷给各商业银行,所以存款准备金制度也是中央银行实施其他货币政策工具的基础。

【案例分析7-2】

央行6日宣布上调存款准备金率0.5%

中国人民银行6日宣布,央行决定从9月25日起,上调存款类金融机构人民币存款准备金率0.5个百分点。这已是央行年内第7次上调存款准备金率,次数之多创历史之最。

动用存款准备金率,在以往一般被视为货币调控的“猛药”。不过,从去年开始,面对银行体系不断增长的流动性,央行如今频繁上调存款准备金率进行调控已渐成常态。

央行在第二季度货币政策报告中称,上半年为加强流动性管理,已“基本上按照每月一次的频率”上调存款准备金率。

提高存款准备金率的主要作用是减少银行的可用资金,控制贷款增速,减少全社会的流动性。央行6日表示,此举旨在加强银行体系流动性管理,抑制货币信贷过快增长。这一说法与前几次上调存款准备金率时的央行表态,没有大的差别。

当前,流动性过剩矛盾已成中国经济中存在的突出问题。中国建设银行总部研究部经理赵庆明表示,央行上调存款准备金率,主要的目的还是冻结流动性。当前货币供给量依然高速增长,上调存款准备金率是抽走银行资金,减少放贷最有效的方法。

统计数据显示,7月末广义货币供给量同比增长18.48%,始终维持在高位;7月人民币贷款增加2 314亿元,创历史同期新高;前7个月新增人民币贷款达2.77万亿元,已是2006年全年增长额的90%。

当前,针对银行体系流动性总体宽松的情况,央行主要通过提高存款准备金率、发行央行票据进行公开市场操作等手段进行对冲。

此次上调存款准备金率,意味着央行将再次深度冻结银行约千亿元资金。今年以来,央行已连续7次上调存款准备金率,累计上调3.5个百分点,合计冻结约万亿元资金。如今,普通类金融机构执行的存款准备金率标准将提高到12.5%,已逼近10年来13%的历史最高点。

当前,在流动性过剩的背景下,国内物价存在不小的上涨压力。今年以来,央行在7次上调存款准备金率的同时,还进行了4次加息。申银万国证券研究所首席经济学家杨成长认为,目前利率和存款准备金率已成为央行对冲过剩流动性的常备手段,此次调整存款准备金也是为当前稳定物价所采取的一个措施。

资料来源:许唯放、黄丹,《年内第7次　央行6日宣布上调存款准备金率

0.5%》,载《今日早报》,2007－09－07。

要求:根据上述资料,分析中央银行年内连续上调法定存款准备金率的背景和效果。

分析:2007年我国经济增长速度过快,物价上涨幅度较大,经济有过热的倾向。为了防范经济风险,中央银行采取了适当的紧缩政策,连续上调法定存款准备金率便是其中之一。上调法定存款准备金率直接减少了商业银行可贷资金,减少了货币供给量,对稳定物价水平、保持经济健康增长起到了积极作用。

2)再贷款与再贴现政策

(1)再贷款。再贷款,即中央银行作为"银行的银行"向全国商业银行提供贷款。作用过程是中央银行通过发放或收回对商业银行的贷款,吞吐基础货币,影响金融机构的超额准备,进而调控信贷总规模。目前,我国商业银行对中央银行有着较强的依赖性,其资金来源有近40%是来自于中央银行的再贷款。因此,在现阶段,再贷款是我国中央银行最行之有效的间接调控手段。但也正是由于各商业银行对中央银行再贷款的依赖,在上缴中央银行准备金之后,必须从中央银行再贷款获得资金,使其成为货币失控的原因之一。

(2)再贴现。再贴现是金融机构以合格票据向中央银行贴现。中央银行可以从调整再贴现率和贴现条件两个方面来作用于货币供给量。

我国于1984年颁布了《商业汇票承兑、贴现暂行办法》,1986年中国人民银行上海分行开办再贴现业务,并将其作为中国人民银行调节专业银行(现称为国有商业银行)及其他金融机构融资成本,控制银行信用规模和市场货币供给量的一种政策手段。但由于我国票据流通与贴现市场不发达,再贴现没有成为中国人民银行经常使用的政策手段。1995年5月,我国公布了《中华人民共和国票据法》,中国人民银行于1997年上半年先后颁布了关于设立总行再贴现窗口的管理办法和商业汇票、承兑、贴现与再贴现的管理办法。这些措施的出台,标志着中国人民银行将通过引导商业汇票业务的发展,注重运用再贴现这一政策工具,并逐步增强其在宏观调控中的作用。

3)利率政策

利率政策是我国货币政策的重要组成部分,也是货币政策实施的主要手段之一。它是指中国人民银行根据货币政策实施的需要,适时地运用利率工具,对利率水平和利率结构进行调整,进而影响货币供给量和信贷规模,实现货币政策的既定目标。

目前,中国人民银行采用的利率工具主要有:

(1)调整中央银行基准利率,包括:再贷款利率,指中国人民银行向金融机构发放贷款所采用的利率;再贴现利率,指金融机构将所持有的已贴现票据向中国人民银行办理再贴现所采用的利率;存款准备金利率,指中国人民银行对金融机构缴存的法定存款准备金支付的利率;超额存款准备金利率,指中央银行对金融机构交存的准备金中超过法定存款准备金水平的部分支付的利率。

(2)调整金融机构法定存贷款利率。

(3)制定金融机构存贷款利率的浮动范围。

(4)制定相关政策对各类利率结构和档次进行调整等。

近年来,中国人民银行加强了对利率工具的运用,利率调整逐渐频繁,利率调控方式更为灵活,调控机制日趋完善。随着利率市场化改革的逐步推进,作为货币政策主要手段之一的利率政策将逐步从对利率的直接调控向间接调控转化。利率作为重要的经济杠杆,在国家宏观调控体系中将发挥更加重要的作用。

【案例分析7-3】

中国人民银行就调整人民币存贷款基准利率答记者问

问:本次调整人民币存贷款基准利率的主要内容是什么?何时开始实施?

答:本次调整人民币存贷款基准利率的主要内容:一是1年期存款基准利率由现行的3.87%上调至4.14%,上调0.27个百分点;活期存款基准利率由现行的0.81%下调至0.72%,下调0.09个百分点;其他档次存款基准利率相应调整。二是1年期贷款基准利率由现行的7.29%上调至7.47%,上调0.18个百分点;5年期以上贷款基准利率保持不变;其他档次贷款基准利率相应上调0.09个百分点。上述政策自2007年12月21日起实施。

问:调整人民币存贷款基准利率出于什么考虑?

答:2007年以来,宏观经济保持了较快发展的势头,受食品、能源等结构性因素的影响,居民消费物价指数不断攀升,通货膨胀压力有所加大。为此,中国人民银行加大了公开市场操作力度,先后10次上调商业银行存款准备金率,5次上调金融机构人民币存贷款基准利率,对于抑制货币信贷过快增长发挥了积极作用。

在国内物价水平存在上涨压力、国际环境趋于复杂的背景下,为引导公众通胀预期,发挥价格杠杆的调控作用,中国人民银行决定再次上调金融机构存贷款基准利率。此次利率调整,有利于贯彻从紧的货币政策,有利于防止经济增长由偏快转为过热,有利于防止物价由结构性上涨演变为明显的通货膨胀。

问:此次利率调整中,存款利率调整有什么特点?

答:此次利率调整,1年以内定期存款利率上调幅度较大,其中,3个月期存款利率上调0.45个百分点,6个月期存款利率上调0.36个百分点,活期存款利率小幅下调0.09个百分点。

由于活期存款的主要功能是用于即期支付结算,上述调整有利于引导居民等各类经济主体更多地存放短期定期存款,在保持存款流动性的同时,可以较快地得到更多的收益,提高应对物价上涨的能力。

资料来源:中国人民银行网站,2007-12-20。

要求:根据上述资料,分析中央银行调整人民币存贷款基准利率的动机。

分析:在我国利率还没有实现市场化阶段,直接规定存款类金融机构的存贷款利率是中央银行实施货币政策的一个重要手段。在经济过热和通货膨胀压力较大时,中央银行会采取加息政策,反之则会采取降息手段刺激经济。

4)公开市场业务政策

公开市场业务是西方发达国家中央银行的主要货币政策工具,通过吞吐基础货币,调节市场流动性来实现。我国的公开市场操作分为人民币公开市场操作和外汇公开市场操作两部分。公开市场业务的工具为国债、其他政府债券和外汇。外汇公开市场操作于1994年3月启动,人民币公开市场操作于1998年5月26日恢复交易,规模逐步扩大。1999年以来,公开市场操作已成为中国人民银行货币政策日常操作的重要工具,对于调控货币供给量、调节商业银行流动性水平、引导货币市场利率走势发挥了积极的作用。

中国人民银行从1998年开始建立公开市场业务一级交易商制度,选择了一批能够承担大额债券交易的商业银行等金融机构作为公开市场业务的交易对象,这些交易商可以运用国债、政策性金融债券等作为交易工具与中国人民银行开展公开市场业务。从交易品种看,中国人民银行公开市场业务债券交易主要包括回购交易、现券交易和发行中央银行票据。其中回购交易分为正回购和逆回购两种,正回购为中国人民银行向一级交易商卖出有价证券,并约定在未来特定日期买回有价证券的交易行为,正回购为中央银行从市场收回流动性的操作,正回购到期则为中央银行向市场投放流动性的操作;逆回购为中国人民银行向一级交易商购买有价证券,并约定在未来特定日期将有价证券卖给一级交易商的交易行为,逆回购为中央银行向市场投放流动性的操作,逆回购到期则为中央银行从市场收回流动性的操作。现券交易分为现券买断和现券卖断两种,前者为中央银行直接从二级市场买入债券,一次性地投放基础货币;后者为中央银行直接卖出持有债券,一次性回笼基础货币。中央银行票据即中国人民银行发行的短期债券,中央银行通过发行中央银行票据可以回笼基础货币,中央银行票据到期则体现为投放基础货币。

【知识链接7-2】

中国人民银行可以运用的货币政策工具

《中华人民共和国中国人民银行法》第二十三条规定:

中国人民银行为执行货币政策,可以运用下列货币政策工具:

(一)要求银行业金融机构按照规定的比例交存存款准备金;

(二)确定中央银行基准利率;

(三)为在中国人民银行开立账户的银行业金融机构办理再贴现;

(四)向商业银行提供贷款;

(五)在公开市场上买卖国债、其他政府债券和金融债券及外汇;

(六)国务院确定的其他货币政策工具。

中国人民银行为执行货币政策,运用前款所列货币政策工具时,可以规定具体的条件和程序。

5)汇率政策

我国的汇率机制主要经历了以下两个时期的变化：

(1)1994 年以前的人民币汇率形成机制。新中国成立以来至改革开放前,在传统的计划经济体制下,人民币汇率由国家实行严格的管理和控制。根据不同时期的经济发展需要,改革开放前我国的汇率体制经历了新中国成立初期的单一浮动汇率制(1949—1952 年)、单一固定汇率制(1953—1972 年)和布雷顿森林体系后以"一篮子货币"计算的单一浮动汇率制(1973—1980 年)。

十一届三中全会以后,我国进入了向社会主义市场经济过渡的改革开放新时期。为鼓励外贸企业出口的积极性,我国的汇率体制从单一汇率制转为双重汇率制,经历了官方汇率与贸易外汇内部结算价并存(1981—1984 年)和官方汇率与外汇调剂价格并存(1985—1993 年)两个汇率双轨制时期。

(2)1994—2005 年的人民币汇率形成机制。1993 年 12 月,国务院颁布了《关于进一步改革外汇管理体制的通知》,采取了一系列重要措施,具体包括:实现人民币官方汇率和外汇调剂价格并轨;建立以市场供求为基础的、单一的、有管理的浮动汇率制;取消外汇留成,实行结售汇制度;建立全国统一的外汇交易市场等。

1994 年 1 月 1 日,人民币官方汇率与外汇调剂价格正式并轨,我国开始实行以市场供求为基础的、单一的、有管理的浮动汇率制。企业和个人按规定向银行买卖外汇,银行进入银行间外汇市场进行交易,形成市场汇率。中央银行设定一定的汇率浮动范围,并通过调控市场保持人民币汇率稳定。实践证明,这一汇率制度符合中国国情,为中国经济的持续、快速发展,为维护地区乃至世界经济金融的稳定作出了积极贡献。

1997 年以前,人民币汇率稳中有升,海内外对人民币的信心不断增强。但此后由于亚洲金融危机爆发,为防止亚洲周边国家和地区货币轮番贬值使危机深化,中国作为一个负责任的大国,主动收缩了人民币汇率浮动区间。随着亚洲金融危机的影响逐步减弱,近年来我国经济持续、平稳较快发展,经济体制改革不断深化,金融领域改革取得了新的进展,外汇管制进一步放宽,外汇市场建设的深度和广度不断拓展,为完善人民币汇率形成机制创造了条件。

我国经常项目和资本项目双顺差的持续扩大,加剧了国际收支失衡。2005 年 6 月末,我国外汇储备达到 7 110 亿美元。2005 年以来,对外贸易顺差迅速扩大,贸易摩擦进一步加剧。适当调整人民币汇率水平,改革汇率形成机制,有利于贯彻以内需为主的经济可持续发展战略,优化资源配置;有利于增强货币政策的独立性,提高金融调控的主动性和有效性;有利于保持进出口基本平衡,改善贸易条件;有利于保持物价稳定,降低企业成本;有利于促使企业转变经营机制,增强自主创新能力,加快转变外贸增长方式,提高国际竞争力和抗风险能力;有利于优化外资结构，提高利用外资质量；有利于充分利用"国际国内两种资源"和"国际国内两个市场"，提高对外开放的水平。

2005年7月21日国务院启动了完善人民币汇率形成机制改革。改革的内容是人民币汇率不再钉住单一美元，而是按照我国对外经济发展的实际情况，选择若干种主要货币，赋予相应的权重，组成一个货币篮子。同时，根据国内外经济金融形势，以市场供求为基础，参考一篮子货币计算人民币多边汇率指数的变化，对人民币汇率进行管理和调节，维护人民币汇率在合理均衡水平上的基本稳定。根据对汇率合理均衡水平的测算，人民币对美元即日升值2%，即1美元兑8.11元人民币。

近年来，在国务院领导下，人民币汇率形成机制改革的准备措施逐步到位：一是国有商业银行重组改制取得重大进展，农村信用合作社改革试点顺利铺开，证券公司风险处置工作稳步推进，金融机构应对汇率风险的能力明显增强。二是金融市场不断向纵深发展。人民币货币市场、债券市场、股票市场和外汇市场建设取得长足进步，外汇市场交易品种不断丰富，远期结售汇业务等可为企业规避汇率风险的工具逐步推广。三是减少不必要的外汇管制，进一步放宽资本项目以及对个人和企业经常项目下交易的限制。

知识题

7.1 货币政策目标有哪些？其内在关系如何？

7.2 一般性货币政策工具有哪些？其作用特点如何？

7.3 主要的选择性货币政策工具有哪些？其调控的重点是什么？

7.4 为什么我国货币政策目标只能有一个重点？

7.5 我国的货币政策工具有哪些？其特点如何？

7.6 货币政策的类型有哪些？其功能是什么？

案例题

周小川：继续改进流动性管理　保证流动性充分供应

新华网北京10月26日电（记者邹声文、崔静）　中国人民银行行长周小川26日表示，下一阶段，人民银行将继续改进流动性管理，保证市场流动性充分供应，引导货币信贷合理投放。

受国务院委托，周小川当日上午向全国人大常委会报告了2007年12月中央经济工作会议以来加强金融宏观调控的有关情况。他指出，针对2007年经济出现过热苗头、物价上涨压力加大的状况，根据中央经济工作会议精神，为了防止经济增长由偏快转向过热、防止价格由结构性上涨演变为明显通货膨胀,实施了从紧的货币政策,加强流动性管理,引导货币信贷合理增长,维护总量平衡。

他指出,2008年下半年以来,鉴于国内外经济运行中的新情况,金融调控及时增强了灵活性和针对性,灵活运用公开市场操作、利率、存款准备金率等工具,适当调增信贷总量,并坚持区别对待、有保有压,把总量微调与结构优化结合起来,引导新增信贷资源向重点领域和经济薄弱环节倾斜。

他指出,当前货币信贷增长基本平稳。2008年9月末,广义货币供给量M2同比增长15.3%;前三季度贷款增加3.5万亿元,同比多增1 201亿元。

在谈到下一步金融宏观调控工作时,周小川表示,将结合国际收支变化情况,灵活运用公开市场操作和存款准备金率等政策工具,将银行体系流动性保持在合理水平;制定完善银行体系流动性支持应急预案,应对国际金融危机对我国银行体系流动性可能产生的不利影响。

此外,还将加强窗口指导和信贷政策指引,优化信贷结构。引导金融机构进一步改进金融服务,根据实体经济的有效需求调整信贷投放的节奏和力度。同时将总量调整和结构优化相结合,在商业可持续的原则下加大对"三农"、就业、服务业、中小企业、自主创新、节能环保等经济重点领域和薄弱环节的信贷支持。加强对信贷投向的监测指导,确保贷款投向符合信贷政策要求。

要求:根据上述资料,分析2007年在物价上涨过快的情况下,中央银行采取的货币政策,以及2008年末,为应对金融危机对我国经济的影响,中央银行采取的货币政策。

提示:2007年实行紧缩性的货币政策,2008年末实行适度宽松的货币政策。

实训题

实训项目:了解三大货币政策工具。

实训目的:了解法定存款准备金政策、再贷款和再贴现、公开市场操作三大货币政策工具的基本内容,了解三大货币政策工具的实施对宏观经济的具体影响。

实训步骤:(1)由教师指导,课堂讨论三大货币政策工具的基本内容;

(2)分组查找资料,了解2007—2009年我国针对不同的宏观经济形式,分别采取了三大货币政策工具中的哪一种,并取得何种效果;

(3)根据所掌握的资料,分组讨论、发言;

(4)最后指导老师根据学生的讨论与发言,进行总结并得出结论。

第8章 通货膨胀与通货紧缩

学习目标

在学习完本章之后,你应该能够:了解通货膨胀和通货紧缩的定义和衡量;明确通货膨胀和通货紧缩产生的原因;熟知通货膨胀和通货紧缩对社会经济的影响;掌握治理通货膨胀和通货紧缩的各种政策措施。

【引例】

全年 CPI 涨幅4.5% ~4.6%

中国国家统计局局长谢伏瞻22日在清华大学表示,中国的消费者价格指数(CPI)月度同比涨幅可能要在6%左右持续一段时间,预计今年全年CPI涨幅4.5% ~4.6%,总体上属于温和通胀,仍处于可承受区间。谢伏瞻指出,除食品价格上涨外,原油价格上涨也带动了工业品价格上涨。此外,有色金属、铁矿石价格上涨及工资水平上涨,也是推动物价上涨的重要因素。谢伏瞻认为,稳定宏观经济要控制总量,综合运用货币政策和财政政策,使经济增长速度有序缓慢地回落到10%左右的合理区间;短期内实行适度从紧的宏观经济政策,更多利用货币政策控制流动性,防止信贷和投资过快增长。

资料来源:王光平,《国家统计局局长谢伏瞻:全年CPI涨幅4.5% ~4.6%》,载《中国证券报》,2007-11-23。

这一资料表明:通货膨胀表现为物价水平的普遍上涨,通货膨胀可以用消费者价格指数(CPI)来衡量,当通货膨胀较高、超过社会可承受区间时,政府会采取各种措施,主要是货币政策和财政政策来抑制通货膨胀。

8.1 通货膨胀的定义与衡量

8.1.1 通货膨胀的定义

1)通货的概念

研究通货膨胀的概念,应该先了解通货的概念。所谓通货,指的就是流通中的货币。通货作为流通中的货币,泛指一切在流通领域内可以行使流通手段和支付手段职能的货币。因此,现代经济中流通中的货币既包括现金,即硬币和纸币,也包括银行存款,特别是活期银行存款。

2)通货膨胀的定义

通货膨胀是指在纸币流通条件下,流通中的货币量超过了流通中的货币实际需求量,并由此引起的货币贬值、一般物价水平上涨的经济现象。

在对通货膨胀的理解中,应该着重把握以下几点:

(1)通货膨胀产生的前提条件是纸币流通。比如在完全以金币作为流通货币的社会里,不可能发生通货膨胀,因为金币本身具有内在价值,当流通中的金币过多时,多余的金币会自动退出流通,成为贮藏货币。因此,金币可以通过贮藏手段的蓄水池作用,自发地调节其流通量,使之与现实的商品流通量相适应。

(2)通货膨胀的形式是物价上涨,但物价上涨不一定就是通货膨胀。虽然通货膨胀与物价上涨紧密联系,但二者却不能等同。引起物价上涨的因素很多,除了通货过量会引起通货膨胀以外,还有其他的因素,如有些商品本身价值的提高、个别垄断行业为获取高额利润人为提价、有的商品供求关系发生变化等,这些因素引起的物价上涨不属于通货膨胀范畴。所以通货膨胀必然表现为物价上涨,但物价上涨不一定就是通货膨胀。

(3)通货膨胀表现为一般物价水平的上涨。一般物价水平的上涨是商品价格普遍而又持续的上涨,因而那些局部的、个别的商品价格上涨以及季节性的、暂时性的物价上涨都不是通货膨胀。

(4)通货膨胀与纸币膨胀的区别。通货膨胀的前提是纸币流通,但纸币的过量发行并不一定就会引起通货膨胀,因为纸币只是通货的一个重要组成部分,如果通货的另外一个重要组成部分,即银行存款,特别是银行活期存款没有相应增加,全社会的通货总量可能仍然没有超过必要的货币量,因而不会发生通货膨胀。也可以这样认为,纸币发行量虽然没有增加,但纸币之外的银行存款,特别是活期存款增加,也会使流通中的货币总量超过流通中所需要的货币量,同样会引起通货膨胀。

【小思考 8-1】

北方大雪致蔬菜涨价

全国农副产品和农资价格行情系统监测,与前一日相比,蔬菜全国均价整体上涨,受降雪影响,河北、天津、山西、河南、陕西等地菜价涨幅居前,预计随着降雪天气的持续,包括蔬菜在内的鲜活农产品价格短期将继续上涨。根据上述资料,我们是否就能得出已经发生通货膨胀的结论呢?

答:不能。通货膨胀表现为物价总水平的持续上涨,因此受大雪影响而导致的部分地区、部分商品(蔬菜)的短时间内的涨价不能认为已经发生了通货膨胀。

8.1.2 通货膨胀的测量指标

通货膨胀表现为一般物价水平的上涨,因此通货膨胀的测量指标就是围绕着价格变动来设计的,通常以物价指数来表达。我国现在使用最广泛的两种物价指数就是消费者价格指数和生产者价格指数。

1)消费者价格指数

消费者价格指数(Consumer Price Index,简称 CPI)是世界各国普遍编制的一种指数,它可以用于分析市场价格的基本动态,是政府制定物价政策和工资政策的重要依据。

(1)消费者价格指数的定义。消费者价格指数是根据与居民生活有关的商品及劳务价格而统计出来的物价变动指标,通常作为观察通货膨胀水平的重要指标。消费者价格指数追踪一定时期的居民生活成本以计算通货膨胀。

【知识链接 8-1】

我国如何编制 CPI

我国的消费价格指数由国家统计局负责编制,全国按统一的调查方案开展消费价格调查。目前,国家统计局在 31 个省(自治区、直辖市)设立调查总队,各省(区、市)调查总队负责辖区各市县的价格调查,同时编制本省的消费价格指数。

我国消费者价格指数的商品按用途划分为八大类,即食品、烟酒及用品、衣着、家庭设备用品及维修服务、医疗保健及个人用品、交通和通讯、娱乐教育文化用品及服务、居住。根据近 13 万户城乡居民家庭(城镇近 6 万户,农村近 7 万户)的消费习惯,在这八大类中选择了 262 个基本分类,每个基本分类下设置一定数量的代表规格,目前约有 600 种左右的商品和服务项目的代表规格,作为经常性调查项目。

消费者价格指数要根据市场上的实际商品价格来计算,市场上的商品和服务项目数量繁多,在编制价格指数时不可能、也没必要把全部商品都纳入指数计算。因此,要选择一部分有代表性的商品和服务来代表全部的商品和服务,也就是从众多的不同的产地、规格、等级、牌号、花色的商品中抽选一部分,这部分商品和服务又称为规格品。例如,彩电、冰箱等家用电器,既有国产商品、国外产品之分,又有海尔、长虹等不同品牌、不同型号之分,只能从中选择一个或几个价格变动趋势和幅度有代表性的商品作为该基本分类的代表规格品,借以反映该基本分类内全部商品的价格变动趋势和程度。

(2)消费者价格指数的应用。具体表现为:

其一,反映通货膨胀状况。通货膨胀的严重程度是用通货膨胀率来反映的,它说明了一定时期内商品价格持续上升的幅度。通货膨胀率一般以消费者价格指数来表示。

【知识链接8-2】

表8-1　　我国历年CPI的涨幅情况

年　份	CPI涨幅	年　份	CPI涨幅	年　份	CPI涨幅	年　份	CPI涨幅
1980	7.5%	1993	14.7%	1998	-0.8%	2003	1.2%
1985	9.3%	1994	24.1%	1999	-1.4%	2004	3.9%
1990	3.1%	1995	17.1%	2000	0.4%	2005	1.8%
1991	3.4%	1996	8.3%	2001	0.7%	2006	1.5%
1992	6.4%	1997	2.8%	2002	-0.8%	2007	4.8%

资料来源:国家统计局,《中国统计年鉴2008》,2008(9)。

其二,反映货币购买力变动。货币购买力是指单位货币能够购买到的消费品和服务的数量。消费者价格指数上涨,货币购买力则下降;反之则上升。消费者价格指数的倒数就是货币购买力指数。

其三,反映对职工实际工资的影响。消费者价格指数的提高意味着实际工资的减少,消费者价格指数的下降意味着实际工资的提高。

【小思考8-2】

商品房为什么不算消费?

2006年和2007年,我国商品房销售价格上涨很快,但是国家统计局公布的消费者价格指数(CPI)涨幅却不大,这是为什么?

答:目前我国编制的CPI指数包括八大类消费品,每一类有一个权重,这个权重是根据居民消费结构,即消费支出所占的比重来确定的。在八大类消费品中,第八类是住房价格。这里的住房价格主要是租房价格,而不是商品房价格。根据国民经济核算分类,商品房购买属于投资行为,而CPI关注的是消费,只能反映与居民即期消费密切相关的消费品及服务项目的价格变动,不必要,也不可能反映房地产和股票等资产类价格的变动。不将商品房(资产)价格纳入CPI统计范畴,不代表 CPI 不反映居住类(消费)价格的变化,而主要是通过建房和装修材料价格的变化、房租的变化、房贷利率和物业费的变化,以及水电、燃料价格的变化来反映居住类价格的变化情况。

2)生产者价格指数

生产者价格指数(Producer Price Index,简称 PPI),是从生产者方面考虑的物价指数,与 CPI 不同,PPI 反映的是企业的生产成本,即企业为了生产而采购的原料或半成品等商品的价格变动的一种价格指数。

生产者价格指数的上涨反映了企业生产成本的增加,这些增加的生产成本必然会部分转嫁到消费者身上,使得消费者的生活成本提高,导致 CPI 上涨,因此生产者价格指数是衡量通货膨胀的潜在性指标。

8.1.3 通货膨胀程度的衡量

通货膨胀指的是一般物价水平的上涨,但是物价水平上涨的幅度有大有小,因此通常按通货膨胀的轻重程度将其分为温和的通货膨胀、严重的通货膨胀和恶性的通货膨胀三种类型。

1)温和的通货膨胀

温和的通货膨胀是指一般物价水平按照不太大的幅度持续上升的通货膨胀。一般年通货膨胀率为 2% ~4%,不过对此难以规定一个准确的界限,现在许多经济学家认为通货膨胀率在 10% 以下即可认为是温和的通货膨胀。

甚至有一些经济学家认为,在经济发展过程中,温和的通货膨胀可以刺激经济的增长,因为提高物价可以使厂商多得一点利润,刺激厂商投资的积极性。他们认为,如果通货膨胀率能控制在 5% 以内,则物价上涨就像润滑油一样能刺激经济的发展,这就是所谓的“润滑油政策”。

2)严重的通货膨胀

严重的通货膨胀是一种不稳定的、迅速恶化的、加速的通货膨胀。在这种通货膨胀发生时,通货膨胀率较高,一般达到两位数以上,所以在这种通货膨胀发生时,货币的购买力迅速大幅下降,人们对货币的信心产生动摇,经济社会产生动荡,这是一种较危险的通货膨胀。

而且人们往往预期物价水平还将进一步上涨,因而采取各种措施纷纷抢购商品,使通货膨胀加剧,如果不采取有力的反通货膨胀措施,就有可能发展成为失控的恶性的通货膨胀。

3)恶性的通货膨胀

恶性的通货膨胀也称为极度的通货膨胀、超速的通货膨胀。这种通货膨胀一旦发生,通货膨胀率非常高,一般达到三位数以上,而且完全失去控制,其结果是导致社会物价持续飞速上涨,货币大幅度贬值,人们对货币彻底失去信心。这时整个社会金融体系处于一片混乱,正常的社会经济关系遭到破坏,最后容易导致社会崩溃,政府垮台。这种通货膨胀在经济发展史上是很少见的,通常发生于战争或社会大动乱之后。

8.2 通货膨胀的类型及其对社会经济的影响

8.2.1 通货膨胀的类型

通货膨胀的原因较为复杂,按原因不同,通货膨胀可以分为以下几种类型:

1)需求拉动的通货膨胀

需求拉动的通货膨胀是指总需求过度增长所引起的通货膨胀。总需求的过度增长表现为过旺的投资和消费所导致的持续的货币供给量的增长超过社会商品可供量的增长,因而又称“过量需求通货膨胀”,即“太多的货币追逐太少的商品”。按照凯恩斯的解释,如果总需求大于总供给,此时,由于劳动和设备已经充分利用,要使产量再增加已经不可能,因而过度的需求引起了物价水平的普遍上升。

2)成本推动的通货膨胀

成本推动的通货膨胀又称为供给型通货膨胀,和需求拉动的通货膨胀不同,它是由于成本或供给方面的原因形成的通货膨胀,这些原因大致包括工资过度上涨、利润过度增加等。

工资推动的通货膨胀是由于工资过度上涨所造成的成本增加而推动价格总水平上涨。工资上涨使得企业的生产成本增长,在既定的价格水平下,企业愿意并且能够供给的数量减少。在完全竞争的劳动市场上,工资完全由劳动力的供求均衡所决定,但是在现实经济中,劳动力市场往往是不完全的,强大的工会组织的存在往往可以使得工资过度增加。如果工资的增长超过了劳动生产率的提高,则提高工资就会导致成本增加,从而导致一般价格总水平上涨,而且这种通货膨胀一旦开始,还会引起“工资—物价螺旋式上升”,工资物价互相推动,导致严重的通货膨胀。

利润推动的通货膨胀是指企业为谋求更大的利润而导致的一般价格总水平的上涨。与工资推动的通货膨胀一样,具有市场支配力的垄断和寡头企业可以通过提高产品的价格而获得更高的利润。与完全竞争市场相比,不完全竞争市场上的企业可以通过降低生产数量而提高价格,以便获得更多的利润。一般认为,利润推动的通货膨胀比工资推动的通货膨胀要弱,原因在于,企业由于面临着市场需求的制约,提高价格会受到自身要求最大利润的限制,而工会推动货币工资上涨则是越多越好。

3)供求混合型通货膨胀

在实际经济生活中,造成通货膨胀的原因往往并不是需求或供给单一的因素,而是需求和供给两方面的原因同时推动一般价格水平上涨,这就是供求混合型通货膨胀。假设通货膨胀是由需求拉动开始的,即过度的需求增加导致价格总水平上涨,价格总水平的上涨又成为工资上涨的理由,工资上涨又形成成本推动的通货膨胀。

4)预期的通货膨胀

在实际中,一旦形成通货膨胀,便会持续一段时期,这种现象称为"通货膨胀惯性"。对通货膨胀惯性的一种解释是人们会对通货膨胀作出相应的预期。

预期是人们对未来经济变量作出的一种估计。人们往往会根据过去的通货膨胀的经验和对未来经济形势的判断,作出对未来通货膨胀走势的判断和估计,从而形成对通货膨胀的预期。

预期对人们经济行为有重要的影响,人们对通货膨胀的预期会导致通货膨胀具有惯性。如人们预期的通胀率为10%,在订立有关合同时,厂商会要求价格上涨10%,而工人与厂商签订合同也会要求增加10%的工资,这样,在其他条件不变的情况下,每单位产品的成本会增加10%,从而使得通货膨胀率按10%持续下去。

【知识链接8-3】

理性预期

理性预期(Rational Expectations),或者理性预期假说(Rational Expectation Hypothesis),是指针对某个经济现象(例如市场价格)进行预期的时候,如果人们是理性的,那么他们会最大限度地利用所得到的信息来作出行动而不会犯系统性的错误,因此,一般来说,人们的预期应该是准确的。

5)结构型通货膨胀

结构型通货膨胀是指由于社会经济部门结构失衡而引起的物价普遍上涨。这种类型的通货膨胀一般在发展中国家较为突出。其产生的一个原因是对某些大宗关键产品需求过多而供给不足,导致价格猛涨,并且只涨不跌,进而影响到其他部门产品的价格,从而使一般物价水平持续上涨;另一个原因是国内各部门劳动生产率发展不平衡,导致劳动生产率提高较快的部门货币工资增长后,其他部门的货币工资也会随之增长,引起价格上涨,从而使一般物价水平普遍上涨。

6)输入型通货膨胀

输入型通货膨胀是指由于从国外进口的商品价格上涨而引起国内物价的普遍上涨。这种类型的通货膨胀一般出现在发生世界性通货膨胀时,并通过国际贸易等途径在国际间传播。

【案例分析8-1】

俄罗斯2007年通货膨胀率超过11%

新华网莫斯科12月12日专电(记者耿锐斌) 俄罗斯经济发展和贸易部发言

人 12 日说，截至 12 月 10 日，俄今年的通货膨胀率已达到 11.1%。

俄经济发展和贸易部副部长别洛乌索夫近日向媒体表示，2007 年俄罗斯通胀率将超过 11.5%，但预计不会高于 12%。俄政府年初确定的目标是在 2007 年将这一指标控制在 8% 以内。10 月份，俄罗斯粮食价格开始大幅上涨，俄政府不得不对全年通胀率预期进行调整。

俄副总理兼财政部长库德林把高通胀率的主要原因归结为世界粮食价格上涨、国内食品生产能力有限、货币供给增长速度过快等。

俄经济发展和贸易部认为，政府出台的一系列抑制通胀的措施已取得明显效果。俄联邦政府 10 月下旬与国内约 30 家生产商、连锁经销商和行业协会达成关于稳定 6 种主要食品价格的协议。根据协议，到今年年底，这些商品的价格将保持在不高于 10 月 15 日的水平。随后，俄各地政府也在当地推出了类似办法。此外，俄罗斯政府还采取了一系列关税措施，如对小麦等农产品征收高额出口税、放宽肉类产品的进口限制等。

要求：根据上述资料，分析俄罗斯 2007 年发生通货膨胀的原因。

分析：俄罗斯 2007 年发生通货膨胀的原因主要包括世界粮食价格上涨、国内食品生产能力有限、货币供给增长速度过快等。

8.2.2 通货膨胀对社会经济的影响

关于通货膨胀对社会经济的影响，经济学家的看法并不一致，形成了所谓的促进论、促退论和中性论，即有的认为通货膨胀可以促进经济增长，有的认为通货膨胀损害经济增长，还有的认为通货膨胀既不会促进经济增长也不会对经济产生损害。但根据世界各国通货膨胀产生的最终影响来看，长期的、严重的通货膨胀破坏了经济增长，加剧了社会动荡，是任何政府都不能承受的。

通货膨胀对社会经济的影响主要体现在以下几个方面：

1）收入及财富重新分配

通货膨胀对于收入相对固定者将产生较大损害。对于普通工薪阶层、领取退休金或者养老保险金者，由于收入相对固定，或者即使收入增加，但增加的速度一般也是慢于物价上涨速度，因此，通货膨胀使得他们即使名义收入有所上升，但实际收入却下降，因此生活质量相对下降。

通货膨胀对财富的分配主要体现在通货膨胀对货币性资产购买力的侵蚀。通常人们的财富分为以现金、银行存款为代表的货币性财富和以房产、贵金属等为代表的物质性财富。通货膨胀使得大量持有现金及银行存款的群体遭受较大的损失，而房产或者黄金价格一般能够随物价上涨而上升，甚至在通货膨胀阶段，由于人们为了保值大量购买这些资产，使得这些资产的价格涨幅超越物价涨幅，因而持有这些资产的群体几乎没有遭受损失甚至可能从通货膨胀中获益。

此外,通货膨胀对财富的分配还体现在债权人和债务人身上。如果债务合同是按固定利率支付利息的,没有随物价上涨而提高利率,对于债权人来说,未来获得的本金和利息由于受通货膨胀影响,其购买力已大幅下降,相当于债权人的财富转移给债务人。通常政府是债务人,政府一般都发行了大量的政府债券,如国债,因此通货膨胀对政府而言是有益的,通货膨胀相对地减少了政府的债务负担,因此通货膨胀通常又被认为是政府向其债券持有者征税,即所谓的"通货膨胀税"。

【小思考8-3】

通货膨胀对货币购买力损害的测量

我们可以通过一个例子来说明通货膨胀对货币购买力的损害。比如某储户一年前存入银行1万元定期存款,现在到期。已知银行的年存款利率为3%,而该年的通货膨胀率为5%。该储户现在支取的本金和利息之和虽然大于1万元,但由于通货膨胀的存在,其货币实际购买力反而低于一年前的1万元。那么现在支取的本金和利息购买力相当于一年前的多少呢?

答:该笔存款到期支取的本息和为 $1+1\times3\%=1.03$ 万元;考虑到通货膨胀的影响,现在的1.03万元只相当于一年前的 $1.03/1.05=0.98$ 万元。

2)资源分配扭曲

在市场经济条件下,价格机制引导资源分配,使各种生产要素都能最有效地发挥其功能。在通货膨胀期间,尤其是不可预期的通货膨胀下,生产要素、商品及劳务的相对价格随之变动,价格信号的紊乱导致资源分配被扭曲,并造成资源浪费的后果。例如,在通货膨胀期间,人们认为房地产能保值增值,大量的资金涌入房地产行业,造成其他生产领域资金相对不足;同时由于房屋的过度供给,形成房地产泡沫,一旦宏观经济环境改变,房屋空置、土地闲置便不可避免,导致资源严重浪费。

【案例分析8-2】

钻石黄金真能保值?

人们一般认为,因为通货膨胀,持有货币会不断地贬值,而黄金是保值的。黄金真能保值吗?记得老人们说过,在100年前,五两黄金就可以在北京买个四合院儿,在上海买栋石库门。最近黄金猛涨到一千美金一盎司,五两相当于80盎司,那就是8万美金,合55万元人民币,别说买个四合院儿了,连买个四合院儿里给保姆住的小房间都不够了。

借用一位经济学家在《华尔街日报》上所说的:我认为目前的金价是个大泡沫,"不相信我?那就试试吧:2038年金价会是每盎司多少美元?你相信届时金价会突破每盎司3 500美元?"如果突破不了的话,其回报很可能根本无法超过通胀率,也就是说,既不能保值,更不能增值。

非但钻石、黄金不能保值,名画、古玩也同样不能保值。最近,美国一位著名画家的三幅现代画,拍出了百万美元以上的高价,后来才透露出,其中有两幅画是他女儿四五岁时的涂鸦之作,还有一幅画则更离谱,是家里一条小狗的大作！前些日子炒得沸沸扬扬的圆明园兽首拍卖事件,一位收藏家披露说,十多年前他曾经收藏过一个兽首,是在一个跳蚤市场花 2 千美金买来的。

除了名画和古玩,像名表劳力士、名车劳斯莱斯、名包 LV 等等,它们的卖价远远超过其真实的价值,也就是说,那些东西的“价值”在于下一个买家愿意出多少钱来接手。如果有闲钱买来把玩儿一下倒也无妨,但它们本身无法带来收益,所有的收益都取决于下一个买家。指望保值增值,那就和我们小时候玩过的击鼓传花一样,得祈祷下一个傻瓜出现了。

资料来源:陈思进,《钻石黄金真能保值?》,载《世界周刊》,2009(7)。

要求:根据上述资料,我们知道,通过投资钻石与黄金也很难战胜通货膨胀,分析人们为了战胜通货膨胀、避免通货膨胀对收入和财富的损害,到底采用什么样的手段比较恰当。

分析:在信用货币体制下,通货膨胀是常态,是一个不可避免的经济现象,它无时无刻不在侵蚀着人们的收入和财富。通常认为,投资于实物性的商品,如黄金、房产等能部分规避通货膨胀的影响,此外投资于长期股票也被证明是抵御通货膨胀较好的途径。

3)经济增长受阻

直到 20 世纪 60 年代初期,大部分经济学家都相信,因需求拉动而产生的温和通货膨胀可产生促进经济增长的作用,其主要理由在于通货膨胀对收入的重新分配。在通货膨胀过程中,企业分配的利润一般会相对提高,因而刺激企业家的投资意愿,进而带动经济增长。后来人们发现情况并非总是如此。一方面,由于通货膨胀具有惯性和自我加速作用,通货膨胀开始时都是比较温和的,但如果不及时消除,就会愈演愈烈,导致恶性通货膨胀,这种恶性通货膨胀甚至有可能导致经济和社会的崩溃;另一方面,通货膨胀使得资源分配扭曲,出口价格提高导致出口萎缩,使得国际收支恶化,最终政府不得不采取紧缩性的反通货膨胀政策,反而对经济增长造成相当不利的影响。

4)冲击经济和社会稳定

在通货膨胀严重时,生产盲目发展,需求过度,政府不得不采取紧缩性政策,减少投资,减少通货,这可能会导致经济衰退或经济萧条,失业率增加。于是政府又不得不刺激经济,以解决失业问题,但又导致新的通货膨胀的产生。同时,在高通货膨胀阶段,公众和企业根本无法准确预期未来的物价走势,妨碍消费和投资的正常进行。这些都对经济的稳定造成冲击。

通货膨胀不仅影响经济的稳定,也会对社会的稳定造成冲击。通货膨胀会导致不公平的收入和财富分配，激化社会矛盾，引起社会各阶层的对立。受到通货膨胀不利影响的群体期望政府能够有效控制通货膨胀，一旦期望落空，有可能导致政治危机和社会动乱。

8.3 通货膨胀的治理

通货膨胀对社会、经济、政治都会产生不利影响，严重的通货膨胀还会引发政局动荡、信用制度崩溃等危机，因此，各国政府都十分重视通货膨胀的治理。实践中治理通货膨胀的对策主要有以下几种：

8.3.1 紧缩性的财政政策和货币政策

财政政策和货币政策是最基本的宏观经济政策，也是治理通货膨胀的重要手段。按照需求拉动的通货膨胀理论，通货膨胀是由于总需求超过总供给而造成的，要消除通货膨胀就必须压缩总需求，压缩总需求的有效途径就是采取紧缩性的财政政策和货币政策。

1）紧缩性的财政政策

财政政策是一通过调节财政收入和财政支出水平以实现既定的宏观经济目标的政策。运用财政政策抑制通货膨胀有以下几种措施：

（1）增加税收。增加税收，既可以增加政府财政收入，弥补财政赤字，减少因财政赤字而导致的过量货币发行，又可以直接减少企业和个人的利润、收入，从而减少公众和企业的消费和投资支出，控制总需求的膨胀。

（2）削减财政支出。通过削减政府财政支出，一方面可以减少社会总需求，另一方面可以消除财政赤字，从而达到治理通货膨胀的目的。

（3）发行政府债券。发行政府债券，既可弥补财政赤字，防止通过中央银行贷款来解决财政赤字而导致过量的货币发行，又可利用其挤出效应，即政府支出增加而引起非政府部门的投资和消费减少，来抑制社会总需求。

2）紧缩性的货币政策

通货膨胀一个很重要的特点就是流通中的货币过多，因此紧缩性的货币政策就是减少货币供给量，从而达到抑制通货膨胀的目的。通常采用的紧缩性的货币政策有：

（1）提高再贴现率和再贷款率。中央银行提高再贴现率和再贷款率，可以抑制商业银行向中央银行的贷款需求，紧缩信用，同时也增加商业银行的借款成本，促使其提高贷款利率和贴现率，增加企业资金成本，抑制企业贷款需求，从而抑制投资规模，减少货币供给量。

（2）提高法定存款准备金率。中央银行可以通过提高法定存款准备金率来降低商业银行货币创造能力，从而达到紧缩信贷规模、减少投资、压缩货币供给量的目的。

(3)公开市场操作。中央银行通过公开市场操作向商业银行出售有价证券，如国债和中央银行票据，从而回收商业银行可运用的资金，减少商业银行的贷款量，进而抑制货币供给量。

(4)提高利率。提高贷款利率，可降低企业或居民的贷款需求；提高存款利率，可使更多的现金或活期存款转换为定期存款。这些都可抑制商业银行的货币创造能力，减少货币供给量。不过，以提高利率作为抑制通货膨胀的措施又会带来一些问题：高利率使企业投资减少，导致经济衰退；高利率使企业利息负担加重，生产成本提高，从而导致商品价格提高；高利率吸引外资流入，导致本币坚挺，不利于出口，特别是在通货膨胀情况下，进口本来就旺盛，因此会导致进出口贸易逆差，国债利息支出增加，财政负担加重，财政赤字更难以消除。而这些又可能会导致新一轮通货膨胀。

8.3.2 收入政策

收入政策，又称工资—物价管制政策，是指政府在通货膨胀期间用来限制货币收入水平增长和物价水平增长的经济政策。紧缩性的货币政策和财政政策适用于治理需求拉动型通货膨胀，而收入政策对应成本推动型通货膨胀。

收入政策的主要内容有：

(1)规定工资和物价增长的标准。即确定一个工资和物价增长的客观标准，并以税收为调节手段来实施与推行，遵守者可有减税奖励，违犯者要受增税惩罚。

(2)公布“工资—物价指导线”。政府通过强制说服或施加压力，使企业和工会自愿限制工资与物价的增长幅度。

(3)实行“工资—物价管制”。在通货膨胀比较严重时，政府宣布在一定时期对工资和物价实行强制性的管理，并且在一定时期内不允许做任何变动。

8.3.3 收入指数化

收入指数化的主要内容是把工资和薪金、储蓄和债券的本金和利息、租金、养老金、保险金及各种社会福利、津贴等名义收入同生活费用指数紧密联系起来，使名义收入同消费价格指数直接挂钩，即对各种名义收入实行指数化，使其能按照物价指数的变动随时得到调整，以抵消物价波动对各种实际收入的影响。

在控制工资和物价上涨方面，收入政策有一定作用，但是，无法克服在通货膨胀过程中所带来的收入分配和财富分配效应、资源配置效应。从某些国家的实践看，收入指数化政策有一定的积极作用，主要体现在：

(1)减少相对价格体系中各种价格之间的扭曲与变形，减少资源配置负效应。

(2)抵消物价上涨对人们生活的影响，减少物价上涨给人们的收入和财富造成的损失，减轻社会对通货膨胀的恐惧感。

(3)消除通货膨胀带来的收入分配不公。

8.3.4 增加供给

有的经济学家认为，从长远来看，要想彻底消除通货膨胀，必须增加生产和供给。增加生产意味着增加供给，增加供给可以满足过度的需求，进而消除通货膨胀。他们认为，要增加生产和供给，必须减税，而不是增加税收。为了充分发挥减税刺激供给的积极作用，他们认为政府在减税的同时，还应该削减政府开支，消除财政赤字，同时限制货币发行量，稳定物价。这样，随着商品和劳务供给的增加，就能够彻底治理通货膨胀。而且，从长远看，由于经济增长，政府的税收收入不仅不会减少，反而会比减税前增多。通过这种减税政策，通货膨胀和失业问题都可以得到解决。

8.4 通货紧缩

8.4.1 通货紧缩的概念

通货紧缩是一个与通货膨胀相对应的概念，是指一般物价水平的持续下降。

这种物价持续下降不是由技术进步和劳动生产率的提高而引起的，不是指个别部门和部分产品，也不是存在相对较短的时间，而是在较长时间内，商品和劳务价格普遍地、不断地下降，是物价总水平连续下降的动态过程。

8.4.2 通货紧缩的原因与危害

1)通货紧缩的原因

(1)紧缩性的货币政策与财政政策。通货紧缩通常出现在通货膨胀之后。在通货膨胀阶段，政府采取紧缩性的财政政策和货币政策来治理通货膨胀，提高利率、控制贷款、削减政府开支、限制工资增长等，这一方面有利于控制物价上涨，但另一方面又有可能导致货币供给不足、社会需求萎缩、市场疲软，导致通货紧缩。在实施反通货膨胀政策时，通常会出现通货膨胀势头已得到遏制，但从紧的货币政策和财政政策仍有一定的惯性，或是主管部门未能根据经济状况适时调整政策的情况，这都会对经济造成不利影响。

(2)经济周期性波动。经济的周期性波动是客观规律。在经济高度繁荣阶段，生产能力大量过剩，随着经济衰退阶段的到来，对商品的需求下降，供大于求引起物价下跌，出现周期性通货紧缩。

(3)有效需求不足。当消费者消费意愿不足、企业投资意愿不强时，会导致社会有效需求不足，物价下跌，形成需求不足型通货紧缩。

【知识链接8-4】

有效需求

有效需求，即人们有能力并且愿意购买的需求。其最早应该来源于凯恩斯(Keynes)的经济理论。在大萧条时期，大量的产能由于工人工资低等因素卖不出去，导致全球经济陷入经济危机之中。虽然大萧条始于美国股市崩盘，但与实体经济的联系非常密切。在研究了大萧条之后，凯恩斯提出大萧条的原因是由于需求不足，即有效需求不足。政府应该加大财政支出，也就是通过增加社会需求来恢复经济。凯恩斯的这种观点突破了亚当·斯密的"放任自由"的思想，在20世纪30至70年代十分流行，获得了众多追随者。人们称之为凯恩斯主义。

根据GDP的计算公式 $Y = C + I + G + NX$，需求来源于四个方面，即消费C、投资I、政府采购G、净出口NX。所以，有效需求不足只可能发生在这四个方面。根据凯恩斯主义，有效需求不足主要源于两条基本规律：(1)边际消费倾向小于1，即人们不会把增加的收入全都用来消费。这一条解释了消费不足的原因。(2)资本边际效率长期内递减。这一条解释了投资不足的原因。

所以，政府就只能通过增加G，即政府支出来恢复经济。同时，如果政府采用货币政策，比如多发行货币、降低利率等来促进投资，由于存在"流动性陷阱"，人们的实际投资需求并不会增加很多，所以，凯恩斯认为，最好的办法还是通过增加G来增加国民收入。

(4)经济结构失调。经济中的盲目扩张与投资，可能造成商品和服务供给结构的不合理。一方面许多商品供过于求，价格下跌，另一方面许多商品和服务却购买不到，导致货币收入不能转变为消费和投资，减少了有效需求。

另外，在经济发展的基础上，居民消费经历着由低向高的发展过程，消费结构不断调整。在消费升级过程中往往会出现某些原有种类的消费品相对饱和，销售不旺，同时居民储蓄增加，以备进入下一阶段的高档消费。消费结构产生了变化，若生产结构的调整跟不上，必然形成消费增长放慢，市场需求不旺和物价疲软的现象。

(5)国际市场的冲击。当一个国家的经济和世界市场联系紧密时，如果国际商品市场和金融市场发生动荡，也有可能引起该国发生通货紧缩。比如出口下降和外资流入减少，会导致国内需求减少。另外，国际市场商品价格下跌，会通过进口传导到国内，致使国内商品的价格也随之下跌。

2)通货紧缩的危害

(1)抑制消费与需求，对经济增长不利。在通货膨胀阶段，由于货币购买力不断下降，人们更愿意消费；而在通货紧缩阶段却恰恰相反。在通货紧缩阶段，一方面，虽然名义利率较低，但由于通货膨胀率为负，因此名义利率减去通货膨胀率后的实际利率反而有所上升，因此人们倾向于多储蓄、少消费；另一方面，人们预期商品价格会进一步下跌，在买涨不买跌的心理作用下，人们更倾向于持有货币，而不愿意购买商品。

对企业来说，在通货膨胀阶段，由于获得的利润相对提高，因而企业更愿意投资，扩大生产，但在通货紧缩阶段会缩小投资规模。在通货紧缩阶段，一方面，实际利率上升，导致企业生产成本提高；另一方面，企业产品价格下跌，销量萎缩，企业的利润减少，甚至有可能发生亏损，因此企业对投资异常谨慎。

投资和消费是经济增长的动力，投资和消费的不足最终导致经济增长率下降，甚至经济发展停滞与倒退。

(2)收入下降，失业增加。在通货紧缩的环境中，市场需求疲软，产品销售不畅，同时由于银行借贷不足导致企业资金短缺，这些都使得企业难以进行正常的生产经营活动，甚至会发生严重的开工不足，这就必然会使一部分职工实际收入下降，以致生活发生困难。以外，通货紧缩造成企业生产不景气、生产规模收缩、新创企业减少和投资规模缩减，这些都会影响就业的正常增加，使就业压力增大。所有这些，都会增加人们的不满情绪，造成社会动荡，从这个意义上说，通货紧缩不仅是个严重的经济问题，而且是个严重的社会问题。

(3)破坏信用关系，增加银行不良资产。在通货紧缩阶段，企业普遍利润下降甚至亏损，可用资金减少，同时由于企业效益不好，银行为了规避风险，对企业贷款变得更加谨慎，由此造成企业资金的进一步匮乏，企业偿还债务能力下降，并导致企业之间互相欠债，都没有能力还款的现象，破坏了整个社会的信用关系。而这些债务最终会体现在商业银行的不良资产上，因此，对银行业来说，通货紧缩易形成大量的呆账、坏账，严重时有可能导致金融危机。

【案例分析 8 -3】

失去的十年

自 20 世纪 90 年代初日本经济泡沫破灭后，“日本病人”就一直重病缠身，如股票市场和房地产市场长达十多年的持续下跌，银行系统坏账如山、运转失灵，政府债务居高不下，物价持续下跌。在这些问题中，通货紧缩是困扰日本经济的最大难题之一。

自 1999 年以来，日本消费物价指数持续长时间下跌，截至 2002 年 8 月，日本的消费物价指数已经连续 35 个月下降。持续的通货紧缩已严重威胁日本经济系统。

2002 年，日本首相小泉要求政府和银行，不管使用什么方法，都要遏止通货紧缩。政府将实施组合政策来解决通货紧缩问题。小泉同时要求日本央行采取更加有效的货币政策，尽快遏制通货紧缩，促使物价回升，以便摆脱持续萎缩的经济状况。

日本经济和财政政策委员会也认为，通货紧缩是日本经济的大敌，政府未能遏制物价长期下降的趋势。该委员会称：日本政府和日本央行需联合行动，阻止物价下跌，政府也将遏止通货紧缩作为首要政策目标。

实际上,自20世纪90年代初以来,日本经济就因物价不断下降而深受其苦,首先是股票价格下跌,然后土地价格也跟着下降,到后来商品和服务价格也持续下降,日本出现了典型的通货紧缩。

日本长期通货紧缩严重打击了日本经济。20世纪90年代,美国和欧洲经济经历了一个长时期的经济持续高速增长时期,而日本经济却在这十年中陷入衰退。

资料来源:王伟旭、曾秋根,《警惕美国的第二次阴谋》,北京:人民日报出版社,2003年,23页。

要求:根据上述资料,分析日本长期通货紧缩对日本经济造成的伤害。

分析:通货紧缩严重打击了日本经济,使得日本经济长期处于停滞状态,有的年份甚至出现了负增长。在此期间,美国和欧洲经济却高速增长,日本经济最好时GDP相当于美国的70%,此后差距越来越大,目前仅相当于美国经济总量的三分之一左右。

8.4.3 通货紧缩的治理

有的经济学家认为,通货紧缩对社会及经济的危害可能远远超过了通货膨胀,因此,采取各种措施治理通货紧缩就显得尤为重要。主要的措施有:

1)积极的财政政策

政府实施积极的财政政策,扩大财政支出,可以直接提高社会总需求,同时政府支出又会对政府之外的企业投资等产生连带效益,从而弥补有效需求的不足。但是,积极的财政政策应合理安排支出结构,不能投向已经过度投资或重复建设的领域,而应主要投向那些需求巨大且供给不足的领域,以刺激有效需求,促进供给结构的调整和改善,逐步化解通货紧缩。

2)积极的货币政策

积极的货币政策就是适当增加货币供给量,促进经济走出通货紧缩阴影,走上良性发展之路。中央银行可以采取多种方式适当增加货币供给量,促进信用的进一步扩张,如扩大中央银行基础货币投放量、适度降低利率、适度降低再贴现率和再贷款利率、适度下调法定存款准备金率、加大公开市场操作力度以提供更多的流动性等。

知 识 题

8.1 什么是通货膨胀?什么是通货紧缩?

8.2 什么是CPI?什么是PPI?

8.3 引起通货膨胀和通货紧缩的原因分别是什么?

8.4 通货膨胀和通货紧缩对社会经济的影响分别体现在哪些方面?

8.5 如何通过财政政策和货币政策来治理通货膨胀和通货紧缩?

案例题

温家宝:今年要重点防止物价上涨过快

东方网记者孙晓菲2010年2月27日报道　中共中央政治局常委、国务院总理温家宝今天下午接受中国政府网、新华网联合专访,与广大网友在线交流。在回答网友关于物价的提问时,温总理表示今年要重点防止物价在经济发展过程中上涨过快,而解决物价问题最重要的是管好两条:第一,要使货币发行适度;第二,要保证农业丰收。

温家宝指出,大多数群众生活水平仍较低,物价上涨对他们会造成很大的影响。因此他每天都会看价格表,关注粳米、籼米、面粉、猪肉、牛肉等和老百姓生活关系密切的粮食价格。他还说,物价问题若处理不好,甚至会危及社会的稳定以至政权的巩固。今年之所以提出把管好通胀预期作为一项重要任务,就是要防止在经济发展的过程中价格上涨过快,给经济的发展、结构的调整创造一个有利的环境。

温家宝认为,在中国解决价格问题最重要的是管好两条:第一,要使货币发行适度。当前仍要实行适度宽松的货币政策,一方面保持经济的平稳较快发展,一方面管理通胀预期。第二,要保证农业的丰收。中国农业已经连续6年增产,但是中国50%的耕地还是靠天吃饭,受天气影响较大。温家宝说,这两个方面的工作都不可以有任何松懈,这样既能保持经济平稳较快发展,同时又能够把物价控制在合理的水平。

要求:根据上述资料,分析保证我国物价稳定的两个条件。

提示:货币发行适度和农业丰收。

实训题

实训项目:了解我国如何治理20世纪90年代末所发生的通货紧缩。

实训目的:掌握通货紧缩的经济表现、通货紧缩对社会经济的影响,了解通货紧缩的成因及实践中我国政府采取了哪些措施来治理通货紧缩。

实训步骤:(1)了解1997年发生的亚洲金融危机的原因、背景及其对我国经济的影响;

(2)查找1997年、1998年、1999年我国的物价数据;

(3)掌握通货紧缩对我国社会经济造成的危害;

(4)了解我国政府采取了哪些财政政策来治理通货紧缩,其效果如何;

(5)了解我国政府采取了哪些货币政策来治理通货紧缩,其效果如何。

第9章 证券市场

学习目标

在学习完本章之后，你应该能够：了解证券市场和有价证券；熟知股票、债券、证券投资基金等金融产品相关知识；了解权证、可转换公司债券等金融衍生工具。

【引例】

对中国证券市场前景充满信心

在举国欢庆新中国六十华诞之际，证券日报记者专访了中国证监会第二任主席周道炯，请他就中国证券市场发展历程和下一步发展发表看法。

周道炯表示，目前的中国证券市场正在向成熟市场迈进。虽然只有19年的发展历程，与发达国家的100年、200年不能相比，但中国证券市场取得今天的成就确实来之不易。

下面一组数据充分说明证券市场改革发展取得了巨大成就：上市公司从1991年年底的14家发展到2009年7月底的1 628家，18年间增长115倍；沪深股市总市值23.57万亿元，流通市值11.67万亿元，全球排名第三；证券中介机构规范化程度明显提高，107家证券公司总资产2.02万亿元、净资本3 322亿元，管理客户资产9.66万亿元，61家基金管理公司共管理502只基金，基金总份额2.29万亿份，基金净值2.55万亿元；投资者规模日益壮大，股票投资者开户数近1.33亿户，基金投资账户超过1.78亿户，证券市场成为广大人民群众重要的理财平台；投资产品更加丰富，品种体系不断健全，从市场成立之初仅有股票、国债等少数交易品种，发展成为包括股票、证券投资基金、权证、公司债、可转换公司债券、资产证券化产品等在内的投资产品体系。

资料来源：侯捷宁，《周道炯：对中国证券市场前景充满信心》，载《证券日报》，2009－09－26。

这一资料表明:证券市场是股票、债券、投资基金等有价证券发行和交易的场所。证券市场的参与者众多,既包括证券发行人,如上市公司,也包括证券投资者,如基金、个人投资者,还包括证券市场中介机构,如证券公司。

9.1 证券市场概述

证券市场上交易的各种金融产品都是有价证券,如股票、债券等,因此了解证券市场必须先从了解有价证券开始。

9.1.1 有价证券

1)有价证券的定义

有价证券是指标有票面金额,用于证明持有人或该证券指定的特定主体对特定财产拥有所有权或债权的凭证。

这类证券本身没有价值,但由于它代表着一定量的财产权利,持有人可凭该证券直接取得一定量的商品、货币,或是取得利息、股息等收入,因而可以在证券市场上买卖和流通,客观上具有交易价格。

有价证券是一种虚拟资本。所谓虚拟资本,是指以有价证券形式存在,并能给持有者带来一定收益的资本。虚拟资本是独立于真实资本的一种资本存在形式,本身不能在生产过程中发挥作用。通常,虚拟资本的价格总额并不等于所代表的真实资本的账面价格,甚至与真实资本的重置价格也不一定相等,其变化并不完全反映实际资本额的变化。

2)有价证券的分类

有价证券有广义与狭义两种概念。狭义的有价证券即资本证券,广义的有价证券包括商品证券、货币证券和资本证券。

商品证券是指证明持有人拥有商品所有权的凭证,取得这种证券就等于取得这种商品的所有权,持有人对这种证券所代表的商品的所有权受法律保护。属于商品证券的有提货单、运货单、仓库栈单等。

货币证券是指本身能使持有人或第三者取得货币索取权的有价证券。货币证券主要包括两大类,一类是商业证券,主要是商业汇票和商业本票,另一类是银行证券,主要是银行汇票、银行本票和支票。

资本证券是指由金融投资或与金融投资有直接联系的活动而产生的证券。持有人有一定的收入请求权。资本证券是有价证券的主要形式。

有价证券按不同标准可以进行以下分类:

(1)按证券发行的主体不同,有价证券可分为政府证券、政府机构证券和公司(企业)证券。

政府证券通常是指由中央政府或地方政府发行的债券。中央政府债券也称国债,通常由一国财政部发行。地方政府债券由地方政府发行,通常以地方税或其他收入偿还。

政府机构证券是由经批准的政府机构发行的证券。

公司(企业)证券是公司(企业)为筹措资金而发行的有价证券。公司(企业)证券包括的范围比较广泛,主要有股票、公司(企业)债券及商业票据等。此外,在公司(企业)证券中,通常将银行及非银行金融机构发行的证券称为金融证券。

(2)按有价证券是否在证券交易所挂牌交易,有价证券可分为上市证券与非上市证券。

上市证券是指在证券交易所公开挂牌交易的证券。

非上市证券是指未申请上市或不符合证券交易所上市条件的证券。

(3)按募集方式不同,有价证券可以分为公募证券和私募证券。

公募证券是指发行人通过中介机构向不特定的社会公众投资者公开发行的证券,审核较严格并采取公示制度。

私募证券是指向少数特定的投资者发行的证券,其审查条件相对宽松,投资者也较少,不采取公示制度。目前我国商业银行和证券公司发行的理财计划均属于私募证券。

(4)按证券收益是否固定,有价证券可分为固定收益证券和变动收益证券。

固定收益证券是指持券人可以在特定的时间内取得固定的收益并预先知道取得收益的数量和时间的证券,如固定利率债券、优先股股票等。

变动收益证券是指因客观条件的变化其收益也随之变化的证券。如普通股,其股利收益事先不确定,而是根据公司税后利润的多少来确定,又如浮动利率债券也属于此类证券。

(5)按证券的性质,有价证券可分为基础证券和金融衍生证券。

股票、债券和投资基金都属于基础证券,它们是最活跃的投资工具,是证券市场的主要交易对象。金融衍生证券是指由基础证券派生出来的证券交易品种,主要有金融期货与期权、可转换证券、认股权证等。

3)有价证券的特征

(1)收益性。收益性是指持有证券可以获得一定数额的收益,这是投资者转让资本使用权的回报。证券代表的是对一定数额的某种特定资产的所有权或债权,而资产是一种特殊的价值,它要在社会经济运行中不断运动,不断增值,最终形成高于原始投入价值的价值。由于这种资产的所有权或债权属于证券投资者,投资者持有证券也就同时拥有取得这部分资产增值收益的权利,因而证券本身具有收益性。有价证券的收益表现为利息收入、红利收入和买卖证券的差价。收益的多少通常取决于该资产增值数额的多少和证券市场的供求状况。

(2)流动性。证券的流动性又称变现性,是指证券持有人可按自己的需要灵活地转让证券以换取现金。流动性是证券的生命力所在。证券的期限性约束了投资者的灵活偏好,但其流动性满足了投资者对资金的随机需求。证券的流通是通过承兑、贴现、交易实现的。证券流动性的强弱,受证券期限、利率水平及计息方式、信用度、知名度、市场便利程度等多种因素的制约。

(3)风险性。证券的风险性是指证券持有者面临着预期投资收益不能实现,甚至使本金也受到损失的可能。这是由证券的期限性和未来经济状况的不确定性所致。在现有的社会生产条件下,未来经济的发展变化有些是投资者可以预测的,而有些则无法预测,因此,投资者难以确定他所持有的证券将来能否取得收益和能取得多少收益,从而就使持有证券具有风险。

(4)期限性。债券一般有明确的还本付息期限,以满足不同投资者和筹资者对融资期限以及与此相关的收益率的需求。债券的期限具有法律约束力,是对融资双方的权益的保护。股票没有期限,可视为无期证券。

9.1.2 证券市场

1)证券市场及其参与者

证券市场是股票、债券、投资基金等有价证券发行和交易的场所。证券市场是市场经济发展到一定阶段的产物,是为解决资本供求矛盾和流动性而产生的市场。证券市场以证券发行与交易的方式实现了筹资与投资的对接,有效化解了资本供求矛盾和资本结构调整难题。

证券市场的参与者众多,主要包括证券发行人、证券投资人、证券市场中介机构和证券监督管理机构。

(1)证券发行人是指为筹措资金而发行债券、股票等有价证券的发行主体,包括公司及企业、政府和政府机构。

(2)证券投资人是指通过证券进行投资的各类机构法人和自然人,通常分为机构投资者和个人投资者。机构投资者主要包括政府机构、金融机构、企业和事业法人及各类基金等。

(3)证券市场中介机构是指为证券的发行、交易提供服务的各类机构,如证券交易所、证券公司、证券登记结算机构等。

(4)证券监督管理机构是指依法设置的对证券发行与交易实施监督管理的机构,如中国证券监督管理委员会。

2)证券市场的不同组成部分

(1)按证券进入市场的顺序,证券市场由发行市场和交易市场组成。

证券发行市场又称“一级市场”或“初级市场”,是发行人以筹集资金为目的,按照一定的法律规定和发行程序,向投资者出售新证券所形成的市场。证券交易市场又称"二级市场"或"次级市场",是已发行的证券通过买卖交易实现流通转让的市场。

证券发行市场是流通市场的基础和前提,有了发行市场的证券供应,才有流通市场的证券交易,证券发行的种类、数量和发行方式决定着流通市场的规模和运行。流通市场是证券得以持续扩大发行的必要条件,为证券的转让提供市场条件,使发行市场充满活力。

【知识链接9-1】

在我国公开发行股票要经过哪些程序

股票发行上市应履行一定的程序。根据《中华人民共和国公司法》,《中华人民共和国证券法》,中国证监会和证券交易所颁布的规章、规则等有关规定,企业公开发行股票并上市应该遵循以下程序:

1. 改制与设立。拟订改制重组方案,聘请保荐机构(证券公司)和会计师事务所、资产评估机构、律师事务所等中介机构对改制重组方案进行可行性论证,对拟改制的资产进行审计、评估,签署发起人协议和起草公司章程等文件,设置公司内部组织机构,设立股份有限公司。

2. 尽职调查与辅导。保荐机构和其他中介机构对公司进行尽职调查、问题诊断、专业培训和业务指导,辅助并指导拟上市股份公司学习上市公司必备知识、完善组织结构和内部管理、规范企业行为、明确业务发展目标和募集资金投向、对照发行上市条件对存在的问题进行整改、准备首次公开发行申请文件。目前已取消了为期一年的发行上市辅导的硬性规定,但保荐机构仍需对公司进行辅导。

3. 申请文件的申报。公司和所聘请的中介机构,按照中国证监会的要求制作申请文件,保荐机构进行内部审核并负责向中国证监会尽职推荐,符合申报条件的,中国证监会在5个工作日内受理申请文件。

4. 申请文件的审核。中国证监会正式受理申请文件后,对申请文件进行初审,同时征求发行人所在地省级人民政府和国家发改委意见,并向保荐机构反馈审核意见,保荐机构组织发行人和中介机构对反馈的审核意见进行回复或整改,初审结束后发行审核委员会审核前,进行申请文件预披露,最后提交股票发行审核委员会审核。

5. 路演、询价与定价。发行申请经发行审核委员会审核通过后,中国证监会进行核准,企业在指定报刊上刊登招股说明书摘要及发行公告等信息,证券公司与发行人进行路演,向投资者推介和询价,并根据询价结果协商确定发行价格。

6. 发行与上市。根据中国证监会规定的发行方式公开发行股票,向证券交易所提交上市申请,办理股份的托管与登记,挂牌上市,上市后由保荐机构按规定负责持续督导。

(2)按照有价证券品种,证券市场由股票市场、债券市场、基金市场、衍生品市场等组成。

股票市场是股票发行和交易的场所,股票市场的发行人为股份有限公司。债券市场是债券发行和买卖的场所,债券的发行人有中央政府、地方政府、中央政府机构、金融机构、公司和企业。基金市场是基金份额发行和流通的市场,而衍生品市场则是各类衍生金融产品发行和交易的市场。随着金融创新的深化,衍生品市场已成为金融市场重要组成部分。

(3)按照证券交易活动是否在固定场所进行,证券市场由有形市场和无形市场组成。

有形市场亦称场内市场,是指有固定场所的证券交易所市场。无形市场也叫场外市场,是指没有固定交易场所的市场。随着现代通讯和网络技术的发展,越来越多的证券交易不在有形的场内市场进行,而是通过经纪人或交易商的电传、电话、网络等洽谈成交,并且场内市场与场外市场的划分已越来越模糊。

3)证券市场的基本功能

(1)融资和投资功能。一方面,证券市场作为金融市场的一个重要组成部分,具有使资金从资金剩余者流向资金需求者,为资金不足者筹集资金的功能。另一方面,证券市场又为各类投资者提供了投资渠道。与储蓄相比,证券投资虽有一定的风险,但收益往往也比较高,在国际上已成为个人和企业不可或缺的理财工具。

(2)市场定价功能。证券是资本的表现形式,所以证券的价格实际上是证券所代表的资本的价格。证券的价格是证券市场上证券供求双方共同作用的结果。证券市场的运行形成了证券需求者和供给者的竞争关系,这种竞争的结果是:能产生高投资回报的资本,市场的需求就大,相应的证券价格就高;反之,证券的价格就低。因此,证券市场提供了资本的合理定价机制。

(3)资源配置功能。证券市场的资源配置功能是指通过证券价格引导资本的流动从而实现资源合理配置的功能。在证券市场上,证券价格的高低是由该证券所能提供的预期报酬率的高低来决定的。证券价格的高低实际上是该证券筹资能力的反映。能提供高报酬率的证券一般来自于那些经营好、发展潜力巨大的企业,或者是来自于新兴行业的企业。由于这些证券的预期报酬率高,其市场价格相应就高,从而筹资能力就强。这样,证券市场就引导资本流向能产生高报酬的企业或行业,从而使资本产生尽可能高的效率,进而实现资源的合理配置。

9.2 股票

9.2.1 股票的定义、特征及类型

1)股票的定义

股票是一种有价证券,它是股份有限公司签发的证明股东所持有股份的凭证。

股份有限公司的资本划分为股份,每一股股份的金额相等。公司的股份采取股票的形式。股票一经发行,购买股票的投资者即成为公司的股东。股票实际上代表了股东对股份公司的所有权,股东凭借股票可以获得股份公司的股息与红利,参加股东大会并行使自己的权利,同时也承担相应的责任与风险。

股票作为所有权凭证,一般有一定的格式。如我国《公司法》规定,股票采用纸面形式或国务院证券监督管理机构规定的其他形式。股票应载明的事项主要有:公司名称、公司成立的日期、股票种类、票面金额及代表的股份数、股票的编号。股票由法定代表人签名,公司盖章。发起人的股票,应当标明"发起人股票"字样。

2)股票的特征

(1)收益性。收益性是股票最基本的特征,投资者持有股票的目的在于获取收益。股票的收益来自于两个方面:股份公司的现金分红派息;股票买卖的价差,这种价差收益称为资本利得。

【小思考9-1】

投资股票收益的计算

某股票投资者年初以每股10元的价格买入招商银行股票1 000股,年终时招商银行的股票价格为11元,本年度10月份,招商银行还进行了利润分配,每10股送红股2股并派发现金3元,那么本年度投资者投资招商银行股票的收益率是多少?

答:该投资者年初的投资额为10×1 000=10 000元,由于招商银行进行了送红股分配,投资者年初的1 000股招商银行股票已增加至1 200股,那么年终时投资者的股票市值为11×1 200=13 200元,再加上获得的300元现金红利,投资者年初的10 000元,至年终时已增值至13 500元,故其本年度的投资收益率为35%。

(2)风险性。股票的风险性体现在投资股票可能发生亏损。这种亏损主要体现在两个方面:一方面,当股份公司破产时,股东原有的投资可能化为乌有;另一方面,体现在股票的转让价格低于购买成本而产生的亏损。当然,风险与收益相伴,通常情况下高风险也能获得高收益。

(3)流动性。流动性是指股票转手的难易程度。通常在证券交易所交易的上市公司股票流动性较高。

(4)永久性。永久性是指股票所载权利的有效性是始终不变的,因为它是一种无期限的法律凭证。股票的有效期同股份公司的存续期相一致,两者是并存的关系。股票代表股东的永久性投资,当然股东可以出售所持有的股票而转让股东身份;而对于股份公司来说,由于股东不能要求退股,所以通过发行股票募集到的资金,在公司存续期间是一笔稳定的自有资本。

(5)参与性。参与性是指股票持有人有权参与公司重大决策的特性。股票持有人作为股份公司的股东,有权出席股东大会,实现对公司经营决策的参与权。股东参与公司重大决策权利的大小取决于其持有股份数量的多少,如果某股东持有的股份数量达到决策所需要的有效多数时,就能实质性地影响公司的重大决策。

3)股票的类型

(1)普通股票和优先股票。①普通股票。普通股票是最基本、最常见的一种股票。普通股票的股利完全随公司盈利的高低而变化。在公司盈利和剩余财产的分配顺序上,普通股票股东列在债权人和优先股票股东之后,故其承担的风险也较高。与优先股票相比,普通股票是标准的股票,也是风险较大的股票。②优先股票。优先股票是一种特殊股票,在其股东权利、义务中附加了某些特别条件。优先股票的股息率是固定的,其持有者的股东权利受到一定限制,但在公司盈利和剩余财产的分配上优先于普通股票股东。

(2)记名股票和不记名股票。①记名股票。记名股票指在股票票面和股份公司的股东名册上记载股东姓名的股票。②无记名股票。无记名股票指在股票票面和股份公司股东名册上均不记载股东姓名的股票。无记名股票也称不记名股票,与记名股票的差别不是在股东权利等方面,而是在股票的记载方式上。

【知识链接9-2】

我国公司法关于股票记名的规定

公司发行的股票,可以为记名股票,也可以为无记名股票。公司向发起人、法人发行的股票,应当为记名股票,并应当记载该发起人、法人的名称或者姓名,不得另立户名或者以代表人姓名记名。

公司发行记名股票的,应当置备股东名册,记载下列事项:股东的姓名或者名称及住所;各股东所持股份数;各股东所持股票的编号;各股东取得股份的日期。发行无记名股票的,公司应当记载其股票数量、编号及发行日期。

(3)有面额股票和无面额股票。①有面额股票。有面额股票是指在股票票面上记载一定金额的股票。这一记载的金额也称为票面金额、票面价值或股票面值。②无面额股票。无面额股票是指在股票票面上不记载股票面额,只注明它在公司总股本中所占比例的股票。无面额股票淡化了票面价值的概念,它与有面额股票的差别仅体现在表现形式上。

9.2.2 涉及股票的常见事项

股份公司在资本管理事项中经常要涉及公司股票，常见的包括送股、配股、转增股本，增发与股份回购，股票的分割与合并等。

1）送股、配股、转增股本

送股是股份公司将本年的利润留在公司里，发放股票作为红利，从而将利润转化为股本。送红股后，公司的资产、负债、股东权益的总额及结构并没有发生改变，但总股本增大，同时每股净资产和每股收益降低。

配股是股份公司按一定比例向现有股东发行新股，属于发行新股再筹资的手段，股东要按配股价格和配股数量缴纳配股款，股东也可放弃配股的权利。

转增股本是将原来属于股东权益的资本公积转为实收资本，股东权益总量和每位股东占公司的股份比例均未发生任何变化，唯一的变动是公司总股本增加了。

【小思考9－2】

送股、转增股本对公司总股本的影响

苏宁电器2008年年度的分配方案是每10股送2股转增3股派0.3元。该分配方案实施前，苏宁电器的总股本为299 100.80万股，2009年4月份该分配方案实施后，苏宁电器的总股本是多少？

答：由于每10股送2股、公积金转增3股，分配方案实施后苏宁电器的总股本增加了50%，故新的总股本为448 651.20万股。

2）增发与股份回购

增发是指股份公司因经营需要，筹集资本而发行新股。在我国，上市公司既可以向公众公开增发，也可以采取向少数特定机构或个人进行私募增发的方式。增发之后，公司的总股本相应扩大。

股份回购指上市公司利用自有资金，从公开市场上买回发行在外的股票。通常股份回购会导致公司股价上涨。原因有二：一是股份回购减少了市场上股票的供给；二是公司回购自身股票向外界传达了积极的信号。

3）股票的分割与合并

股票分割又称拆股、拆细，是将一股股票均等地拆成若干股。股票合并又称并股，是将若干股股票合并为一股。

从理论上说，不论是分割还是合并，并不影响股东权益的数量及占公司总股权的比重，因此，也应该不会影响调整后股价。也就是说，如果把1股分割为2股，则分拆后股价应为分拆前的一半；同样，如果把2股合并为1股，则并股后股价应为此前的两倍。但事实上，股票分割与合并通常会刺激股价上升，就股票分割来说，可能的原因如下：股票分割通常见于高价股，拆细之后，股票价格更低，购买同样数量的股票所需资金更少，便于吸引更多的小额投资者参与。

9.2.3 股票的价值

股票是有价证券,代表了股东对股份公司财产的所有权,股票的价值可以从四个方面来衡量,即股票的票面价值、股票的账面价值、股票的清算价值和股票的内在价值。

1)股票的票面价值

股票的票面价值又称面值,即在股票票面上标明的金额。股票发行时,如果以面值作为发行价,称为平价发行,此时公司发行股票募集的资金等于股本的总和。发行价格高于面值称为溢价发行,募集的资金中等于面值总和的部分记入股本,以超过股票票面金额的发行价格发行股份所得的溢价款列为公司资本公积金。随着时间的推移,公司的净资产会发生变化,股票面值与每股净资产逐渐背离,与股票的投资价值之间也没有必然的联系。

【案例分析 9-1】

0.1 元的股票面值意味着什么?

紫金矿业首次公开发行人民币普通股(A 股),8 日起开始网下询价。与其他发行新股不同,紫金矿业的发行面值为每股 0.1 元,这是沪深 A 股首次出现 1 元以下的股票面值。

20 世纪 90 年代初期,我国股票市场建立之初,股票面值并不统一,大多为 100 元和 10 元面值的股票,后来经过拆细,统一为 1 元面值的股票,即每股股票代表 1 元价值。此次出现每股 0.1 元的面值意味着什么呢?

"0.1 元股票面值的出现,表明股票面值'1'统天下的局面得到改变,A 股的发行将越来越与国际接轨。"上海证券交易所副总经理周勤业对记者说。

目前,国际上证券市场的股票面值并不统一。比如欧美股票、香港股票,每股面值是不同的,既有当地货币 1 元面值的股票,也有 10 元、100 元面值的股票,还有几分甚至几厘面值的股票。有的国家的一些股票更加特殊,竟然没有面值,仅以每个投票权代表的价值计算。这么多样的面值为更多公司的股票发行创造了便利条件。

周勤业告诉记者,股票统一面值给我们带来过很大的方便和好处——可比性很强,但是,也带来了不便之处——容易产生高价股,当一只股票面值达到上百元、几百元的时候,这就阻碍了相当多的投资者参与投资。要把这类高价股的股价降下来,目前采用的办法就是扩大股本,转股送股,摊薄价格,但这样一来,注册股本会越来越大。

如果股价面值由 1 元拆细为 0.1 元,股价 100 元的股票也会调整为 10 元,那么更多的投资者就会更容易地参与投资,相当于降低了投资这一股票的门槛。紫金矿业在香港上市面值就是 0.1 元。

证券业资深人士谈道，紫金矿业此次A股上市面值拆细是一次创新，表明A股发行在面值上开始多元化。

资料来源：谢卫群，《0.1元的股票面值意味着什么？》，载《人民日报》，2008-04-10。

要求：根据上述资料，分析1元面值的股票和0.1元面值的股票的不同之处。

分析：1元面值股票和0.1元面值股票的不同在于两者每一股股票所代表的公司资本不同，对于同样的公司前者每一股股票所代表的公司资本是后者的10倍。

2）股票的账面价值

股票的账面价值又称股票净值或每股净资产，在没有优先股的情况下，每股账面价值等于公司净资产除以发行在外的普通股票的股数。公司净资产是公司资产总额减去负债总额后的净值，从会计角度说，等于股东权益的价值。股票账面价值的高低，对股票交易价格有重要影响，但是通常情况下，并不等于股票价格。主要原因有两点：一是股票账面价值反映的是历史成本或者按某种规则计算的公允价值，并不等于公司资产的实际价格；二是账面价值并不反映公司的未来发展前景。

3）股票的清算价值

股票的清算价值是公司清算时每一股份所代表的实际价值。在公司清算时，其资产往往只能低价出售，再加上必要的清算费用，所以大多数公司的实际清算价值低于其账面价值。

4）股票的内在价值

股票的内在价值即理论价值，也即股票未来收益的现值。股票的内在价值决定股票的市场价格，股票的市场价格总是围绕其内在价值波动。

9.2.4 股票市场价格及其影响因素

市场价格一般是指股票在股票交易市场上的交易价格。股票的市场价格由股票的价值决定，但同时受许多其他因素的影响，主要包括宏观经济因素、行业因素和公司因素。

1）宏观经济因素

股票市场是宏观经济的"晴雨表"，也就是说股票价格的变动直接受宏观经济的影响。

宏观经济的运行经常表现为扩张与收缩的周期性交替，每个周期一般都要经过高涨、衰退、萧条、复苏四个阶段。很显然，在衰退和萧条阶段，股票价格下跌、低迷，而在经济复苏和高涨阶段，股票价格上升、活跃，但股价的变动通常比实际经济的繁荣或衰退领先一步。

在对宏观经济的分析中，通常要考虑的指标有：GDP增长率、物价水平、利率水平、汇率水平和国际收支情况、财政政策及货币政策等。

2)行业因素

公司所属的行业不同,其经营受到宏观经济的影响也不同,进而导致不同行业公司的股票价格表现形式不同。根据行业受到经济周期影响的程度,习惯上将行业分为周期型行业、防守型行业和增长型行业。

(1)周期型行业。周期型行业的运动状态与经济周期紧密相关,当经济处于上升时期,这些行业会紧随其扩张,当经济衰退时,这些行业也相应衰落。更为重要的是,周期型行业经营好坏的变化幅度在一定程度上远远超过宏观经济的波动程度,因此周期型公司的股票价格呈现大起大落的特征。

(2)防守型行业。防守型行业的经营状况在经济周期的上升和下降阶段都很稳定,因而其股票价格波动幅度相对于周期型行业来说就小得多。

(3)增长型行业。增长型行业的运动状态与经济周期并不紧密相关,这些行业收入增长的速度并不会总是随着经济周期的变动而出现同步变动,因为它们主要依靠技术进步、产品及服务的创新等使得其经常呈现增长态势。

【案例分析9-2】

金融危机终结全球海运业“盛宴”

金融危机导致全球海运业萧条。由于欧美消费需求下降、原材料需求锐减,海运需求亦因此一落千丈。同时,资金链面临的压力使得规模稍小的海运公司正面临生存考验。专家预计全球海运市场需要至少两到三年的时间才能恢复正常。

全球化为各国提供了分享世界经济快速增长的机会,也为金融危机引发的连锁反应埋下了伏笔。在好年景里因全球化受惠最大的行业,如今纷纷成为金融危机的“重灾区”,海运业就是一个鲜明的例子。据报道,就在今年夏天以前,在洛杉矶港等待装船的货物还经常绵延上千米;而在香港,货主苦等数日才能拿到舱位的情形更是司空见惯。然而,伴随美国次贷危机渐渐演变成金融危机进而蔓延全球,这一场持续多年的海运业“盛宴”终于阶段性地落下帷幕。由于欧美消费需求下降,一度“皇帝女儿不愁嫁”的亚洲电子产品和纺织品如今不得不长期“待字闺中”,这可急煞了守在港口的“抬轿人”。而成品消费下降直接拉低了原材料需求,导致南美地区的铁矿石及其他矿产资源出口锐减,海运需求亦因此一落千丈。据了解,目前全球不少重要港口都出现了船只半舱出航的情况。

大起之后的大落让很多海运公司一时间措手不及。就在今年的5月20日,全球干散货船运费刚刚创下历史新高,之后就是连续几个月的自由落体,至今已跌破运营成本。有关业内人士提供的数据显示,就在今年春季,全球顶级海运公司对从亚洲到欧洲的货物还执行每个集装箱2 000美元的运费,而现在这个费用已经降到了500美元;当时一艘装有2 500个标准集装箱的包船运费为每天3万美元,现在这个数字已经不足1.2万美元;6月份巴拿马型船的包租费用为每天6.4万美元,现在则不足1.1万美元。正因为此,越来越多的船运公司开始削减运力,选择将船只暂时“束之高阁”——与其赔本经营,还不如“休养生息”。业内人士估计,在行驶于太平洋上的货运船只中,目前至少有四分之一已经处于“歇业”状态。不过,更多的新船将在明年进入市场。预计明年全球集装箱运力将增长13%,而集装箱海运需求则只会增长5%,前提还是经济衰退不会使得需求前景进一步恶化。装运能力的增加和需求的减少将从两方面挤压运价甚至带来灾难性后果。截至11月底,波罗的海干散货指数已从年初的8 765点暴跌至733点。

资料来源:陶冶,《金融危机终结全球海运业盛宴》,载《金融时报》,2008-12-10。

要求:从海运行业的经营受宏观经济影响的特点,分析其行业类型。

分析:在宏观经济景气时,市场对海运的需求大,海运价格高,海运公司效益好;而当在宏观经济不景气时,海运需求小,价格低迷,海运公司盈利下降甚至亏损。因此,海运行业属于典型的周期性行业。

3)公司因素

公司本身的投资价值是公司股票价格高低的决定性因素,因此公司因素是影响股票市场价格的最重要因素。股票的市场价格基本上反映了一家公司现在的实际经营情况和未来的发展前景。通常可以从以下三个方面考察公司因素:

(1)公司的基本情况。主要从公司在行业中的地位、公司产品的市场占有率和竞争能力、公司经营管理能力及公司未来的成长能力来考察。

(2)公司的财务情况。主要从公司的资产负债表、利润表和现金流量表入手来考察公司的资产状况、偿债能力及盈利能力等。

(3)公司重大事项。公司重大事项通常能改变公司的经营和财务状况,比如公司的资产重组、公司的关联交易和公司会计政策和税收政策的变化等。

9.3 债券

9.3.1 债券的定义及特征

1)债券的定义

债券是一种有价证券,是社会各类经济主体为筹集资金而向债券投资者出具的、承诺按一定利率定期支付利息并到期偿还本金的债权债务凭证。

债券作为证明债权债务关系的凭证,一般有一定的票面形式。通常,债券票面上有四个基本要素。

(1)债券的票面价值。债券的票面价值是债券票面标明的货币价值,是债券发行人承诺在债券到期日偿还给债券持有人的金额。

(2)债券到期期限。债券到期期限是指债券从发行之日起至偿清本息之日止的时间,也是债券发行人承诺履行合同义务的全部时间。不同债券有不同的偿还期限,短则几个月,长则几十年,可以分为短期债券、中期债券和长期债券。

(3)债券的票面利率。债券票面利率也称名义利率,是债券年利息与债券票面价值的比率,通常年利率用百分数表示。债券利率有多种形式,如单利、复利和贴现利率等。

(4)债券发行者名称。这一要素指明了该债券的债务主体,既明确了债券发行人应履行对债权人偿还本息的义务,也为债权人到期追索本金和利息提供了依据。

2)债券的特征

(1)偿还性。偿还性是指债券有规定的偿还期限,债务人必须按期向债权人支付利息和偿还本金。

(2)流动性。流动性指债券持有人可按自己的需要和市场的实际状况,灵活地转让债券,以提前收回本金和实现投资收益。

(3)安全性。安全性是指债券持有人的收益相对稳定,不随发行者经营收益的变动而变动,并且可以按期收回本金。当然,债券不能按期收回本金与利息的风险也是存在的,主要体现在:

第一,债务人不履行债务,即债务人不能按时足额支付约定的利息或者偿还本金。

第二,市场风险,即债券在市场上转让时因价格下跌而承受损失。

(4)收益性。收益性是指债券能为投资者带来一定的收益,即债权投资的报酬。在实际经济活动中,债券收益可以表现为两种形式:一种是利息收入,即债权人在持有债券期间按约定的条件分期、分次取得利息或者到期一次取得利息;另一种是资本损益,即债权人到期收回的本金与买入债券或中途卖出债券与买入债券之间的价差收入。从理论上讲,如果利率水平一直不变,这一价差就是自买入债券或是自上次付息至卖出债券这段时间的利息收益。但是,由于市场利率会不断变化,债券在市场上的转让价格将随市场利率的升降而上下波动。债券持有者能否获得转让价差以及转让价差的多少,要视市场情况而定。

9.3.2 债券的分类

1)按发行主体分类

根据发行主体的不同,债券可以分为政府债券、金融债券和公司债券。

(1)政府债券。政府债券的发行主体是政府。中央政府发行的债券也可以称为国债,其主要目的是解决由政府投资的公共设施或重点建设项目的资金需要和弥补国家财政赤字。

除了政府部门直接发行的债券外,有些国家把政府担保的债券也划归为政府债券,称为政府保证债券。这种债券由一些与政府有直接关系的公司或金融机构发行,并由政府提供担保。

(2)金融债券。金融债券的发行主体是银行或非银行金融机构。金融机构发行债券的目的主要有两个:一是筹资用于某种特殊用途;二是改变本身的资产负债结构。

对于金融机构来说,吸收存款和发行债券都是它的资金来源,但存款的主动性在储户,金融机构只能通过提供良好的服务条件来吸引存款,而不能完全控制存款,因此发行债券对金融机构来说有更大的主动权和灵活性。

(3)公司债券。公司债券是公司依照法定程序发行、约定在一定期限还本付息的有价证券。公司债券的发行主体是股份公司,但有些国家也允许非股份制企业发行债券,所以归类时,可将公司债券和企业发行的债券合在一起,称为公司(企业)债券。公司发行债券的目的主要是为了满足经营的需要。

2)按付息方式分类

根据债券发行时约定的利息支付方式,债券可分为贴现债券、附息债券、息票累积债券。

(1)贴现债券。贴现债券,指债券以低于面值的价格发行,到期以面值的金额支付给持有人,虽然在债券合约中并未约定利息,其实际发行价和面值的差价就是利息。

【小思考9-3】

计算贴现债中隐含的收益率

某一年期的贴现债,发行价为95元,债券的面额为100元,到期支付给债券持有人面额价值的金额。计算该贴现债中隐含的收益率?

答:投资者以95元购买该贴现债,持有一年后会获得100元,获得的收益为5元,因此用这5元除以95元的购买成本,就可以得出该贴现债中隐含的收益率。

(2)附息债券。这类债券合约中明确规定,在债券存续期内,对持有人定期支付利息(通常每半年或每年支付一次)。按照计息方式的不同,这类债券还可细分为固定利率债券和浮动利率债券。固定利率债券是在债券存续期内票面利率不变的债券,而浮动利率债券是在票面利率的基础上参照预先确定的某一基准利率予以定期调整的债券。

(3)息票累积债券。与附息债券相似,这类债券也规定了票面利率,但是,债券持有人在债券到期时一次性获得本金和利息,存续期间没有利息支付。

3)按债券形态分类

债券有不同的形态,根据债券票面形态可以分为实物债券、凭证式债券和记账式债券。

(1)实物债券。实物债券是一种具有标准格式实物(一般为纸质)券面的债券。在标准格式的债券券面上，一般印有债券面额、债券利率、债券期限、债券发行人全称、还本付息方式等各种债券票面要素，有时债券利率、债券期限等要素也可通过公告向社会发布，而不在债券券面上注明。无记名国债就属于这种实物债券，它以实务券的形式记录债权、面值等，不记名，不挂失，可上市流通。实物债券是一般意义上的债券，很多国家通过法律或者法规对实物债券的格式予以明确规定。

(2)凭证式债券。凭证式债券的形式是债权人认购债券的一种收款凭证，而不是债券发行人制定的标准格式的债券。

(3)记账式债券。记账式债券是没有实物形态的票券，利用证券账户通过电脑系统完成国债发行、交易及兑付的全过程。

9.3.3 我国主要国债品种

我国主要国债品种包括记账式国债、凭证式国债、储蓄国债(电子式)。

1)记账式国债

我国的记账式国债是指由财政部面向全社会各类投资者，采用无纸化方式发行的以电子记账方式记录债权并可以上市交易的债券。记账式国债的发行分为证券交易所市场发行、银行间债券市场发行以及同时在银行间债券市场和证券交易所市场发行(又称为跨市场发行)三种情况。个人投资者可以购买证券交易所市场发行和跨市场发行的记账式国债，而银行间债券市场的发行主要面向银行和非银行金融机构等机构投资者。

记账式国债的特点是：①可以记名、挂失，以无券形式发行可以防止证券的遗失、被窃与伪造，安全性好；②可上市转让，流通性好；③期限有长有短，但更适合短期国债的发行；④通过交易所电脑网络发行，可以降低证券的发行成本；⑤上市后价格随行就市，具有一定的风险。

2)凭证式国债

凭证式国债是指由财政部发行的，有固定票面利率，通过纸质媒介记录债权债务关系的国债。发行凭证式国债一般不印制实物券面，而采用填制“中华人民共和国凭证式国债收款凭证”的方式，通过部分商业银行和邮政储蓄柜台，面向城乡居民个人和各类投资者发行，是一种储蓄性国债。凭证式国债购买方便，变现灵活，利率优惠，收益稳定，安全无风险，已成为深受广大中小投资者欢迎的重要国债投资品种。

3)储蓄国债(电子式)

储蓄国债(电子式)是指财政部面向境内中国公民储蓄类资金发行的，以电子方式记录债权的不可流通的人民币债券。储蓄国债(电子式)通过商业银行面向个人投资者销售。储蓄国债(电子式)自发行之日起计息，付息方式分为利随本清和定期付息两种。

储蓄国债(电子式)具有以下几个特点:①针对个人投资者,不向机构投资者发行;②采用实名制,不可流通转让;③采用电子方式记录债权;④收益安全稳定,由财政部负责还本付息,免缴利息税;⑤鼓励持有到期;⑥手续简化;⑦付息方式较为多样。

【案例分析9-3】

财政部发行2009年第一期凭证式国债300亿元

新华网北京3月10日电(记者余晓洁、华晔迪)　财政部10日发布公告,决定发行2009年凭证式(一期)国债300亿元,其中3年期210亿元,票面年利率3.73%;5年期90亿元,票面年利率4.00%。

公告显示,本期国债发行期为2009年3月16日至3月25日。各承销机构在规定额度内发售本期国债。从购买之日开始计息,到期一次还本付息,不计复利,逾期兑付不加计利息。

据悉,本期国债面向社会公开发行,投资者可到中国工商银行、中国农业银行、中国银行、中国建设银行以及部分股份制商业银行、城市商业银行、农村商业银行等40家国债承销团成员的营业网点购买。

本期国债为记名国债,以填制"凭证式国债收款凭证"的方式按面值发行,可以挂失,可以质押贷款,但不能更名,不能流通转让。个人购买凭证式国债实行实名制,按照国务院公布的《个人存款账户实名制规定》办理。

在购买本期国债后如需变现,投资者可随时到原购买网点提前兑取。提前兑取时,按兑取本金的1‰收取手续费,并按实际持有时间及相应的分档利率计付利息。

从购买之日起,3年期和5年期凭证式国债持有时间不满半年不计付利息,满半年不满1年按0.36%计息,满1年不满2年按1.71%计息,满2年不满3年按2.52%计息;5年期凭证式国债持有时间满3年不满4年按3.69%计息,满4年不满5年按3.87%计息。

自公告公布日至发行结束日,如遇银行储蓄存款利率调整,尚未发行的本期国债票面利率,在利率调整日按3年期、5年期银行储蓄存款利率调整的相同百分点做同向调整,提前兑取分档利率另行通知。

要求:分析凭证式国债和记账式国债在债权记录的方式、发行对象以及变现方式的不同之处。

分析:凭证式国债采取填制"中华人民共和国凭证式国债收款凭证"的形式记录债权,记账式国债以电子记账方式记录债权;凭证式国债的发行对象主要是个人,部分机构也可以认购,记账式国债机构和个人都可以认购;凭证式国债到期后,须由投资者前往相关网点办理兑付事宜,记账式国债可以上市流通,需要资金时可以按照市场价格卖出。

9.4 证券投资基金

9.4.1 证券投资基金的概念及特点

在当代社会经济中,基金产业已经与银行业、证券业、保险业并驾齐驱,成为现代金融体系的"四大支柱"之一。

1)证券投资基金及其当事人

证券投资基金是一种利益共享、风险共担的集合证券投资方式,即通过发行基金份额,集中基金投资者的资金,由基金托管人托管,由基金管理人管理和运用资金,从事股票、债券等金融工具投资,并将投资收益按基金投资者的投资比例进行分配。

证券投资基金的当事人包括基金投资者、基金管理人、基金托管人。

基金投资者,也称为基金份额持有人,是基金的出资人、基金资产的所有者和基金投资回报的受益人。

基金管理人是负责基金发起设立与经营管理的专业性机构,在我国,基金管理人一般由基金管理公司担任。基金管理人作为受托人,必须履行诚信义务,以受益人利益最大化为目标,不能出于自身利益的考虑损害基金持有人的利益。

基金托管人,也称基金保管人,一般由实力雄厚的商业银行或信托投资公司担任,其主要作用是对基金管理人进行监督并保管基金资产,保障基金投资者的利益。

2)证券投资基金的特点

(1)集合投资。基金的特点是将零散的资金汇集起来,交给专业机构投资于各种金融工具,以谋取资产的增值。基金对投资的最低限额要求不高,投资者可以根据自己的经济能力决定购买数量,有些基金甚至不限制投资额大小。因此,基金可以最广泛地吸收社会闲散资金,集腋成裘,汇成规模巨大的投资资金;同时,在参与证券投资时,资金量越大,成本优势越明显,从而获得规模效益的好处。

(2)分散风险。以科学的投资组合降低风险、提高收益是基金的另一大特点。在投资活动中,风险和收益总是并存的,要降低风险,就"不能将鸡蛋放在一个篮子里"。但是,要实现投资资产的多样化,需要具备一定的资金实力。对小额投资者而言,由于资金有限,很难做到这一点,而基金则可以帮助中小投资者解决这个困难,即可以凭借其集中的巨额资金,在法律规定的投资范围内进行科学的组合,分散投资于多种证券,实现资产组合多样化。通过多元化的投资组合,一方面可以借助于资金庞大和投资者众多的优势使每个投资者面临的投资风险变小,另一方面可以利用不同投资对象之间收益率变化的相关性,达到分散投资风险的目的。

(3)专业理财。将分散的资金集中起来以信托方式交给专业机构进行投资运作,既是证券投资基金的一个重要特点,也是它的一个重要功能。基金实行专业理财制度,由受过专门训练、具有比较丰富的证券投资经验的专业人员运用各种技术手段收集、分析各种信息资料,预测金融市场上各个品种的价格变动趋势,制定投资策略和投资组合方案,从而最大限度地避免投资决策失误,提高投资收益。对于那些没有时间或者对市场不太熟悉的中小投资者来说,投资于基金,可以借助于基金管理人在市场信息、投资经验、金融知识和操作技术等方面所拥有的优势,从而尽可能地避免盲目投资带来的失误。

9.4.2 证券投资基金的分类

1)按基金的组织形式分类

按基金的组织形式,证券投资基金分为契约型基金和公司型基金。所谓基金的组织形式,指的是众多基金投资者的资金通过什么形式汇聚在一起形成基金。

(1)契约型基金。契约型基金,是指基金投资者、基金管理人、基金托管人通过签订基金契约的形式联系在一起,规定各自的权利和义务,并由基金管理人发行基金份额,基金投资者购买基金份额而设立的一种基金。契约型基金是基于契约原理而组织起来的代理投资行为,没有基金章程,也没有董事会,而是通过基金契约来规范三方当事人的行为。基金管理人负责基金的管理操作;基金托管人作为基金资产的名义持有人,负责基金资产的保管和处置,对基金管理人的运作实行监督。

(2)公司型基金。公司型基金是指依据公司章程设立,在法律上具有独立法人地位的股份制投资公司。公司型基金以发行股份的方式募集资金,投资者购买基金公司的股份后,以基金持有人的身份成为基金公司的股东,凭其持有的股份依法享有投资收益。

公司型基金的特点是:基金公司的组织结构与一般股份公司类似,设有董事会和持有人大会,基金资产由公司所有,投资者则是这家公司的股东,承担风险并通过持有人大会行使权利;同时,基金公司不同于一般股份公司的是,基金公司一般委托其他基金管理公司作为专业的财务顾问或管理人来经营、管理基金资产。

(3)契约型基金与公司型基金的比较。契约型基金与公司型基金的不同点体现在以下几个方面:

一是资金的性质不同。契约型基金的资金是通过发行基金份额筹集起来的信托财产;公司型基金的资金是通过发行普通股票筹集的公司法人的资本。

二是投资者的地位不同。契约型基金的投资者购买基金份额后成为基金契约的当事人之一,投资者既是基金的委托人,即基于对基金管理人的信任,将自己的资金委托给基金管理人管理和营运,又是基金的收益人,即享有基金的受益权;公司型基金的投资者购买基金的股票后成为该公司的股东。因此,契约型基金的投资者没有管理基金资产的权力,而公司型基金的股东通过持有人大会享有管理基金公司的权力。

三是基金的营运依据不同。契约型基金依据基金契约营运基金;公司型基金依据基金公司章程营运基金。

由此可见,契约型基金和公司型基金在法律依据、组织形态以及有关当事人扮演角色上是不同的。但对投资者来说,投资于公司型基金和契约型基金并无多大区别,它们的投资方式都是把投资者的资金集中起来,按照基金设立时所规定的投资目标和策略,将基金资产分散投资于众多的金融产品上,获取收益后再分配给投资者。

2)按基金成立后能否申购与赎回分类

按基金成立后能否申购与赎回,证券投资基金分为封闭式基金和开放式基金。

无论是封闭式基金还是开放式基金,最初都有一个发行期,当发行期结束,基金达到法定的份额时,基金即宣告成立。基金成立后,如果是封闭式基金,一般从基金成立到基金终止的存续期间(一般为10年到15年)内,基金不再接受新的申购,也不允许赎回,可以在二级市场进行交易,但基金的总份额始终是固定不变的;而开放式基金,基金成立后,经过较短时间的封闭期(一般为2个月到3个月)后,随即转为开放期,即基金投资者可随时申购,随时赎回,因而基金的总份额是变动的。一段时期内基金申购份额大于赎回份额,那么基金的总份额增加了;反之,则减少了。也就是说,开放式基金的总份额是变动的。

3)按投资对象分类

证券投资基金的投资对象主要是股票、债券及其他有价证券,因此,按照基金主要投资对象不同,基金可分为股票基金、债券基金和货币市场基金。

(1)股票基金。股票基金是指以上市股票为主要投资对象的证券投资基金。我国《证券投资基金运作管理办法》规定,股票基金应有60%以上的资产投资于股票。

(2)债券基金。债券基金是指以债券为主要投资对象的证券投资基金。我国《证券投资基金运作管理办法》规定,债券基金应有80%以上的资产投资于债券。

(3)货币市场基金。货币市场基金是以货币市场工具为投资对象的一种基金,其投资对象期限在一年以内,包括银行短期存款、国库券、公司短期债券、银行承兑票据及商业票据等货币市场工具。

上述三类基金中,从风险与收益来说,股票基金的风险最高,收益也最高,而货币市场基金风险最低,相应其收益也最低,债券基金居于中间。

(4)指数基金。指数基金是20世纪70年代以来出现的新的基金品种。为了使投资者能获取与市场平均收益相接近的投资回报,产生了一种功能上接近或等于所编制的某种证券市场价格指数的基金。其特点是:由于基金所投资的股票及每个股票的投资比重完全拟合某个证券价格指数,因此当证券价格指数上升时基金收益同等增加,反之收益同等减少,基金始终保持当期的市场平均收益。指数基金的优势是:第一,费用低廉。指数基金的管理费较低,尤其交易费用较低。第二,风险较小。由于指数基金的投资非常分散,可以完全消除投资组合的非系统风险,而且可以避免由于基金持股集中带来的流动性风险。第三,在以机构投资者为主的市场中,指数基金可获得市场平均收益率,可以为股票投资者提供比较稳定的投资回报。

【知识链接9-3】

股票价格指数

股票价格指数是运用统计学中的指数方法编制而成的,反映股票总体价格或某类股票价格变动和走势的指标。

按照编制股票价格指数时纳入指数计算范围的股票样本数量,可以将股价指数划分为全部上市股票价格指数和成分股指数。前者是指将指数所反映的价格走势涉及的全部股票都纳入指数计算范围,如上海证券交易所发布的上海证券交易所综合指数就是把全部上市股票的价格变化都纳入计算范围;成分股指数,是指从指数所涵盖的全部股票中选取一部分较有代表性的股票作为指数样本,称为指数的成分股,计算时只把所选取的成分股纳入指数计算范围。例如,深圳证券交易所成分股指数,就是从深圳证券交易所全部上市股票中选取40种计算得出的一个综合性成分股指数。这个指数,可以近似地反映全部上市股票的价格走势。

4)按投资目的分类

有的基金以获取现金收入为目的,有的基金则追求基金资产的长期增值,根据基金投资目的的不同,通常将证券投资基金分为成长型基金、收入型基金和平衡型基金。

(1)成长型基金。成长型基金追求的是基金资产的长期增值。为了达到这一目标,基金管理人通常将基金资产投资于信誉度较高、有长期成长前景或长期盈余的所谓成长公司的股票。成长型基金又可分为稳健成长型基金和积极成长型基金。积极成长型基金相对于稳健成长型基金,其投资风格更加激进,因而通常风险较高,但同时收益也较高。

(2)收入型基金。收入型基金主要投资于可带来现金收入的有价证券,以获取当期的最大收入为目的。收入型基金资产成长的潜力较小,损失本金的风险相对也较低,一般可分为固定收入型基金和股票收入型基金,固定收入型基金主要投资于债券和优先股。

(3)平衡型基金。平衡型基金将资产分别投资于两种不同特性的证券上,并在以取得收入为目的的债券及优先股和以资本增值为目的的普通股之间进行平衡。这种基金一般将25%~50%的资产投资于债券及优先股,其余的投资于普通股。平衡型基金的主要目的是从其投资组合的债券中得到适当的利息收益,与此同时又可以获得普通股的升值收益。投资者既可获得当期收入,又可得到资金的长期增值,通常是把资金分散投资于股票和债券。平衡型基金的优点是风险比较低,缺点是成长的潜力不大。

9.4.3 证券投资基金的费用

证券投资基金在管理和运作过程中要涉及一些费用,如支付给基金管理人的管理费、支付给基金托管人的托管费,这些费用相应地降低了基金投资人的收益。

1)基金管理费

基金管理费是支付给基金管理人的管理报酬,其数额一般按照基金净资产值的一定比例,从基金资产中提取。基金管理人是基金资产的管理者和运用者,对基金资产的保值和增值起着决定性的作用。因此,基金管理费收取的比例比其他费用要高,基金管理费是基金管理人的主要收入来源。

一般而言,基金风险程度越高,其基金管理费费率越高。其中费率最高的基金为证券衍生工具基金,如认股权证基金的年费率为1.55%~2.5%,最低的要算货币市场基金,其年费率仅为0.5%~1%。香港基金公会公布的其他几种基金的管理年费率为债券基金年费率0.5%~1.5%,股票基金年费率1%~2%。在美国等基金业发达的国家和地区,基金的管理年费率通常为1%左右,我国目前的基金管理年费率为2.5%。

为了激励基金管理公司更有效地运用基金资产,有的基金还规定可向基金管理人支付基金业绩报酬。基金业绩报酬,通常是根据所管理的基金资产的增长情况规定一定的提取比率。

2)基金托管费

基金托管费是支付给基金托管人的费用。托管费通常按照基金资产净值的一定比例提取,逐日计算并累计,每月末支付给托管人,此费用也是从基金资产中支付。基金托管费收取的比例与基金规模和所在地区有一定关系,通常基金规模越大,基金托管费费率越低。托管费年费率国际上通常为0.2%左右,美国一般为0.2%,我国内地及台湾、香港地区则为0.25%。

3)其他费用

证券投资基金的费用还包括:证券交易费用;基金信息披露费用;基金持有人大会费用;与基金相关的会计师、律师等中介机构费用;基金分红手续费;清算费用;法律、法规及基金契约规定可以列入的其他费用。

9.4.4 开放式证券投资基金的交易

开放式证券投资基金的交易一般通过银行代销、基金管理公司直销等渠道进行,包括基金申购和基金赎回。

1)开放式基金的申购和赎回

基金投资者购买基金,既可以在新基金发行阶段购买,通常称之为基金认购,也可以在基金成立后,封闭期结束进入开放期时购买,通常称之为申购。但认购的基金一般要经过封闭期才能赎回,而申购的基金在第二个工作日就可以赎回。

无论是认购还是申购,都要按购买基金金额的一定比率缴纳手续费,分别称之为基金认购费和基金申购费。手续费的高低同购买的资金大小有关系,购买资金大的,通常享受手续费的优惠;手续费的高低还同基金的类型有关系,通常股票型基金的手续费远远高于债券基金和货币市场基金的手续费。此外,为了鼓励基金投资者在新基金发行时购买,通常同一个基金认购费低于申购费。

开放式基金的赎回同认购、申购一样,也要按赎回资金额的一定比率收取一定的费用,称之为赎回费。

2)开放式基金申购份额和赎回金额计算

(1)基金单位净值。基金单位净值,亦称基金份额净值,是开放式基金申购份额及赎回金额计算的基础,计算公式为:

基金资产净值 = 基金资产总值 - 基金负债

基金单位净值 = 基金资产净值/基金总份额

其中,基金资产总值包括证券账户总市值、现金、应收账款等,基金负债则是应付管理费、托管费等费用项目以及各种应付款项等。基金资产净值是指在某一时点上,基金资产的总市值扣除负债后的余额,代表了基金持有人的权益。

例如,某基金管理管理公司的证券账户总市值为 4 500 万,其他资产项目为 500 万,负债项目为 500 万,那么基金资产净值为 4 500 万,如果基金此时的总份额(注:开放式基金的总份额是变动的)为 1 000 万份,那么该基金的单位净值为 4.5 元。

(2)基金申购份额和赎回金额计算。

基金申购份额计算。

基金申购份额按申购金额扣除申购费用后除以基金单位净值确定,计算公式如下:

申购费用 = 申购金额 × 申购费率

净申购金额 = 申购金额 - 申购费用

申购份额 = 净申购金额/当日基金单位净值

例如,投资者以10 000元通过工商银行申购某开放式证券投资基金,该基金的申购费率为1.5%,申购当日该基金的单位净值为2.5元,那么投资者可获得的基金份额为:

申购费用 = 10 000 × 1.5% = 150(元)

净申购金额 = 10 000 - 150 = 9 850(元)

申购份额 = 9 850/2.5 = 3 940(份)

基金赎回金额计算。

基金的赎回金额按赎回总额扣除赎回费用确定,计算公式如下:

赎回总额 = 赎回份额 × 当日基金单位净值

赎回费用 = 赎回总额 × 赎回费率

赎回金额 = 赎回总额 - 赎回费用

接上例,半年后,当基金单位净值为3.0元时,该投资者将其申购的基金全部赎回。假设赎回费率为0.5%,则投资者可获得的现金,计算如下:

赎回总额 = 3 940 × 3.0 = 11 820(元)

赎回费用 = 11 820 × 0.5% = 59.1(元)

赎回金额 = 11 820 - 59.1 = 11 760.9(元)

3)证券交易所交易的开放式基金

基金投资者除了可以通过银行代销渠道、基金管理公司直销渠道认购、申购、赎回开放式基金,还可以通过证券交易所,像买卖股票一样交易部分开放式证券投资基金,这就是上市型开放式基金(Listed Open-Ended Funds, LOFs)和交易型开放式指数基金(Exchange Traded Funds, ETFs)。

交易所交易的开放式基金既可通过银行渠道申购与赎回,其申购与赎回的价格为基金当日的单位净值,也可在证券交易所买卖,其买卖的价格为即时市场价格,也就是说同样的基金存在两个交易价格,但是由于所谓的基金份额转托管机制的存在,使得开放式基金的市场交易价格总是非常接近于基金单位净值。转托管机制的存在使得基金投资者可以将其在证券交易所购买的基金份额转出,并转入某个银行,或者将在某个银行申购的基金份额转出,转入证券交易所系统。

【小思考9-4】

同一个基金两个价格,是否有利可图

某上市型开放式基金,既在银行渠道销售,也在证券交易所交易。某日该基金的单位净值为2.5元,而市场交易价格为2.3元,如果这样的现象存在,基金投资者是否存在不承担任何风险就能获得较高收益的可能?

答:存在。因为基金投资者可以在证券交易所以2.3元买入一个单位基金,并通过基金份额转托管将其转入银行渠道,并在银行渠道以一个单位基金2.5元的价格赎回基金，因此即使考虑到转托管费和赎回费，该基金投资者也可以不承担任何风险就能获得较高收益。通过这一例子，我们也明白该上市型开放式基金的市场交易价格不可能维持在2.3元，因为投资者有利可图，所以大家都会从证券交易所买入该基金，从而使得上市型开放式基金的市场交易价格上升，并一直上升到接近于其单位净值为止。

4）基金定期定额投资

基金定期定额投资，简称基金定投，指的是每隔一段固定时间（通常按月）以固定的金额投资于同一个开放式基金，类似于银行零存整取的一种基金投资方式。投资者购买基金，既可一次性购买，也可采用基金定投的方式。基金定投适合于那些每月有固定收入，并有一定结余，同时又想通过投资获取收益的工薪阶层。它的优点是分摊投资成本，降低投资风险，并有一定的强制储蓄作用，从而起到积少成多的效果。

【小思考9-5】

基金定投与一次性投资哪个更好？

某基金投资者于2009年1月份在商业银行办理了基金定投，每月以1 000元投资于同一个开放式基金，至6月末共申购了六次，每次申购的基金单位净值分别为1.2元、1元、1.1元、1.2元、1.4元、1.3元。若该基金投资者不采用基金定投方式，而是采用一次性购买基金方法，以6 000元在2月份以1元的基金单位净值申购同样的开放式基金，或者一次性在5月份以1.4元申购同样的开放式基金。比较三种方式对投资者收益的影响。

答：在采用基金定投的方式下，投资者的平均成本，即平均基金单位净值为1.2元，而在一次性购买基金方式下，2月份的申购成本，即基金单位净值为1元，而5月份的申购成本，即基金单位净值为1.4元，显然一次性在2月份购买基金，投资者的成本最低，而一次性在5月份购买基金，投资者的成本最高，基金定投的成本居于两者之间，因此基金定投起到了分摊投资成本的效果。

9.5 金融衍生工具

9.5.1 金融衍生工具的定义、特征和分类

1）金融衍生工具的定义

金融衍生工具是指一种根据事先约定的事项进行支付的双边合约，其合约价格取决于或派生于原生金融工具的价格及其变化。金融衍生工具是相对于原生金融工具而言的。这些相关的或原生的金融工具一般指股票、债券、存单、货币等。

2)金融衍生工具的特征

(1)金融衍生工具的价格取决于原生金融工具的价格。

(2)金融衍生工具的产生以合约为基础。合约双方的权利和义务在签订合约之日起便基本确定,不需要或只需要少量初始净投资。

(3)金融衍生工具的交易过程是在现在完成,而交割却要在将来某一时刻才履行或完成。

(4)金融衍生工具的收益具有较高的不确定性。金融衍生工具所产生的收益来自于标的物价值的变动,即约定价格与实际价格的差额,它将随着未来利率、证券价格、商品价格、汇率或相应指数的变动而变动。

(5)强有力的财务杠杆作用和高度的金融风险相对应。在运用金融衍生工具进行交易时,只需按规定交纳较低的佣金或保证金,就可从事大宗交易,投资者只需动用少量的资金便能控制大量的资源。一旦实际的变动趋势与交易者预测的相一致,即可获得丰厚的收益;但是,一旦预测有误,就可能使投资者遭受严重损失。

3)金融衍生工具的分类

(1)根据原生工具的不同,金融衍生工具大致可以分为股票衍生工具、利率衍生工具、货币或汇率衍生工具。

股票衍生工具包括股票期权、股票价格指数期权、股票价格指数期货、认股权证、可转换债券、与股权相关的债券等;利率衍生工具包括远期利率协议、利率期货、债券期货、债券期权、利率互换等;货币或汇率衍生工具包括远期外汇合约、外汇期货、外汇期权、货币互换等。

(2)按交易形式,即合约类型,金融衍生工具可以分为远期合约、期货合约、期权合约和互换合约四大类。

远期合约和期货合约都是交易双方约定在未来某一特定时间,以某一特定价格买卖某一特定数量和质量资产的交易形式。期货合约是期货交易所制定的标准化合约,对合约到期日及其买卖的资产的种类、数量、质量作出了统一规定。远期合约是根据买卖双方的特殊需求由买卖双方自行签订的合约。

金融期权交易是指以金融期权合约为对象进行的流通转让活动。期权合约也是由交易双方订立的,合约的买入者在支付了期权费以后,就有权在合约所规定的某一特定时间或一段时期,以事先确定的价格向卖出者买进或卖出一定数量的某种金融商品或者金融期货合约,当然他也可以不行使这一权利。期权合约实际上是在规定日期或规定期限内按约定价格购买或出售一定数量的某种金融工具的选择权。在期权合约中,双方约定的价格称为执行价格,也即协议价格。看涨期权的买方拥有未来按协议价格买进某种金融工具的权利,看跌期权的买方则拥有未来按协议价格卖出某种金融工具的权利。

互换合约是一种交易双方签订的在未来某一时期相互交换某种资产的合约；更准确地说，互换合约是当事人之间签订的在未来某一期间内相互交换他们认为具有相等经济价值的现金流的合约。较为常见的是利率互换合约和货币互换合约。互换合约中规定的交换货币是同种货币，则为利率互换；是异种货币，则为货币互换。

(3)根据交易方法，即是否在交易所上市，金融衍生工具可以分为场内交易衍生工具和场外交易衍生工具。

场内交易，又称交易所交易，指所有的供求双方集中在交易所进行竞价交易的交易。在场内交易的金融衍生工具主要有期货和期权。场外交易，即柜台交易(OTC)，是指交易者不通过集中的交易所，而是通过各种通讯方式进行分散的、一对一的交易。这种交易方式有许多形态，可以根据每个使用者的不同需求设计出不同内容的产品。同时，为了满足客户的具体要求，出售衍生产品的金融机构需要有高超的金融技术和风险管理能力。但是，由于每次交易的清算不像场内交易那样由专门的结算机构统一结算，而是由交易双方自行结算，因而风险较高，所以场外交易一般仅限于信用程度较高的客户。在场外交易的金融衍生工具主要有远期、期权和互换。互换交易和远期交易是具有代表性的场外交易衍生产品。

9.5.2 金融衍生工具的产生和发展

1)金融衍生工具的产生

金融衍生工具产生于 20 世纪 70 年代，自出现以来，发展迅速。金融衍生工具的产生和迅速发展主要有以下原因：

(1)20 世纪 70 年代高通货膨胀率以及普遍实行的浮动汇率制度，使规避通货膨胀风险、利率风险和汇率风险成为金融交易的一项重要需求。衍生工具能有效地转移投资者某些不愿承担的风险给愿意承担者。

(2)各国政府逐渐放松金融管制以及通讯技术、信息处理技术的进步等有利条件促进衍生工具飞速发展。先进技术的出现，使实施套期保值、套利和其他风险管理策略的成本费用得以大大降低，从而也使衍生工具供给量大大增加。

(3)金融业的竞争日益加剧促使金融机构不断进行金融创新，推出新的金融衍生工具。

(4)20 世纪 70 年代以来期权定价模型等衍生工具估价模型和技术取得突破并有了长足的进展，这有利于投资者更为准确地对衍生工具进行估价、风险管理，有利于衍生工具的发行和使用，从而促进了衍生工具的发展。

2)金融衍生工具的最新发展趋势

(1)日趋复杂化、多样化并迅猛发展。金融衍生工具的品种日益复杂和多样化，几乎每个月都有一种新型的衍生工具产生。衍生工具也日见复杂，当今衍生工具所对应的基础工具已经包括了衍生工具本身。同时衍生工具以惊人的速度迅猛发展,发行量呈高速增长。

(2)利率衍生工具发展最快。就发行量而言,利率期货、期权、互换比其他品种的衍生工具要高出很多,发展也最快。

(3)银行已成为主要使用者。衍生工具的使用者可分为两大类:一类是最终使用者,包括公司、政府、机构投资者和金融机构等;另一类是经纪人,主要有银行、证券公司、保险公司以及高信誉的公司(如能源公司)等。一个机构既可以是最终使用者,也可以作为经纪人。比如,银行在其资产负债管理中运用衍生工具套期保值即为最终使用者,而为满足客户的需要运用衍生工具时则为经纪人。银行在利率互换和货币互换业务中的业务量均占全球业务量的一半。

(4)衍生工具交易地区相对集中。欧美发达国家集中了世界上绝大部分的交易所金融衍生品交易,全球80%以上的交易分布在北美和欧洲,近年来这种集中趋势更加明显。

9.5.3 股票权证和可转换公司债券

目前在国内证券交易所交易的金融衍生品主要有权证和可转换公司债券。

1)权证

(1)权证概述。这里所说的权证,指的是股票权证,是指由上市公司或其以外的第三人发行的,约定权证持有人在规定期间内或特定到期日,有权按约定价格向发行人购买或出售标的股票,或以现金结算方式收取结算差价的有价证券。

这里的第三人通常指的是上市公司的大股东或证券公司。如果权证的发行人是上市公司,则该权证称为股本权证;如果权证的发行人不是上市公司,而是其以外的第三人,则称为备兑权证。

如果权证赋予其持有人向发行人购买一定数量股票的权利,该权证称为认购权证或认股权证;如果权证赋予其持有人向发行人卖出一定数量股票的权利,该权证称为认沽权证。

同时,按照权证持有人行权时间的不同,可以将权证分为美式权证、欧式权证和百慕大式权证。美式权证可以在权证失效日之前任何交易日行权;欧式权证可以在权证失效日当日行权;百慕大式权证可在失效日之前一段或几段规定时间内行权。

(2)权证要素。权证要素包括权证类别、行权价格、存续时间、行权日期、行权结算方式、行权比例等。

其一,权证类别。权证类别即标明该权证属于认购权证还是认沽权证。

其二,行权价格。发行人发行权证时所约定的权证持有人向发行人购买或出售标的股票的价格。

其三,存续时间。权证的存续时间即权证的有效期,超过有效期,权证自动失效。我国上海证券交易所、深圳证券交易所均规定,权证存续时间为自上市之日起6个月以上24个月以下。

其四,行权日期。权证持有人有权行使权利的日期。

其五,行权结算方式。行权结算方式分为证券给付结算方式和现金结算方式两种。前者是指权证持有人行权时,发行人按照行权价格向权证持有人出售或购买标的股票;后者是指权证持有人行权时,发行人按照约定向权证持有人支付行权价格与标的股票结算价格之间的差额。

其六,行权比例。单位权证可以购买或出售的标的股票数量。

2)可转换公司债券

(1)可转换公司债券概述。可转换公司债券,也称可转换债券,是指债券持有人可以在特定时间按特定条件将债券转换为公司普通股的公司债券。

可转换债券兼具公司债券和股票的特征,具有以下三个特点:

一是债权性。与其他债券一样,可转换债券也有规定的利率和期限,投资者可以选择持有至债券到期,收取本息。

二是股权性。可转换债券在转换成股票之前是纯粹的债券,但在转换成股票之后,原债券持有人就由债权人变成了公司的股东,相应地,公司负债减少了,股本增加了。

三是可转换性。可转换性是可转换债券的重要标志,债券持有人可以按约定的条件将债券转换成股票。转换权是可转换债券投资者享有的、一般债券所没有的选择权。可转换债券在发行时就明确约定,债券持有人可按照发行时约定的价格将债券转换成公司的普通股票。如果债券持有人不想转换,则可以继续持有债券,直到偿还期满时收取本金和利息,或者在流通市场出售变现。如果持有人看好发债公司股票的增值潜力,在宽限期之后可以行使转换权,按照预定转换价格将债券转换成为股票,发债公司不得拒绝。正因为具有可转换性,可转换债券利率一般低于普通公司债券利率,企业发行可转换债券可以降低筹资成本。

此外,通常可转换债券持有人还享有在一定条件下将债券回售给发行人的权利,而且债券发行人一般也享有在一定条件下提前强制赎回债券的权利。

(2)可转换公司债券的要素。可转换债券的要素包括有效期限和转换期限、票面利率、转换比例或转换价格等。

其一,有效期限和转换期限。就可转换债券而言,其有效期限与一般债券相同,是指债券从发行之日起至清偿本息之日止的存续时间。转换期限是指可转换债券转换为普通股票的起始日至结束日的期间。大多数情况下,发行人都规定一个特定的转换期限,在该期限内,允许可转换债券的持有人按转换比例或转换价格将债券转换成发行人的股票。我国《上市公司证券发行管理办法》规定,可转换公司债券的期限最短为1年,最长为6年,自发行结束之日起6个月后方可转换为公司股票。

其二,票面利率。可转换公司债券的票面利率是指可转换债券作为一种债券的票面年利率,由发行人根据当时的市场利率水平、公司债券资信等级和发行条款确定,一般低于相同条件的不可转换公司债券。可转换公司债券应每半年或1年付息一次,到期后5个工作日内应偿还未转股债券的本金及最后1期利息。

其三,转换比例和转换价格。转换比例是指一定面额可转换债券可转换成普通股的股数,用公式表示为:

转换比例=可转换公司面值/转换价格

例如,某可转换债券面额为1 000元,规定其转换价格为25元,则转换比例为40,即1 000元债券可按25元1股的价格转换为40股普通股票。

转换价格是指可转换债券转换为每股普通股票所支付的价格,用公式表示为:

转换价格=可转换债券面值/转换比例

其四,赎回条款与回售条款。赎回是指发行人在发行一段时间后,提前赎回未到期的发行在外的可转换公司债券。赎回条款一般是指当公司股票价格在一段时间内连续高于转换价格达到一定幅度时,公司可按事先约定的赎回价格买回发行在外尚未转股的可转换债券。回售是指公司股票价格在一段时间内连续低于转股价格达到某一幅度时,可转换债券持有人可按事先约定的价格将所持可转换债券卖给发行人的行为。

其五,转换价格修正条款。转换价格修正是指发行公司在发行可转换债券后,由于公司的送股、配股、增发股票、分立、合并等其他原因导致发行人股份发生变动时,引起公司股票名义价格下降时而对转换价格所作的必要调整。

知识题

9.1 什么是有价证券?有价证券有哪些特征?

9.2 什么是证券发行市场?什么是证券交易市场?

9.3 什么是普通股?什么是优先股?

9.4 什么是送股?什么是配股?什么是转增股本?

9.5 什么是股票账面价值?什么是股票内在价值?

9.6 什么是贴现债券?什么是附息债券?

9.7 什么是记账式国债?什么是凭证式国债?

9.8 什么是开放式基金?什么是封闭式基金?

9.9 什么是股票基金？什么是债券基金？什么是指数基金？

9.10 什么是基金的申购与赎回？什么是基金的单位净值？

9.11 什么是金融衍生工具？金融衍生工具有哪些特点？

9.12 什么是认购权证？什么是认沽权证？

9.13 什么是可转换公司债券？和普通债券相比有什么显著特点？

案例题

我国资本市场已初步匹配“当量”国民经济地位

经过18年(以沪深交易所成立计)快速发展,我国资本市场已初步实现与国民经济地位和“当量”的匹配。

据统计,截至今年7月底,沪深股市总市值23.57万亿元,流通市值11.67万亿元,全球排名第三,与我国GDP国际排名相同;上市公司从1991年底的14家发展到2009年7月底的1 628家,18年间增长115倍;上市公司总市值占2008年GDP比例约95.4%,资本市场规模与GDP规模总体相当;境内资本市场累计为企业股票融资2.5万亿元,企业债券融资2.9万亿元。

2008年,我国商品期货成交量已占全球的1/3,中国已经成为全球第二大商品期货市场和第一大农产品期货市场。

截至目前,我国金融、电力、石油、石化等各领域的骨干国有企业已经上市,国有控股或参股的上市公司大都成为各行业的领军企业。经过股权分置改革,国有资产定价交易市场化,原国有股的资产增值效应明显。

作为资本市场参与主体,证券中介机构规范化程度明显提高,逐步纳入创新发展的新轨道。截至今年7月底,107家证券公司总资产2.02万亿元,净资本3 322亿元,管理客户资产9.68万亿元,今年前7个月证券公司累计实现净利润578亿元;61家基金管理公司共管理502只基金,基金总份额2.29万亿份,基金净值2.55万亿元。

与资本市场快速发展相应,投资者的规模日益壮大。截至今年7月底,股票投资者开户数近1.33亿户,基金投资账户超过1.78亿户。资本市场成为广大人民群众管理财富的重要平台。

值得注意的是,我国资本市场在汲取新中国60年来物质、精神养分,实现自我快速发展的同时,服务国民经济全局的能力也在不断提升,有力地支持了实体经济又好又快发展。

资料来源:周翀,《我资本市场已初步匹配“当量”国民经济地位》,载《上海证券报》,2009-08-26。

要求:根据上述资料,分析我国证券市场在近20年内取得的飞速发展主要体现在哪些方面。

提示:经济增长、股票总市值、上市公司家数、融资额、证券中介机构和投资者等方面。

实训题

实训项目:现阶段国内居民可以投资哪些金融产品。

实训目的:掌握金融产品种类及其风险与收益特征,了解在国内投资这些金融产品的地点、要求和相关程序。

实训步骤:(1)实地走访一家证券公司;

(2)以投资者身份向证券公司工作人员了解股票、权证、记账式国债、公司债券和可转换公司债券等证券的开户、交易、结算等方面的基本知识;

(3)实地走访一家商业银行;

(4)以客户身份向银行工作人员询问开放式基金申购与赎回,凭证式国债、储蓄国债(电子式)购买和兑付的要求及相关程序;

(5)以小组为单位就实地考察了解的知识展开讨论。

第10章 保 险

学习目标

在学习完本章之后，你应该能够：了解保险的概念和职能；明确保险的基本原则；熟知财产保险和人身保险的概念和主要业务；掌握展业、承保、理赔的程序。

【引例】

我国有关保险起源的传说

长江是一条横贯中国东西的河流，在其上游地区，山高路险，交通不便，因此，长江就成了主要的交通要道，大批的货物源源不断地从四川、云南、贵州等地运往下游。由于当时造船技术有限，加上长江水急浪高，经常发生船只倾覆、货物损失的事故，商人们都在思考用什么办法来避免这种损失。有一个年轻的四川商人，名叫刘牧，提出了一个办法，要改变过去那种把货物集中装载在一条船上的做法，而把货物分装在不同的船上。开始时很多商人都反对这种做法，因为如果采取这种做法，就要与别的商人打交道，还增加了货物装卸工作量。但经过努力，刘牧说服了这些商人。采取这种办法后的第一次航行，果然发生了事故，船队中有一艘船沉没了。但由于采取了分装法，损失分摊到每个商人头上后，就变得很小了，大家都避过了灭顶之灾。这种分散风险的方法被长江运输货物的商人们广泛地接受，进而发展成"船帮组织"。其分散危险或由整个船队分担损失的做法，其实就是现代海上保险的原理与基础。

这一资料表明：保险是集合具有同类风险的众多单位和个人，以合理计算分担金的形式，向少数因该风险事故发生而招致经济损失的成员提供经济保障的一种行为。

10.1 保险概述

10.1.1 保险的概念、职能和作用

1)保险的概念

(1)广义保险。无论何种形式的保险,就其自然属性而言,都可以将其概括为:保险是集合具有同类风险的众多单位和个人,以合理计算风险分担金的形式,向少数因该风险事故发生而受到经济损失的成员提供保险经济保障的一种行为。

(2)狭义保险。通常,我们所说的保险是狭义的保险,即商业保险。《中华人民共和国保险法》明确指出:本法所称保险,是指投保人根据合同约定,向保险人支付保险费,保险人对于合同约定的可能发生的事故因其发生所造成的财产损失承担赔偿保险金责任,或者当被保险人死亡、伤残、疾病或者达到合同约定的年龄、期限时承担给付保险金责任的商业保险行为。

投保人向保险人支付的费用称为保险费。大量客户所缴纳的保险费,一部分用来建立保险基金以应付预期发生的赔款,另一部分被保险人用作营业费用支出。如果自始至终保险人所支出的赔款和费用小于保险费收入,那么差额就成为保险公司的利润。

【知识链接 10-1】

保险专业术语

保险人:指与投保人订立保险合同,并承担赔偿或者给付保险金责任的保险公司。

投保人:指与保险公司订立保险合同,并按照保险合同负有支付保险费义务的人。

被保险人:指其身体或生命受保险合同保障,享有保险金请求权的人。

受益人:指人身保险合同中由被保险人或者投保人指定的享有保险金请求权的人。

保险利益:又称可保利益,指投保人对保险标的具有的法律上承认的利益。

保险费:简称保费,指投保人为取得保险保障,按保险合同约定向保险人支付的费用。

保险金:指保险事故发生后被保险人或受益人从保险公司领取的钱。

保险金额:简称保额,指保险公司承担赔偿或者给付保险金责任的最高限额。

保险单:简称保单,指保险公司给投保人的凭证,证明保险合同的成立及内容。保单上载有参加保险的种类、时间、保险金额、保险费、保险期限等保险合同的主要内容。保险单是一种具有法律效力的文件。

保险责任:是指保险人承担的经济损失补偿或人身保险金给付的责任。在保险责任范围内发生财产损失或人身保险事故,保险人均要负责赔偿或给付保险金。

责任免除:又称除外责任,指保险人依照法律规定或合同约定不承担保险责任的范围,是对保险责任的限制。

保险期限:也称保险期间。根据保险合同,保险公司在约定的时间内对约定的保险事故负保险责任,这一约定时间就是保险期限。

现金价值:所谓保单现金价值又称“解约退还金”或“退保价值”,是指带有储蓄性质的人身保险单所具有的价值。

主险与附加险:主险指可以单独投保的保险险种,附加险指不能单独投保,只能附加于主险投保的保险险种,主险因失效、解约或满期等原因效力终止或中止时,附加险效力也随之终止或中止。

趸缴:是一种缴保费方式,指所有保费一次性缴清。

年缴:也是一种缴保费方式,指每年缴一次。

2)保险的职能

(1)保险的基本职能。具体包括:

一是分摊损失。即通过保险活动将遭受风险事故的被保险人的经济损失在众多投保人之间分摊。其关键是预计损失,即运用大数法则掌握灾害事故发生的规律,然后根据预计损失确定投保人应交付的保险费的数额。大数法则是保险合理分摊损失的数理基础。

二是补偿损失。保险通过将参加保险的全体成员所缴保费建立起的保险基金用于少数成员因遭遇自然灾害或意外事故所遭受的损失给予经济补偿。

保险的两个基本职能是相辅相成的,分散风险是达到补偿损失的一种手段,而补偿损失是保险的最终目的,没有分散风险就无法进行损失补偿,两者是手段与目的的统一。

(2)保险的派生职能。具体包括:

一是融通资金。保险公司通过开展承保业务,将社会中的闲散资金汇集起来,通过投资将积累的保险资金运用出去,可以满足未来支付的保险基金保值增值的需要。保险的融资来源主要包括资本金、总准备金或公积金、各项保险准备金以及未分配盈余。保险融资的方向包括银行存款、购买有价证券、购买不动产、各种贷款、委托信托公司投资等。

二是社会管理。主要体现在:①社会保障管理。现代商业保险是社会保障体系的重要组成部分,为没有参加社会基本保险制度的劳动者提供社会保障,或在已有社会保险的基础上提高劳动者的保障水平,从而化解社会生活中的不安定因素,客观上起到社会“稳定器”的作用。②社会风险管理。保险经营机构能够积极主动参与、配合社会防灾部门开展防灾防损工作,并为全社会风险管理提供有力的数据支持。③社会关系管理。通过保险应对灾害损失,不仅可以根据保险合同约定,对损失进行合理补偿,而且可以提高事故处理的效率,减少当事人可能出现的各种纠纷。它有利于维护政府、企业和个人的正常的社会关系和秩序,减少社会摩擦。④社会信用管理。保险公司通过经营过程中收集和记录有关企业和个人的信用状况,为社会信用体系的建立和管理提供重要的信息资料来源,实现社会信用资源的共享。

3)保险的作用

(1)社会的"稳定器"。具体表现为:

一是有利于国民经济持续稳定地发展。由于保险具有分摊损失和经济补偿的职能,任何单位只要缴付了保险费,则一旦发生风险事故,便可得到经济补偿,从而保证了社会再生产的连续性和稳定性。

二是有利于企业及时恢复经营。无论何种性质的企业,在经营中都可能遭受自然灾害和意外事故的损害,造成经济损失。企业参加保险后,一旦遭遇灾害事故损失,就能按照合同约定的条件及时得到保险赔偿,获得资金,恢复生产经营。

三是有利于安定人民生活。保险能够通过与人民生活密切相关的险种直接稳定人们的生活,构建和谐社会,如通过家庭财产保险可以保障人们家庭财产安全,通过人身保险可以保障人们因生、老、病、死、残等人身风险造成的经济困难。

(2)社会的"助推器"。具体表现为:

一是有利于科学技术的推广应用。当代的商品价值越来越趋向于高新技术的竞争。新技术的采用在提高生产力的同时,也会给企业带来新的风险。保险可以通过对企业的技术风险提供保障的方式,有力地促进企业引进新技术、开发新产品,促进新技术向现实生产力转化。

二是有利于对外贸易和国际交往,促进国际收支平衡。保险是对外贸易和国际经济交往中不可缺少的环节。按照国际惯例,进出口贸易都必须办理保险。保险外汇收入是一种无形的贸易收入,是国家经济外汇资金的重要来源。

10.1.2 保险的分类

保险可以从不同的角度进行分类。

1)按保险标的的保障范围分类

(1)财产保险。财产保险是指以物质财富和与其有关的利益、责任作为保险标的的保险。保险人对被保险人由于自然灾害或意外事故造成的财产损失承担赔偿责任。我国的财产保险业务包括财产损失保险、责任保险、信用保险等。

(2)人身保险。人身保险是以人的生命或是身体作为保险标的的保险。我国人身保险主要有人寿保险、健康保险、意外伤害保险等。

2)按保险的性质分类

(1)商业保险。商业保险是指按商业经营原则所经营,以营利为目的的经营保险,所以又称营利保险。它是一种合同关系,通过投保人与保险人签订保险合同而建立保险关系。一方面,投保人根据保险合同负有向保险人支付保险费的义务;另一方面,保险人在保险事故发生时负有赔偿或给付保险金的义务。

(2)政策保险。政策保险是政府为实现其政治、经济、社会伦理等方面的政策目的,运用普通保险的技术而开办的一种保险,如农业保险、出口信用保险等。

(3)社会保险。社会保险是指国家或政府通过立法形式,采取强制手段对全体公民或劳动者因遭遇年老、疾病、生育、伤残、失业和死亡等社会特定风险而暂时或永久失去劳动能力、生活来源或中断劳动收入时的基本生活需要提供经济保障的一种制度,主要包括养老保险、医疗保险、失业保险、工伤保险和生育保险等项目。

3)按风险的转嫁形式分类

(1)原保险。原保险是指投保人与保险人直接签订保险合同而建立保险关系的一种保险。

(2)再保险。再保险简称分保,它是指保险人将其承担的保险业务,部分或全部分给另一个或几个保险人承担。它是保险人之间的业务关系。

(3)重复保险。重复保险是指投保人以同一保险标的、同一保险利益、同一保险事故分别与数个保险人订立保险合同,且保险金额总和超过保险价值的一种保险。

(4)共同保险。共同保险指两个或两个以上的保险人,就同一保险标的、同一保险利益、同一保险事故共同订立保险合同,且保险金之和不超过保险价值的保险,也称共保。

4)按赔付形式分类

(1)定值保险。定值保险是指在保险合同订立时,由保险双方当事人协商确定一定的保险金额,当保险事故发生时,保险人依照预先确定的金额给付保险金的一种保险。定值保险一般适用于人身保险。

(2)不定值保险。不定值保险是指在保险事故发生后,由保险人根据保险标的实际损失额支付保险金的一种保险。不定值保险一般适用于财产保险。

5)按保险实施方式分类

(1)自愿保险。自愿保险是指投保人或被保险人和保险人双方在平等原则的基础上,根据自愿原则而签订的保险合同,如各种商业保险等。

(2)法定保险。法定保险又称强制保险,它是由国家政府通过法律或是行政命令强制实行的保险,如社会保险、机动车辆第三者责任险等。

10.1.3 中国保险业的发展

我国的保险业起步较晚。鸦片战争前后在我国的国土上陆续出现了一些保险公司,但这些保险公司都是外国人开办的。直到 1885 年,我国成立了"仁和"、"济和"两家民族保险企业。第一次世界大战期间,由于帝国主义列强忙于战争,中国的民族企业有了较快的发展,从而为民族保险业的成长奠定了基础,但是,中国的民族保险企业大多规模较小,在市场竞争中处于劣势地位。

中华人民共和国的成立,为我国民族保险业的发展提供了重要的制度保证。1949 年 10 月 20 日,中国人民保险公司成立,标志着中国现代保险事业的创立。中国人民保险公司在全国各地建立了分支机构,开办了多种保险业务。我国的保险业开始步入良性发展的轨道。但在 1958 年以后,由于受到"左"的思想干扰,国内的保险业务被迫停办,直到 1979 年,国内保险业务才得以恢复。1988 年以后,随着太平洋保险公司、平安保险公司的相继成立,中国人民保险公司独家经营的局面被打破。1993 年以后,商业保险公司按照分业经营的原则相继完成了财产保险、人寿保险和再保险业务的分离工作。1998 年 10 月,中国人民保险(集团)公司改组设立了中国人民保险公司(专营财产险)、中国人寿保险公司和中国再保险公司。与 30 多年前相比,我国的保险业务种类迅速增加、业务总量急剧扩大;更为重要的是,一批新的股份制商业保险公司的成立,使商业保险市场主体大大增加,并初步形成了国内外众多保险经营主体相互竞争、相互促进的市场格局。

10.2 保险的基本原则

10.2.1 最大诚信原则

1)最大诚信原则的含义

我国《保险法》第五条明确规定:"保险活动的当事人行使权利、履行义务应当遵循诚实信用原则。"诚信原则是世界各国立法对民事、商事活动的基本要求,由于保险经营活动的特殊性,保险活动中对诚信原则的要求更为严格,要求保险双方当事人在订立与履行保险合同的整个过程中要做到最大的诚实守信。

最大诚信原则的基本含义是:保险双方在签订和履行保险合同时,必须以最大的诚意履行自己应尽的义务,互不欺骗和隐瞒,恪守合同的约定和承诺,否则将导致保险合同无效。

2)最大诚信原则的内容

(1)告知。告知是指投保人在订立合同时,应该将有关保险标的的重要事实向保险人作真实的陈述。重要事实的判断有两个标准,只要满足其中一条即为重要事实:一是足以影响保险人决定是否承保的事实,二是足以影响保险人确定费率的事实。

最大诚信原则要求的告知是如实告知。如实告知既对投保人或被保险人有约束力,同时也约束保险人。①投保人或被保险人的告知。一是无限告知。投保人或被保险人不经保险人的询问,应主动将保险标的或被保险人的全部情况如实告知保险人。二是询问告知。投保人或被保险人不经保险人的询问,可以保持沉默,无须告知,保险人不得以此为由使合同无效或拒绝承担赔付责任。我国目前采用的是询问告知。②保险人的告知。一是明确列明。保险人只要将保险合同的条款、保险单的具体内容、保险费率等条件特别是有关责任免除的条款在保险单中明确列出即意味着完成了保险人的告知。二是明确说明。保险人不但要将保险合同的条款、保险单的具体内容、保险费率等条件特别是责任免除内容的条款在保险单中明确列出,而且必须向投保人或是被保险人明确说明。我国《保险法》规定保险人的告知形式是明确说明。

因此,违反告知义务,投保人将承担不利的法律后果。我国《保险法》规定:①投保人故意隐瞒事实,不履行如实告知义务,或者因过失未履行如实告知义务,足以影响保险公司决定是否承保或提高保险费率的,保险公司有权解除保险合同;②投保人故意不履行如实告知义务,保险公司对于保险合同解除前发生的保险事故,不承担赔付保险金的责任,并不退还保险费;③投保人因过失未履行如实告知义务,对保险事故的发生有严重影响的,保险公司对于保险合同解除前发生的保险事故,不承担赔付保险金的责任,但可以退还保险费。

【案例分析 10-1】

最大诚信原则运用案例

衡阳市某公司职工熊某,通过保险公司业务员陈某为其59岁母亲王某投保8份重大疾病终身险。陈某未对王某的身体状况进行询问就填写了保单。事后陈某也未要求王某做身体检查。1998年7月,王某不幸病逝,熊某要求保险公司理赔。保险公司以投保时未如实告知被保险人在投保前因“帕金森综合症”住院治疗的事实为由,拒绝理赔。熊某遂上诉法院,要求给付保险金24万元。

要求:根据上述资料,分析法院应如何判决。

分析:《保险法》第十六条规定:投保人故意隐瞒事实,不履行如实告知义务的,或因过失未履行如实告知义务,足以影响保险人决定是否同意承保或提高保险费率的,保险人有权解除合同。投保人故意不履行如实告知义务的,保险人对于保险合同解除前发生的保险事故,不承担赔偿或给付的责任,并不退还保险费。但该条同时规定:订立保险合同,保险人应向投保人说明保险合同的条款内容,并可以就保险标的或者被保险人的有关情况提出询问,投保人应当如实告知。

根据上述规定,如实告知并不是主动告知。本案中业务员陈某未对被保险人、投保人进行任何询问,就填写了保单中有关被保险人病史内容,事后陈某也未要求被保险人王某做身体检查,不能认定被保险人故意隐瞒事实,不履行如实告知义务,所以保险公司应予赔付。

(2)保证。保证是投保人或是被保险人在保险期间对某种事项的作为或不作为、存在或不存在的许诺。

保证按形式不同划分为明示保证和默示保证。明示保证是以保证条款形式在保险合同中载明的保证;默示保证是指虽然未载明于保险合同,但按照法律和惯例投保人应保证的事项。如海上保险的默示保证包括:船舶必须具备适航能力;不饶航;经营业务合法等。

保证按期限不同划分为确认保证和承诺保证。确认保证指的是投保人或被保险人对签订保险合同以前或现在某种事实的保证。如投保人身保险时,投保人保证被保险人在过去和投保当时健康状况良好。承诺保证是指投保人或被保险人对签订保险合同以后某种事实的保证,如投保家庭财产盗窃险,保证家中无人时,门窗一定关好、上锁。

违反保证的法律后果:①投保人或被保险人违反保证条款时,其行为不论是否给保险人造成了损害,保险人均可解除合同,且不承担赔偿或给付责任。②破坏确认保证可退还保费;破坏承诺保证时,若发生在合同生效前,可退还保费,而在合同生效后则不能退还保费。例如,某银行向保险公司投保火险附加盗窃险,在投保单上写明 24 小时有警卫值班,保险公司予以承保并以此作为减费的条件。后银行被窃,经调查某日 24 小时内有半小时警卫不在岗,则保险公司不承担赔偿责任。

(3)弃权与禁止反言。弃权是合同一方以明示或默示的方式表示放弃在保险合同中可以主张的权利;禁止反言是合同的一方既然放弃在保险合同中可以主张的某种权利,以后便不得再向他方主张该种权利。例如,某房主将其用于居住的房屋向保险公司投财产保险,在保险期间房主将其房屋用于制作加工烟花的小作坊,并没有通知保险公司。保险公司派人员到被保险的房屋进行安全检查时,得知房屋已作他用,未提出异议。房屋不幸于第二天发生火灾而全部烧毁。本例中被保险人更改房屋用途,没有通知保险公司,违反了告知义务,照理保险公司不应负担赔偿责任。但是保险公司得知房屋已作他用后未提出异议,放弃了解除保险合同和增加保费的权利。所以,根据弃权与禁止反言的有关内容,既然保险公司已经弃权就不能再凭此而拒绝赔偿。因此,保险公司应承担赔偿责任。

10.2.2 保险利益原则

1)保险利益原则的含义

我国《保险法》第十二条规定:"保险利益是指投保人对保险标的具有的法律上承认的利益。"

所谓保险利益原则,是指在签订和履行保险合同的过程中,投保人和被保险人对保险标的必须具有保险利益。如果投保人对保险标的不具有保险利益,会导致签订的保险合同无效;保险合同生效后,投保人或被保险人失去了对保险标的的保险利益,保险合同随之失效,但人身保险合同除外。保险利益必须是合法的、确定的经济利益。

【小思考10-1】

保险利益的条件

一游客到北京旅游,在游览了故宫博物院后,出于爱护国家财产的考虑,自愿支付保险费为故宫投保。问该游客是否能投保?

答:该游客不能投保。保险标的(即故宫)的存在不会为投保人(即游客)带来法律上承认的经济利益,保险标的发生事故也不会给投保人造成经济损失。所以该旅客对故宫博物院没有保险利益,不能以故宫博物院为保险标的投保。

2)保险利益原则的运用

(1)财产保险的保险利益。具体包括:

其一,财产所有人、经营管理人的保险利益。例如,房屋所有权人可以为房屋投保家庭财产险;企业的经营者可以为其经营的财产投保企业财产险。

其二,抵押权人与质权人的保险利益。抵押与出质都是债权的一种担保,当债权不能获得清偿时,抵押权人或是质权人有从抵押或是出质的财产价值中优先受偿的权利。抵押权人与质权人因债权债务关系对财产具有经济上的利害关系,所以对抵押、出质的财产具有保险利益。

其三,负有经济责任的财产保管人、承租人等的保险利益。

其四,合同双方当事人的保险利益。在合同关系中,一方当事人或双方当事人,只要合同标的的损失会给他们带来损失,其对合同标的就具有保险利益。如在进出口贸易中,出口方或是进口方都具有投保货物运输保险的保险利益。

(2)人身保险的保险利益。①投保人对自己的寿命和身体具有保险利益,可以作为投保人为自己投保。②投保人对配偶、子女、父母的生命和身体具有保险利益,可以作为投保人为他们投保。投保人对上述两项以外与投保人有抚养、赡养或者扶养关系的家庭其他成员、近亲具有保险利益。④除前款规定外,被保险人同意投保人为其订立合同的,视为投保人对保险人具有保险利益。

【案例分析10-2】

保险利益原则运用案例

江苏省青年甲男和乙女在上海市打工时相恋并同居多年,虽多次商议回家办理结婚登记但因种种原因终未成行。某日,甲为自己与乙各办理了一份保险金额为10万元的人寿保险合同,受益人各为甲、乙二人,但甲并未将投保事宜告知乙。后来,乙在一次车祸中身亡。甲向保险公司索赔,遭拒赔,甲遂向法院提起诉讼。法院并未支持其诉讼请求。

要求:根据上述资料,分析保险公司拒赔是否合法,法院判决是否正确。

分析:本案主要涉及保险法中的保险利益原则。保险利益是构成保险法律关系的一个重要条件,具体是指投保人或被保险人对保险标的所具有的法律上承认的经济利益。可见,构成保险利益应具备三个条件:(1)可保利益必须是合法利益;(2)可保利益必须具有经济价值;(3)可保利益必须是可以确定的和能够实现的利益。对于财产保险而言,保险利益一般包括财产权利、合同权利及法律责任三类,该利益在合同订立时一般并不要求必然拥有,但事故发生时则必须存在;而在人身保险中,保险利益是指投保人对被保险人的生命或身体所具有的利害关系,它在合同订立时必须存在,而事故发生时是否依然具有则并不一定。而且,基于人身保险合同的特殊性,我国《保险法》第五十三条对投保人具有保险利益的范围作出了严格限定,仅包括以下三种人员:(一)本人;(二)配偶、子女、父母;(三)前项以外与投保人有抚养、赡养或者扶养关系的家庭其他成员、近亲属。当然,这一限定也不是绝对的,该条最后一款又规定:"除前款规定外,被保险人同意投保人为其订立合同的,视为投保人对被保险人具有保险利益。"

在本案中,甲男和乙女为同居关系,这种关系并非为我国现行法律认可和保护的一种关系,双方之间没有法定的权利义务关系,因此,对于甲男而言,乙女并非《保险法》规定的三类人员中的任何一类,他对乙女并没有法定的保险利益;而且,自始至终甲男都未将投保一事告知乙女,可见也不存在经被保险人同意赋予其保险利益的情形,所以,甲男对乙女没有保险利益,他为乙女办理的保险合同无效,保险公司拒赔也是合法的,法院判决正确。

10.2.3 近因原则

1)近因原则的含义

近因,是指在风险和损失之间,导致损失的最直接、最有效、起决定作用的原因。近因原则的基本含义是指:若引起事故发生、造成保险标的损失的近因属于保险责任范围,则保险人承担损失赔偿责任;若近因属于除外责任,则保险人不负责赔偿。

2)近因原则的运用

(1)单一原因造成的损失。如果造成损失的原因只有一个,而这一原因又是保险人承担的风险,那么这一原因就是损失的近因,保险人应负赔偿责任;反之,则不负赔偿责任。

(2)多种原因造成的损失。如果造成保险标的损失的原因不止一个,而是两个或是两个以上,就应作具体分析。

第一种情况是多种原因同时发生。如果导致损失的多种原因全部属于承保范围,保险人应负全部责任,反之亦然。但如果在这多种原因中,有些是在承保范围之内,有一些则属于除外责任,那么保险公司的责任就要根据损失是否可以划分来决定。如货物在运输中既遭受了海水浸泡,又遭受了装卸货物时的钩损,如果投保了水渍险,又加保了钩损险,则保险人对所有损失给予赔偿;如果投保人只投保了水渍险,则要区分损失是否可分,如果水渍损失和钩损的受损程度可以区分,则保险人负责水渍损失,不能划分开的,则保险公司可以与被保险人协商赔付。

第二种情况是多种原因连续发生。如果多种原因连续发生导致损失,前因与后因之间具有因果关系,且各原因之间的因果关系没有中断,则最先发生并造成一连串风险事故的原因就是近因。保险人可根据是否属于保险责任确定是否赔付。例如,一英国居民投保了意外伤害险。他在树林中打猎时从树上跌下受伤,爬到公路边等待救助,夜间天冷,染上肺炎死亡。本例中被保险人从树上跌下与染上肺炎之间具有因果关系,并且两个原因之间的因果关系没有中断。所以死亡的近因是意外伤害而非肺炎,保险人应负赔付责任。

第三种情况是多种原因间断发生。在一连串连续发生的原因中,有一个新出现的而又完全独立的原因介入,导致损失。若新的独立的原因为承保风险,保险责任由保险人承担;反之,保险人不承担损失赔偿或给付责任。

10.2.4 损失补偿原则

1)损失赔偿原则的含义

损失赔偿原则是指当保险事故发生导致被保险人的经济损失时,保险人给予被保险人的经济损失赔偿,以恢复被保险人遭受保险事故前的经济状况为准。它是保险理赔的一项基本原则,主要用于财产保险。

2)损失赔偿原则的限制

(1)以实际损失为限。在补偿性保险合同中,保险标的遭受损失后,保险赔偿以被保险人所遭受的实际损失为限,全部损失全部赔偿,部分损失部分赔偿。例如,医疗保险中以被保险人实际花费的医疗费用为限;财产保险中以受损标的的当时市价为限,赔款额不应超过该项财产损失时的市场价格,如某栋房屋投保时的市价为60万元,发生保险事故时的市价跌至55万元,保险人只应赔偿55万元,尽管保险金额为60万元。

(2)以保险金额为限。保险金额是保险人承担赔偿或者给付保险金责任的最高限额,赔偿金额只应低于或等于保险金额而不应高于保险金额。在上例中,如果房屋受损时市价涨至65万元,被保险人所遭受的实际损失虽然为65万元,但保险人只按保险金额60万元赔偿。

(3)以保险利益为限。保险人的赔偿以被保险人所具有的保险利益为前提条件和最高限额,被保险人所得的赔偿以其对受损标的的保险利益为最高限额。例如,在抵押贷款的财产保险合同中,银行以受押人名义对所抵押的房屋投保。如果银行贷款为55万元,房屋价值60万元,保险金额为60万元,发生保险事故时,保险人只能赔偿被保险人银行55万元。

上述三者之中,以最低的为限。

3)损失赔偿原则的派生原则

(1)代位求偿原则。代位求偿是指保险人按照保险合同规定,对保险标的全部或部分履行赔偿义务后,有权取得被保险人的地位,向对保险标的的损失负有法律赔偿责任的第三方进行追偿。保险人的这种权利,称为代位求偿权。

代位求偿原则适用于财产保险合同,不适用于人身保险合同。人身保险的被保险人伤残或死亡,被保险人、受益人可以同时得到保险人给付的保险金和第三者负责的赔偿金额。因为人身价值是无法以货币形式来衡量的,不存在额外收益问题。

【案例分析10-3】

代位求偿原则运用案例

霍某为自己的大货车投保了车辆保险。一日,霍某在驾车外出返回途中,由于没注意路面上有一根圆木,一侧车轮轧了上去,车弹了一下,谁知车辆前机盖突然翻起,与挡风玻璃发生剧烈碰撞,造成挡风玻璃破碎,车辆前机盖受损。霍某立即采取紧急制动措施,但因其视线被翻起的前机盖挡住,无法有效控制车辆,车辆在惯性作用下偏离正常行驶轨道,蹿到道路中央的护栏上,造成车辆左前部分,包括保险杠、左侧大灯、边灯、翼子板等受损。霍某向保险公司索赔,保险公司按车辆损失险向霍某赔偿了修车费用。负责定损理赔的工作人员小吴对于车辆因碰撞导致前机盖弹起感到奇怪,在将车辆送往修理厂修理后,他向修车师父询问了车辆前机盖弹起的原因,得知,原来霍某最近修过一次车,修理厂给他的车更换了不合格的零件,导致前机盖弹起。小吴了解到这些情况后,向领导作了汇报,公司决定向当时给霍某修车的宏达修车厂追索他们的保险金。宏达修车厂拒绝了保险公司的赔偿请求,双方为此发生争执,保险公司将宏达修车厂告上了法庭,要求其赔偿保险公司的修理费支出。

法院经审理认为:霍某在保险公司投保了车辆损失险,当霍某的车辆因碰撞发生损失时,保险公司对车辆的修理费用作了赔偿,其行为合法。由于霍某车辆发生碰撞损失是由于宏达修理厂给霍某的货车使用了不合格的零件所致,根据我国《保险法》第四十五条的规定,保险公司可以向造成保险标的损失的第三者行使代位求偿权。保险公司的诉讼请求合法,给予支持,判决宏达修车厂赔偿保险公司已经支出的修车费用。

要求:根据上述资料,分析法院作出如此判决的理由。

分析:代位求偿权是保险理赔的最后一道程序。根据保险的补偿原则,被保险人只能因保险理赔弥补自己因保险交通事故所造成的损失,而无权因保险交通事故的发生而得益。因此,如果保险交通事故发生后,除了对保险公司的赔偿请求权外,被保险人还有对造成损害的第三人的请求权。被保险人和保险公司的做法有以下两种:一是向保险公司请求赔偿,如果保险公司的赔偿不足以完全弥补损失,就剩余的部分向第三人请求赔偿,同时保险公司就已经向被保险人赔偿的部分享有对第三人的追偿权。二是向第三人请求赔偿,如果从第三人处得到了完全的赔偿,无权再向保险公司请求;如果从第三人处得到的赔偿不足以弥补损失,有权向保险公司请求赔偿,保险公司在理赔时相应扣减被保险人已经从第三人处取得的赔偿,保险公司赔偿后,就该赔偿额取得向第三人追偿的权利。

本案中,被保险人霍某的货车因修理厂为其更换了不合格的机件而发生碰撞交通事故,保险公司在按照车辆损失险向其理赔后,就拥有了向修理厂索赔的代位求偿权,修理厂应该对自己违反修理合同给客户造成的损失负责。

(2)重复保险的比例分摊原则。重复保险是指投保人对同一保险标的、同一保险利益、同一保险事故分别向两个以上的保险人订立保险合同的保险。其保险金额的总和超过保险标的的实际价值。在重复保险的情况下,被保险人有可能就该保险标的的损失,从不同的保险人那里得到赔偿。为了防止被保险人因赔偿而获得额外利益,一般采取各保险人之间责任分摊的办法,主要有三种方式:比例责任分摊、限额责任分摊和顺序责任分摊。

比例责任分摊是指以保险金额为基础计算分摊责任。各保险人按其承保的保险金额占保险金额总和的比例分摊保险事故造成的损失,支付赔款。计算公式为:

比例责任分摊方式下各保险人承担的赔偿金额 = 损失金额 × 承保比例

承保比例 = 该保险人承保的保险金额/所有保险人承保金额总和

限额责任分摊是指按照在没有其他保险人重复保险的情况下,单独应付的赔偿责任限额来分摊赔款。计算公式为:

限额责任分摊方式下各保险人承担的赔偿金额 = 损失金额 × 赔偿比例

赔偿比例 = 该保险人的赔偿限额/所有保险人赔偿限额总和

顺序责任分摊是按照各保险公司出单的时间顺序赔偿。首先出单的公司先在其保额限度内负责赔偿,后出单的公司只在损失额超出前一家公司的保额时,在自身保额限度内赔偿超出的部分。

【小思考 10-2】

重复保险的分摊运用举例

假定一投保人把一项价值为400万元的财产先后安排给A、B、C三家保险公司承保,这三家保险公司承保的金额分别为100万元、150万元、250万元。该财产因发生火灾损失200万元。各公司的赔偿情况如何?

答：

表 10－1　　重复保险的分摊　　单位：万元

	A 公司	B 公司	C 公司
比例责任	40	60	100
限额责任	44.44	66.67	88.89
顺序责任	100	100	0

在保险实务中，各国采用较多的是比例责任和限额责任分摊方式，因为在顺序责任分摊方式下各承保公司承担的责任有失公平。我国采用的是比例责任分摊。

10.3 保险业务种类

10.3.1 财产保险

1）财产保险的概念

财产保险，是指以各种财产物资和有关利益为保险标的，以补偿投保人或被保险人的经济损失为基本目的的一种社会化的经济补偿制度。广义财产保险是指包括各种财产损失保险、责任保险、信用保证保险等业务在内的一切非人身保险业务。狭义财产保险则仅指各种财产损失保险，它强调保险标的是各种具体的财产物资。

2）财产保险的主要业务

（1）财产损失保险。财产损失保险即以被保险人的有形物质财产及其相关利益的损失风险为保障内容的各种保险业务的统称，是财产保险业传统的，也是最主要的业务来源。通常将财产损失保险按承保对象的性质不同划分为火灾保险、运输保险、工程保险和农业保险。

火灾保险是指以存放在固定场所并处于相对静止状态的财产物资为保险标的，由保险人承担被保险财产遭受保险事故损失的经济赔偿责任的财产损失保险。我国火灾保险业务主要的险种有团体火灾保险、机器损坏保险、利润损失险和家庭财产保险。团体火灾保险适用于企事业单位和机关团体的固定资产和流动资产。机器损坏保险则主要承保工厂、矿山等企业的机器本身的损失，保险人对各类安装完毕并已转入运行的机器设备因人为的、意外的或物理性原因造成的物质损失负责。利润损失险又称营业中断保险，赔偿企业遭受灾害事故并导致正常生产或营业中断造成的利润损失。在我国，利润损失险作为财产保险基本险或综合险的附加险承保。家庭财产保险是指为城乡居民家庭开办的以其个人财产为保险对象的财产保险，简称家财险。

【知识链接10-2】

家庭财产险的主要种类

目前市场上各家财险公司都推出了各种各样的家财险品种，保障范围涵盖房屋、房屋附属物(包括私人车库、天台等)、房屋装修及服装、家具、家用电器和文化娱乐用品，甚至还有现金和金银珠宝盗抢险等，几乎包含了一个家庭可能发生的所有损失。

目前市场上的家财险主要分为保障型、两全型和投资型三种。

保障型家财险是单纯的具有经济损失补偿性质的险种，期限为1年，保险期满后，需要重新续保，主要保障因火灾、爆炸、自然灾害、意外事故等造成的家庭财产损失。

两全型家财险也被称为储金型家财险，是指居民通过向保险公司交纳保险储金的形式获得保险保障，保险公司将被保险人所交保险储金的利息作为保险费，在保险期满时仍将原来所交的保险储金全部退还被保险人。

投资型家财险则是一种具有经济补偿和到期还本性质的险种，保险期限一般在两至五年之间，也有一年的短期产品。该类型产品不仅有保障型家财险的保障功能，而且还兼顾投资的功效，无论是否发生保险赔偿，期满均可获得本金和收益。

上述三种类型家财险各有其优缺点，保障型家财险的优点是保费一般较低，不会占用太多的家庭资金，但缺点是只有在发生保险损失时才能得到保险公司的赔偿，没有投资收益；投资型家财险的优点是投保人可以达到转移风险和投资理财的双重效果，缺点是一次性交纳费用较高，资金流动性不强；而两全险虽然在某种程度上可视为银行储蓄的替代品，但毕竟其到期后的给付金额不及银行到期后连本带利拿的多，因此保户在购买前要注意比较收益率。

运输保险是指以处于流动状态下的财产为保险标的的一种保险。运输保险通常分为两大部分:一是运输货物保险，二是运输工具保险。运输货物保险是以各种运输中的货物为保险标的，承保在运输过程中遭受各种自然灾害、意外事故导致的损失，由保险人承担赔偿责任的保险。常见的运输货物保险有海上货物运输保险和陆上货物运输保险。运输工具保险是以各种运输工具本身和运输工具所引起的对第三者依法应负的赔偿责任为保险标的的保险。该险种在财产保险中占有非常重要的地位，尤其是汽车保险成为许多国家非寿险的第一大险种。

工程保险是指对建筑工程、安装工程及各种机器设备因自然灾害和意外事故造成物质财产损失和第三者责任进行赔偿的保险。它是以各种工程项目为主要承保对象的保险。

农业保险是指以生长中的农业财产为保险标的，以农业生产经营者为保险对象，对其在种植业、养殖业生产经营中遭受自然灾害和意外事故而造成的损失承担赔偿责任的保险。

【案例分析 10－4】

机动车辆保险案例

机动车辆保险是运输工具保险中的主要业务。车辆损失险是车辆保险中用途最广泛的险种，无论是小剐小蹭，还是损坏严重，都可以由保险公司来支付修理费用，但车辆损失险也有种种除外责任，如发生车辆碰撞事故后，继续使用致使损失扩大，就会面临保险公司的拒赔。

1. 拒赔案例一

不久前，吴先生在市郊开车时，为躲避对面一辆疾驰过来的车辆，慌忙之中将车开进了路边由于前几天暴雨形成的水坑里。车子熄火了，吴先生觉得无大碍就再次启动车辆，但没有走多远，就因发动机进水导致车辆再次熄火。

吴先生在向保险公司报案后却遭到了拒赔，理由是，车险合同的免责条款中规定，"保险车辆在淹及排气筒的水中启动或被水淹及后因操作不当致使发动机损坏而造成的损失免责"。

保险公司解释，只要不在水中启动车辆，造成发动机缸体损坏的可能性不大。但如果在水中启动了车，即使当时车能够行驶，但由于启动时水进入了缸体，就容易造成严重损坏。因此，吴先生的车辆损失只能得到部分赔偿。

2. 拒赔案例二

梁先生在上班途中撞到了马路中间的花基上，致使车辆受损严重。事故发生后，他马上向保险公司报了案，然后就将车开离了主干道以恢复交通。事后，保险公司的工作人员查勘现场后，发现梁先生的车辆底盘受损，而由于梁先生在底盘受损、漏油的情况下启动汽车，又导致发动机严重损坏，因此，保险公司认为，发动机损失属于"扩大损失"，不在保险理赔范围内，保险公司只负责底盘受损等损失。

要求：根据上述资料，分析吴先生、梁先生在发生事故后应如何处理。

分析：一般情况下，保险条款都规定，遭受损失后，未经必要修理继续使用保险车辆致使损失扩大部分，保险公司不予赔偿。

上述吴先生、梁先生在发生事故后，应第一时间拨打救援电话或及时报警，停止使用，等待定损，并联系保险公司，等待拖车，或者在车辆能推动的情况下，先把车推到路边，等待保险公司查勘现场。

(2)责任保险。责任保险是以被保险人对第三者依法应负的赔偿责任为保险标的的保险。凡是根据法律规定，被保险人因疏忽或过失，造成他人的人身伤害或财产损失应负的经济赔偿责任，均可由保险人代为赔偿。责任保险品种主要有产品责任保险、雇主责任保险、职业责任保险和公众责任保险。

产品责任保险是指被保险人(生产厂家和经销商)所生产、出售的产品或商品在承保区域内发生事故，致使使用、消费或操作该产品或商品的人或其他任何人遭受人身伤害、疾病、死亡或财产损失,依法应由被保险人承担责任时,由保险人在约定的赔偿限额内负责赔偿。

雇主责任保险是指被保险人(雇主)的雇员在受雇期间从事工作时因遭意外而导致伤、残、死亡,或是患有与职业相关的职业性疾病而依法或根据雇用合同应由被保险人承担的经济赔偿责任。例如,保姆焦女士在雇主刘先生家擦玻璃时不慎从楼上坠亡。事后,焦女士的家人以"雇主应承担责任"为由,将雇主刘先生告上法庭。倘若刘先生在雇用焦女士时为其购买了雇主责任保险,就不会受巨额经济补偿压力之苦了。

公众责任保险是指保险人对法人或公民因疏忽过失行为致使公众利益受到损害而承担经济赔偿责任的责任保险。例如,物业公司一般都购买公众责任保险,将所承担的赔偿责任的风险转嫁给保险公司。万一物业公司因疏忽或过失行为而导致业主、住户等人员利益受伤害,可以由保险公司承担相应赔偿责任。

职业责任保险是指承担各种专业技术人员因工作上的疏忽或过失造成合同一方或他人的人身伤害或财产损失的经济赔偿责任的保险。

【案例分析 10-5】

未尽承诺义务,造成损失 2 万

2000 年 6 月,北京市西城区人民法院受理李女士因代理律师未认真履行职责、未尽承诺义务一案。李女士诉称,5 月份她委托某律师事务所律师办理房屋买卖合同见证并委托其代办过户手续,并交纳了 3 000 元的法律服务费。此后由于该律师未履行其承诺的办理过户登记义务,致使李女士丧失了本应该获得的房屋拆迁补偿,故起诉判令该律师事务所赔偿其造成的经济损失 2 万元,并返还收取的律师服务费 3 000 元。

法院认为,本案中代理律师未认真履行律师职责、未尽承诺义务是造成李女士 2 万元经济损失的直接原因,李女士 2 万元的经济损失是结果,所以判决律师事务所对李女士的经济损失承担赔偿责任。

要求:根据上述资料,分析律师事务所是否应对李女士的经济损失予以赔偿。

分析:本案中律师事务所应予赔偿。律师责任险承保被保险人或其前任作为一个律师在职业服务中发生的在自己能力范围内的一切疏忽行为、错误或遗漏过失行为所导致的法律赔偿责任,包括一切侮辱和诽谤,以及赔偿被保险人在工作中发生的或造成的对第三者人身伤害或财产损失。

(3)信用保证保险。信用保证保险分为信用保险和保证保险。

信用保险是指以在商品赊销和信用放款中的债务人的信用作为保险标的,在债务人未能如约清偿债务而使债权人遭受损失,由保险人向被保险人(即债权人)提供经济赔偿的一种保险。常见的信用保险有出口信用保险,也叫出口信贷保险,是各国政府为提高本国产品的国际竞争力,推动本国的出口贸易,保障出口商的收汇安全和银行的信贷安全,促进经济发展,以国家财政为后盾,为企业在出口贸易、对外投资和对外工程承包等经济活动中提供风险保障的一项政策性支持措施,属于非营利性的保险业务,是政府对市场经济的一种间接调控手段和补充。

保证保险是保险人为被保险人向权利人提供信用担保的一种保险,当被保险人违约不履行义务致使权利人遭受经济损失时,由保险人承担经济赔偿责任。

3)财产保险合同中的特定条款

(1)免赔额条款。免赔额条款是常见的保险条款。免赔额条款是指,投保人在投保时与保险人协商选定一个免赔额,投保人依其所选定的免赔额享受相应的费率折扣。当财产损失赔款金额低于约定的免赔额时,保险人不承担财产保险的赔偿责任;高于该免赔额时,保险人在扣除该免赔额后,对高于免赔额的部分予以赔偿。免赔额条款在财产、健康和汽车保险中得到广泛使用。但在人寿保险中不使用该条款,因为被保险人的死亡总是一种全部损失。

在保险合同中规定免赔额的作用是明显的。第一,消除小额索赔,节省理赔费用。因为,相对来说,小额索赔的理赔费用高,处理 20 元的索赔可能要花费 30 元的理赔费用,这就不合算。所以,免赔额条款能消除许多小额索赔,损失理赔费用会大为减少。第二,减少保险费,降低投保成本。如果使用了免赔额,购买保险就更为经济,在其他因素相同的情况下,免赔额愈高,保险费就愈低。第三,促进防损工作。因为被保险人要自己负担一部分损失,就不会因有了保险而高枕无忧,这势必使被保险人注意财产保护和防损工作。

(2)共同保险条款。共同保险条款,是美国率先在财产保险中采用的一种保险条款,用于在发生保险事故时确定对被保险人的赔偿标准,通常的共保比例为75%或者80%。共保条款按照不同的共保比例规定而命名,较为常见的是“百分之八十共保条款”。百分之八十共保条款的内容是,当保险事故发生并造成损失时,如果保险金额达到标的物实际价值的80%,保险公司将在保险金额范围内按实际损失金额赔付,不受比例分摊限制;如果保险金额未达到标的物实际价值的80%,那么保险公司按照下列公式确定赔付金额:赔付金额 = 保险金额/标的物实际价值 ×80% ×实际损失金额。例如,一张财产保险单的保险金额为 100 万元,保险标的在保险期限内发生火灾事故,造成 20 万元损失,在火灾事故发生时保险标的的实际价值为 120 万元,由于保险金额超过出险时保险价值的80%,即 100 万元 > 120 万元 ×80%,因此保险公司应该按照实际发生的损失金额向被保险人进行赔偿,即保险公司负责向被保险人支付 20 万元的赔款;假设在火灾事故发生时保险标的的实际价值为 150 万元,由于保险金额未达到出险时保险价值的 80%,即 100 万元 < 150 万元 ×80%,因此保险公司应该按照比例赔偿原则向被保险人进行赔付,即保险公司应向被保险人

支付 $20 \times 100/(150 \times 80\%) = 16.67$ 万元的赔款，其中的3.33万元损失由被保险人自己承担，相当于保险人与被保险人共同承担了保险责任。

共保条款在我国财产保险业务中极少体现，这与我国保险市场的实际发展状况有关，抛弃共保条款的使用，规定按照财产的全部价值投保是一种简便易行的做法。《中华人民共和国保险法》四十条第三款规定："保险金额低于保险价值的，除合同另有约定外，保险人按照保险金额与保险价值的比例承担赔偿责任"。

10.3.2 人身保险

1）人身保险的概念

人身保险是指以人的生命与身体作为保险标的的一种保险。人身保险的投保人按照保单约定向保险人缴纳保险费，当被保险人在合同期限内发生死亡、伤残、疾病等保险事故或达到人身保险合同约定的年龄、期限时，由保险人依照合同约定承担给付保险金的责任。

2）人身保险的主要业务

(1)人寿保险。人寿保险是以被保险人的生命为保险标的，以死亡或生存为给付保险金条件的人身保险业务。人寿保险按保险事故可分为死亡保险、生存保险和两全保险。

死亡保险是指以被保险人在保险有效期内死亡作为给付保险金条件的人寿保险。投保目的是避免由于被保险人死亡而使其家属或依靠其收入生活的人陷入困境。死亡保险主要有两种类型：一是定期死亡保险，以被保险人在保险合同规定期间发生死亡事故作为给付保险金条件的保险；二是终身死亡保险，不论被保险人何时死亡，保险人均依照保险合同的规定给付保险金的保险。

生存保险是指以被保险人生存到保险期届满为给付保险金条件的保险。投保目的是保障被保险人在一定期限后领到一定数额的保险金，以满足其生活等方面的需要，如成年人的养老金的需求、未成年子女的教育金或婚嫁金等。年金保险是生存保险的一个分支，同样是以被保险人期满生存为保险金给付条件，但其保险金是按合同的规定，在被保险人生存期间内，每隔一定的周期(通常1年)支付给被保险人的一种生存保险。

两全保险是指被保险人无论在保险期内死亡还是期满仍然生存，保险人均承担给付保险金责任的保险。两全保险具有保障性和储蓄性双重功能，费率较高。

(2)意外伤害保险。意外伤害保险是指被保险人在保险有效期间内因意外伤害而致残疾或死亡时，保险人按照合同约定给付保险金的一种保险。意外伤害保险所指的意外伤害，应当符合下列条件：一是必须是对被保险人身体的伤害。二是应属外界事故所致。外界事故指的是被保险人自身以外的因素，如机械性的碰撞、打压以及动物的叮咬等对人身的伤害。三是属意外事故导致的伤害。被保险人故意自伤自残所致伤害,以及当事人可以预见、可以抗拒的事件所造成的伤害都不属于意外伤害。

(3)健康保险。健康保险是以人的身体为对象,保证对被保险人在患疾病时或因意外事故而致伤害时的费用或损失进行补偿的一种保险。

健康保险主要有医疗保险、收入补偿保险和重大疾病保险。

医疗保险又称医疗费用保险,一般是指大额医疗费用支出保险,通常包括住院费、检查费、治疗费、手术费、护理费、药品费等。在这种保险中,一般采用保险人与被保险人按照一定比例共同承担医疗费的办法。

收入补偿保险主要是为被保险人因住院医疗造成的收入损失作出一定补偿,以住院补贴保险为代表。保险公司按照保险合同约定的每日住院补贴额度,乘以实际住院天数每天给付保险金。目前市场上,住院补贴最高每年不超过180天。有些公司还推出了重症监护病房的特别费用补贴。

重大疾病保险是指被保险人在保险合同规定的期间内感染保单列明的重大疾病,并经保险人认可的医疗卫生部门确诊,保险人因此承担保险金给付责任的一种保险形式。通常保险合同列明的重大疾病为心肌梗塞、恶性肿瘤、慢性肾衰竭、重要器官移植、四肢瘫痪、脑中风、冠状动脉搭桥手术以及其他严重威胁人类生命或可能给家庭经济造成沉重负担的若干种重大疾病。

【知识链接10-3】

投资型保险

投连险、万能险和分红险被称为投资型保险的"三朵金花"。

投连险是一种新形式的终身寿险产品,它集保障和投资于一体。保障主要体现在被保险人在保险期间遭遇意外身故或重大疾病时获得保险金。投资方面是指保险公司使用投保人支付的保费进行投资,获得收益。一般每款投连险都会提供不同的账户进行选择,账户区别主要反映在投资领域(如基金、股票、期货、银行存款)账户资金投资比例不同,从而账户收益和风险存在差异,有利于满足用户的不同投资选择,一般没有保底利率。

万能险是可以任意支付保险费,以及任意调整死亡保险金给付金额的人寿保险,即除了支付某一个最低金额的第一期保险费以后,投保人可以在任何时间支付任何金额的保险费,并且任意提高或者降低死亡给付金额,只要保单积存的现金价值足够支付以后各期的成本和费用。之所以称"全能",是因为它融合了保险保障和投资功能。客户缴纳的保险费被分成两部分:一部分同传统寿险一样,为客户提供生命保障;另一部分将进入其个人账户,由专家进行稳健投资。在享有最低保证收益的前提下,帮助持有人追逐长期的、稳健的收益回报机会,成为长期理财的工具之一,一般有保底利率。

分红险是指购买分红险的人在获得身故保障和生存金返还的同时，还可以以红利的方式分享保险公司的经营成果。中国保监会规定，保险公司每年至少应将分红保险可分配盈余的70%分配给客户。红利分配有两种方式：现金红利和增额红利。现金红利是直接以现金的形式将盈余分配给保单持有人。增额红利是指在整个保险期限内每年以增加保险金额的方式分配红利。目前国内大多保险公司采取现金红利方式。

3）人身保险合同中的常见条款

（1）不可争条款：又称不可抗辩条款，指自人身保险合同订立时起，超过法定时限（一般为两年）后，保险人将不得以投保人在投保时违反如实告知义务，误告、漏告、隐瞒某些事实为理由，而主张合同无效或拒绝给付保险金。我国这一条只适用于年龄方面，健康方面则要在保险合同中进行特别约定。

（2）年龄误告条款：在投保人申报的被保险人的年龄不真实，而真实年龄又符合合同约定的情况下，保险人不能据此解除合同，而只能调整保费或保险金额。

（3）宽限期条款：如果保险合同约定分期支付保险费，但投保人支付首期保险费后，未按时交付分期保险费的，法律或合同规定给予投保人一定的宽限时间，在此期间，即使未缴纳保险费，仍能保持保险合同效力。超过宽限期的法律后果，一是保险合同效力中止，二是由保险人按照合同约定的条件减少保险金额。

（4）保险合同效力中止和复效条款：合同中止指在保险合同有效期间内，由于缺乏某些必要条件而使合同暂时失去效力；合同复效指一旦在法定或约定的时间（一般为两年）内所需条件得到满足，则合同恢复原来的效力。自合同效力中止之日起两年内双方未达成协议的，保险人有权解除合同，已交足两年保费的退还现金价值，不足两年的扣除手续费后退还保险费。

（5）自杀条款：指保险合同中规定只对保险合同生效后的较长期限发生的被保险人自杀行为，保险人才承担给付保险金责任的条款。通常是两年，以防止被保险人预谋保险金而签订保险合同。

（6）不丧失现金价值条款：在长期人身保险中，保险费率组成中含有储蓄因素，特别是带有长期性生存给付保险的纯保险费往往含有很大比重的储蓄保险费。于是保险单交费达到一定时间后，将逐年积存相当数额的责任准备金，形成保险单的现金价值。我国《保险法》规定，现金价值不因保险合同效力的变化而丧失。即使投保人退保，这部分现金价值也应由保险公司退还给投保人。

（7）保单贷款条款：长期性人身保险合同在积累一定的保险费产生现金价值后，投保人可以在保险单的现金价值限度内，以具有现金价值的保险单作为质押，向其保险人或第三者申请贷款。

（8）自动垫缴保费条款：该条款规定，投保人未能在宽限期内缴付保险费，而此时保单已具有现金价值,同时该现金价值足够缴付所欠缴的保费时,除非投保人有反对声明,保险人应自动垫缴其所欠的保费,使保单继续有效。

10.4 保险业务运行

保险业务的运行包括展业、承保、理赔等环节。

10.4.1 保险展业

1)展业的含义

保险展业是指保险公司进行市场营销的过程,即向客户提供保险商品和服务。保险展业是保险业务活动的起点和基础,没有展业就没有业务来源,也就没有承保、理赔、投资等其他保险业务工作的展开。

2)展业的方式

保险展业有保险人直接展业、保险代理人展业和保险经纪人展业三种方式。

直接展业是指保险公司依靠自己的专职人员直接推销保险单,招揽业务。它较适合实力雄厚、地区分布均衡、分支机构健全的保险公司。直接展业的优点有:一是便于保险公司与客户之间的沟通,保险公司可以及时掌握市场信息;二是因为展业人员容易接受培训,业务素质较高,营销的技巧娴熟,责任心强,直接展业能够较好地获得客户信任,并能把展业、核保、防灾防损、理赔等相关环节结合起来;三是直接展业节约产品进入市场的时间,节约销售费用。但直接展业也有其缺陷,如直接展业需要配备大量的业务人员,增设机构,这势必增加经营费用开支,提高成本,影响保险的经济利益。

保险代理人展业是指保险公司与代理人签订代理合同,委托代理人在职权范围内为保险人招揽业务,保险人按照保费收入的一定比例支付佣金或手续费。保险代理可以是机构代理,也可以是个人代理。他们可以凭借其广泛的社会联系,将保险业务推广到社会的各个层次、各个角落,从而弥补保险公司展业渠道不足、展业人员不足的缺陷;同时保险代理人展业还可使保险公司大大节省设置机构和雇用人员的费用,因此它是一种十分经济的展业方式,被世界各国的保险业广泛采用,如通过银行、邮政局、运输公司等机构代办保险业务。

保险经纪人展业也是保险展业的一条重要途径。保险经纪人是投保人的代理人,代表投保人的利益,他们对保险市场和风险管理富有经验,能为投保人设立保险方案,选择保险产品,并从保险人处获得佣金。利用保险经纪人展业,在英、美等国盛行。在我国,保险经纪人业务刚刚起步。

3)展业的步骤和方法

第一,展业前的准备工作。①展业人员要熟知所要销售的保险商品,并同时熟练掌握保险及相关的法律、金融等基本理论知识,才能向客户进行透彻的讲解和说明,赢得客户的信任和满意。②了解潜在客户的需求情况和基本信息。展业前要充分了解客户的保险需求是什么,需求量有多大,以及客户的基本信息,如客户的身体状况、财务状况、投保状况等,这样展业人员才能使客户购买符合其真正需要的保险产品。

第二,设计展业计划和保险方案。前期的展业准备工作完成后,要使展业最终获得成功,展业人员还必须从已经掌握的信息资料中找出展业的重点对象,为其设计和提供最有利的保险方案。在设计保险方案时,在不损害保险公司利益的前提下,多为客户着想,设计出满足客户保险需求的投保方案。

第三,与客户谈判。谈判是展业的关键环节。谈判在于展业人员进一步启发和说服保险展业对象,使其进一步认识到参加保险的重要性,最终促使客户签订保险合同。

10.4.2 保险承保

1)承保的含义

保险承保是指保险公司对投保人所提出的投保申请审核后,认为符合保险条件,同意接受投保人投保的行为,它是保险合同签订的过程。

2)承保的主要内容

保险承保的主要内容是核保和承保控制。

核保是指保险人对将要承保的新业务加以全面评价、估计和选择,以决定是否承保的过程。核保是业务选择的关键环节,通过核保,可以防止非可保风险的带入,排除不合格的被保险人和保险标的。保险人通过核保可以合理分散风险,保证承保业务质量和保险经营的稳定性。它主要包括:投保人资格的审查,如审核投保人是否具有保险利益;保险标的的审核;保险金额的审核;被保险人的资格和信誉审核;审核适用费率是否正确等。

承保控制是指保险人采取各种措施,防止保险过程中可能发生的心理风险或道德风险,即投保人或被保险人因保险而麻痹松懈,放松对风险损失的警惕或故意制造保险事故、骗取保险赔款。如保险公司将保险责任和除外责任都在各个险别上一一列明。

3)承保的程序

第一,保险人接受投保单。投保人在保险公司业务员的指导下亲自填写投保单,并在签名处由投保人及被保险人亲自签名确认;通常同时缴付首期保费并在预收收据上签名。

第二,保险人审核检验。审核检验是核保的过程。

第三,保险人核保通过后,签发保险单,出具保单并交付给业务员。

第四,业务员将保单正本交付给投保人,投保人收到保单后在回执单上签名确认,同时将预收收据交回给业务员。

10.4.3 保险理赔

1)理赔的含义

保险理赔是指在保险标的发生风险事故后,保险人履行保险合同承诺,处理被保险人提出的索赔要求的行为。索赔是与理赔相对应的概念,是指投保人或被保险人在保险事故发生后,根据保险合同条款的规定,请求保险人履行义务的行为。在保险理赔的环节中,保险人要完成以下工作:确定保险标的损失的真正原因;确定标的的损失是否属于保险责任;确定保险标的的损失程度和损失金额;最终确定被保险人应得的赔偿金额。

2)理赔的原则

一是贯彻"主动、迅速、准确、合理"的八字方针。其中,主动是指保险人应主动深入现场开展理赔工作;迅速是指保险人应按照法律规定的时间,及时赔付;准确是指计算赔偿金额应力求准确,该赔多少就赔多少;合理是指赔付要合情合理,树立实事求是的作风。

二是保持良好的职业道德。保险的职业道德可概括为:热爱本职,钻研业务;礼貌待人,热诚服务;信守合同,笃守信誉;廉洁奉公,不徇私情。一方面,理赔工作是一项富有技术性的工作;另一方面,理赔工作又是一项服务性工作。在理赔工作中要坚持理赔原则,严格遵守条款,做到不滥赔、不惜赔,严禁以权谋私、收礼受贿。

3)理赔的程序

保险理赔的程序,一般包括以下环节:

第一,立案。保险责任事故发生后,被保险人或受益人应立即或尽快通知保险人,这是《保险法》规定的被保险人或受益人应尽的义务。如我国《机动车辆保险条款》规定:投保人或被保险人发生车险事故时,应在48小时内向保险公司报案。出险通知一般采用书面形式,也可以先以口头或函电的形式通知,然后补交书面通知。保险人接受报案后,要立即进行出险登记、查抄底单、核对报案记录、登记立案等工作。

第二,检查。检查主要是指出险后保险人对各种保险单证的核查以及对出险现场的查勘。保险公司将出险通知与保单副本核对,如审核保单的有效性、损失是否是承保风险引起的、申请赔偿的人在索赔时是否对保险标的具有保险利益等。核对无误后,安排人员进行现场勘察。现场勘察是理赔工作重要环节之一,是了解出险情况、掌握第一手资料、处理赔案的必要步骤,也是为以后确定赔偿责任和赔偿范围奠定基础。现场勘察的主要内容包括:查明出险的时间、地点、原因和经过,施救,整理受损财产,妥善处理损余物资,索取出险证明,核实损失金额等。

第三，核定损失和计算赔款。在现场勘察的基础上，保险人根据被保险人提供的损失清单及施救费用清单，对照有关的文件或单据，逐项核实受损保险标的的损失，以及查清修理费用和施救费用等是否合理；在保险赔款的计算上，保险人应严格按照合同规定的赔偿方式计算应赔金额，并相应扣除残值和免赔额，编制"赔款计算书"作为支付赔款的正式凭证。

第四，赔付结案。当保险人与被保险人或受益人就赔款金额达成协议后，保险人应按照合同约定或法律规定的时间及时支付赔款或给付保险金，如果延迟，将承担违约责任。

【知识链接10-4】

车险理赔基本流程

1. 报案方式：电话报案、网上报案、到保险公司报案以及理赔员转达报案。

2. 保险事故发生后，应在24小时之内通知交警，在48小时内通知保险公司。被保险人需及时向保险公司报案，并认真填写《机动车辆保险出险/索赔通知书》并签章；及时告知保险公司损坏车辆所在地点，以便对车辆查勘定损。

3. 在按《道路交通事故处理办法》的规定处理事故时，对财物损失的赔偿需取得相应的票据、凭证。车辆修复及事故处理结案后，办理保险索赔所需资料。

4. 领取理赔款。

5. 理赔周期：被保险人自保险车辆修复或事故处理结案之日起3个月内不向保险公司提出理赔申请，或自保险公司通知被保险人领取保险赔款之日起1年内不领取应得的赔款，即视为自动放弃权益。车辆发生撞墙、台阶、水泥柱及树等不涉及向他人赔偿的事故时，可以不向交警等部门报案，及时直接向保险公司报案就可以。

知 识 题

10.1 保险的具体含义是什么？

10.2 保险的作用是什么？

10.3 最大诚信原则的含义是什么？

10.4 保险利益原则的含义是什么？

10.5 近因原则的含义是什么？

10.6 损失赔偿原则的含义是什么？

10.7 什么是财产保险？财产保险的主要业务有哪些？

10.8 什么是人身保险？人身保险的主要业务有哪些？

10.9 什么是保险展业？什么是保险承保？什么是保险理赔？

案例题

保险基本原则在寿险理赔中的运用

1998年8月12日,某市百货商店向该市人寿保险公司投保团体人身意外伤害保险,保险期限1年,保险金额每人5 000元。1999年5月8日,该商场职工吴某被摩托车撞伤,随后入院治疗,被诊断为右侧额颞部慢性硬膜下血肿,9月20日死亡。吴某的指定受益人凭事故处理协议书与医院出具的"车祸脑外伤术后诱发肝昏迷死亡"证明向保险公司申请给付。保险公司为慎重处理本案,进一步查阅了吴某住院病历,获知,吴某1994年曾患甲型肝炎住院治疗,1999年5月8日车祸受伤入院,手术消除脑血肿,术后无异常,6月9日,吴感觉腹部不适,经检查发现肝炎后肝硬化失代偿期,转内科住院治疗,9月20日肝昏迷导致全身衰竭死亡。据此,保险公司认为吴某死亡之近因为肝炎而非车祸,而疾病不属于团体人身意外伤害保险的责任范围,故拒绝给付保险金,为此与受益人发生争执。

观点一:吴某死亡的直接原因是车祸即意外伤害,属于保险责任范围内,保险公司应全额给付。

观点二:吴某死亡的近因是肝炎,而肝炎不属于意外伤害保险的责任范围,保险公司不需给付保险金。

要求:分析保险公司是否应该给付保险金,原因是什么。

提示:近因原则,人身意外伤害保险。

实训题

实训项目:保险的营销。

实训目的:熟悉保险企业的组织和保险业务。

实训步骤:(1)由保险公司的讲师到学校开展专题讲座,分享经验;

(2)客户经理的角色定位:由保险公司的讲师到学校开展专题讲座,使学生了解优秀客户经理应该具备的素质以及常用知识和技巧;

(3)师生共同进行模拟演练标准化的销售流程,提高实战技巧;

(4)表达能力、口风训练,通关演练:进行模拟演练,提高实战技巧;课堂上同学们积极发言,互相沟通,分享自己的看法;

(5)销售现场训练:学生分组到保险公司的网点接触实际的工作,了解社会,熟悉保险代理员的日常业务、工作流程和工作方法等。

第11章

国际金融

学习目标

在学习完本章之后，你应该能够：了解外汇和汇率的含义；明确国际收支的含义；掌握国际收支平衡表的主要内容；熟知国际储备及其构成；了解国际储备的管理。

【引例】

外汇局：人民币汇率稳定有利于世界　支持扩大内需

人民网北京2月18日电（记者刘阳）　国新办今日召开新闻发布会，国家外汇管理局副局长邓先宏、方上浦等介绍了“保增长、防风险、促进国际收支状况进一步改善”等方面情况。

邓先宏从四方面介绍了2008年我国外汇管理的主要工作，认为我国国际收支保持了双顺差，总顺差趋于平稳；他同时称国际金融危机尚未见底，我国今后将从六方面加强外汇管理。

在谈到中国国际收支状况和人民币汇率的走势问题时，邓先宏认为，推进人民币汇率形成机制的改革，保持人民币汇率在合理均衡水平上的基本稳定，不仅有利于中国，有利于世界，也有利于应对国际金融危机。他说，中国国际收支状况总体良好，人民币汇率波动现象正常，但应防止汇率出现大幅的波动。

此外，在谈到金融危机后中国外汇经营情况和外汇储备的投资运用问题时，方上浦表示，到2008年年底，国家外汇储备总资产保持总体安全，同时为应对危机准备了充足的流动性，并取得了相应的经营收益；外汇储备的投资运用将积极支持国家扩大内需，增加进口对外汇资金的需要，为企业对外投资提供融资支持和便利，服务于国家的经济建设。

这一资料表明：国际金融是国家和地区之间由于经济、政治、文化等交往和联系而产生的货币资金周转和运动。它包括国际收支、外汇与汇率、汇率制度与外汇管制、国际储备、国际资本流动等内容。

11.1 外汇与汇率

11.1.1 外汇

1)外汇的含义

外汇是国际汇兑的简称。外汇的概念可以从动态和静态两个角度加以阐述。动态的外汇,是指把一国货币兑换成另一国货币以清偿国际间债务的金融活动。从这个意义上来说,动态外汇同于国际结算。静态的外汇,又可以分为广义静态外汇和狭义静态外汇。广义静态外汇,是指一切以外国货币表示的资产。狭义静态外汇,是指以外国货币表示的用于国际间结算的支付凭证和信用凭证,它包括存放在国外银行的外币存款,在国外能得到偿付的汇票、本票、支票以及外国政府国库券和长短期政府证券等。

国际货币基金组织对外汇的定义为:外汇是货币行政当局(中央银行、货币管理机构、外汇平准基金组织及财政部)以银行存款、财政部国库券、长短期政府证券等形式所保有的在国际收支逆差时可以使用的债权。

《中华人民共和国外汇管理条例》第三条规定,外汇是指下列以外币表示的可以用作国际清偿的支付手段和资产:

(1)外币现钞,包括纸币、铸币;

(2)外汇支付凭证或者支付工具,包括票据、银行存款凭证、银行卡等;

(3)外币有价证券,包括债券、股票等;

(4)特别提款权;

(5)其他外汇资产。

一种外币资产成为外汇必须具备三个前提条件:一是自由兑换性,即这种外币能自由地兑换成本币;二是可接受性,即这种外币在国际经济交往中被各国普遍地接受和使用;三是可偿性,即这种外币资产是可以保证得到偿付的。

2)外汇的种类

(1)根据外汇的可兑换性分为自由外汇和记账外汇。

自由外汇又称现汇,是指不需要经过货币当局批准即可以自由兑换成任何一种外国货币或用于第三国支付的外国货币及其支付手段。具有可自由兑换性的货币都是自由外汇,国际间债权债务的清偿主要使用自由外汇。自由外汇中使用最多的是美元、欧元、日元、英镑、法国法郎、澳大利亚元、加拿大元和瑞士法郎。

记账外汇又称协定外汇,是指不经货币当局批准不能自由兑换成其他货币或用于第三国支付的外汇。它是签有清算协定的国家之间,进出口贸易引起的债权债务不用现汇逐笔结算,而是通过当事国的中央银行账户相互冲销所使用的外汇。记账外汇虽不能自由运用,但它也代表国际债权债务,往往签约国之间的清算差额也要用现汇进行支付。

(2)按照外汇的来源和用途分为贸易外汇和非贸易外汇。

贸易外汇是指对外贸易中商品进出口及其从属活动所使用的外汇。商品进出口伴随着大量的外汇收支,同时从属于商品进出口的外汇收支还有运费、保险费、样品费、宣传费、推销费,以及与商品进出口有关的出国团组费。

非贸易外汇是贸易外汇以外所使用的一切外汇。非贸易外汇的范围非常广,主要包括侨汇、旅游、旅游商品、宾馆饭店、铁路、海运、航空、邮电、港口、海关、银行、保险、对外承包工程等方面的外汇收支,以及个人和团体(公派出国限于与贸易无关的团组)出国差旅费、图书、电影、邮票、外轮代理及服务所发生的外汇收支。

【知识链接 11-1】

表 11-1　　主要国家或地区货币名称及代码

国家或地区	货币名称	代　码	国家或地区	货币名称	代　码
欧盟	欧元	ERU	美国	美元	USD
澳大利亚	澳元	AUD	南非	南非兰特	ZAR
香港地区	港币	HKD	日本	日元	JPY
丹麦	丹麦克朗	DKK	瑞典	瑞典克朗	SEK
韩国	韩元	KRW	新西兰	新西兰元	NZD
芬兰	芬兰马克	FMK	瑞士	瑞士法郎	CHF
加拿大	加元	CAD	英国	英镑	GBP

11.1.2 汇率

1)汇率的含义

汇率就是一国货币单位兑换他国货币单位的比率。

2)汇率的标价方法

(1)直接标价法。直接标价法是以一定单位的外国货币作为标准,折算成一定数额的本国货币的表示方法。目前除英国、美国等国家外,我国和世界上绝大多数国家都采用直接标价法。例如,我国 2010 年 1 月 8 日公布的外汇牌价中,每 100 美元价值人民币 682.76 元,这一标价方法就是直接标价法。

在直接标价法下,外国货币数额固定不变,汇率涨跌都以相对的本国货币数额的变化来表示。一定单位外国货币折算的本国货币越多,即外币升值,本币贬值,说明外汇汇率上涨,本币汇率下跌;同理,一定单位外币折算的本币越少,即外币贬值,本币升值,则说明外汇汇率下跌,本币汇率上升。

(2)间接标价法。间接标价法是以一定单位的本国货币为标准,折算成若干单位的外国货币的表示方法。目前,只有英镑、美元、澳大利亚元、新西兰元等少数几个国家的货币采用这种标价法。以伦敦外汇市场为例,2008 年 6 月 18 日英镑兑美元的汇率是 1 英镑 = 1.9509 美元。在伦敦外汇市场,英镑是本国货币,作为基准货币;美元是外国货币,作为标价货币。

在间接标价法下,本国货币的数额固定不变,汇率涨跌都以相对的外国货币数额的变化来表示。一定单位本国货币折算的外国货币越多,表明本币汇率上升,外汇汇率下跌;反之则相反。

(3)美元标价法。美元标价法是以一定单位的美元为标准,折算成若干单位的其他货币的表示方法。目前,世界各金融中心的国际银行所公布的外汇牌价,都是美元对其他主要货币的汇率。非美元货币之间的汇率则通过各自对美元的汇率套算,作为报价的基础。

3)汇率的种类

(1)根据银行买卖外汇的价格不同分为买入汇率、卖出汇率、中间汇率。

买入汇率又称买入价,是银行作为买方,向同业或客户买入外汇的汇率。

卖出汇率又称卖出价,是银行作为卖方,向同业或客户卖出外汇的汇率。

经营外汇业务的银行标出的汇率通常有两个并列的数字,其中一个是买入汇率,另一个是卖出汇率。

在直接标价法下,一定数量外币折合成本币数较少的那个汇率是买入价,一定数量外币折合成本币数较多的那个汇率是卖出价,买入价在前,卖出价在后;在间接标价法下,一定数量本币折合成外币数较多的那个汇率是买入价,一定数量本币折合成外币数较少的那个汇率是卖出价,卖出价在前,买入价在后。

例如,某日在纽约外汇市场上,银行所挂出的英镑和欧元的牌价分别为:

表 11-2

GBP/USD	1.7650/60
USD/ERU	0.9800/10

在纽约外汇市场上,英镑兑美元采用的是直接标价法,因此,银行买入 1 英镑需要 1.7650 美元,银行卖出一英镑收回 1.7660 美元;买入价在前卖出价在后,买卖之间的差价即为银行的兑换收益。但是,在纽约外汇市场上,美元兑欧元采用的是间接标价法,因此,银行买入 0.9810 欧元付出 1 美元,银行卖出 0.9800 欧元收回 1 美元;卖出价在前买入价在后。在外汇市场上,每一“点”为百分之一的百分之

一，即 0.0001 称为 1 点。如上例的买卖差价为 10 个点。

中间汇率又称中间价，是买入汇率和卖出汇率的算术平均数，它通常只用于报刊和统计报表对外报道汇率消息以及汇率的综合分析，不适用于一般的外汇买卖。其计算公式为：

$$中间汇率 = (买入汇率 + 卖出汇率) \div 2$$

在外汇牌价表中除列明买入和卖出汇率外，一般还公布现钞价。一般现钞价比现汇价要低，因为买进钞票的银行在将现钞运送并存入国外银行的过程中，要承受一定的运输费、保管费、包装费、保险费、利息损失等，所以银行在买入现钞时要考虑这些成本。

【小思考 11－1】

外汇买入价和卖出价

A 公司欲购入 100 000 英镑，它得到的报价是 $1.6710/50。则 A 公司需要为这笔外汇交易支付多少美元？

答：在直接标价法下，斜线前的数字为银行买入价（即客户卖出价），斜线后的数字为银行卖出价（即客户买入价），因此，A 公司需要为这笔外汇交易支付 167 500美元（100 000 × 1.6750）。

（2）根据指定汇率的方法，分为基本汇率和套算汇率。

基本汇率又称基础汇率，它是指本国货币对国际上某一关键货币的比率。一般将一国在国际结算中使用最多、外汇储备中比重最大、与本国国际交往最为密切、可自由兑换的以及被国际社会普遍接受的货币作为关键货币。比如，许多国家都以美元作为关键货币。

套算汇率又称交叉汇率，它是指通过相应的基本汇率套算出来的汇率，包含两层含义：一是各国在制定基本汇率后，本币对其他外币的汇率就可通过基本汇率套算出来；二是由于世界外汇市场上主要是按美元标价法公布汇率的，美元以外的其他任何两种无直接兑换关系的货币必须通过其各自与美元的汇率进行套算。

【小思考 11－2】

套算汇率的计算

某一时期，我国人民币对美元的汇率为 1 美元 = 7.2773 元人民币，当时伦敦外汇市场上 1 英镑 = 1.7800 美元，则人民币对英镑的套算汇率是多少？

答：1 英镑 = 7.2773 × 1.7800 = 12.9536 元人民币。

（3）根据外汇管制的程度，分为官定汇率和市场汇率。

官定汇率又称法定汇率，它是指官方如财政部、中央银行或指定的专业银行所规定的汇率。在外汇管制比较严格的国家按官定汇率进行外汇交易。

市场汇率是指在自由外汇市场上买卖外汇的实际汇率，受市场供求关系的影响。

(4)根据汇率适用范围的不同,分为单一汇率和多种汇率。

单一汇率是指本国货币对某一外国货币只规定一个汇率,各种外汇收支均按这一汇率来结算。

多种汇率又称复汇率,是指一国货币当局规定一种以上对外汇率。不同的国际经贸活动使用不同的汇率,多种汇率具有不公平性和歧视性。贸易汇率和金融汇率是多种汇率中的两种具体形式。贸易汇率是指用于进出口贸易及其从属费用收支、结算的汇率;金融汇率是指用于国际资本流动和非贸易外汇收支、结算的汇率。将汇率分为贸易汇率和金融汇率,是为了将不同用途和性质的外汇区分开来,分别采用不同的汇率调控措施,从而达到鼓励出口、限制进口、控制国际资本流动、改善国际收支的目的。

(5)根据外汇买卖是否随时交割,分为即期汇率和远期汇率。

外汇买卖的交割是买卖双方履行交易、进行货币两清的授受行为,即购买外汇者付出现金,出售外汇者付出外汇。

即期汇率又称现汇汇率,是指买卖双方在成交后的两个营业日内办理交割手续时所使用的汇率。远期汇率又称期汇汇率,是指外汇买卖的双方事先约定,据以在未来约定的期限办理交割所使用的汇率。

某一时点上远期汇率与即期汇率的汇率差称为远期价差,这种远期价差又可分为升水和贴水两种。升水表示远期汇率比即期汇率高,或期汇比现汇贵;贴水表示远期汇率比即期汇率低,或期汇比现汇贱。还有一种情况叫平价,表示远期汇率与即期汇率相同。

在不同的标价法下,计算远期汇率的方法不一样,计算公式为:

直接标价法下:远期汇率 = 即期汇率 + 升水点数

远期汇率 = 即期汇率 - 贴水点数

间接标价法下:远期汇率 = 即期汇率 - 升水点数

远期汇率 = 即期汇率 + 贴水点数

例如,在巴黎市场上,即期汇率为 $1 = FF6.4520/40,升水点数为 40/50,则一个月远期汇率为 $1 = FF6.4560/90。

又如,在伦敦市场上,即期汇率为£1 = $1.5305/15,贴水点数为 20/35,则一个月远期汇率为£1 = $1.5325/50。

(6)按汇兑方式的不同,分为电汇汇率、信汇汇率和票汇汇率。

电汇汇率是指以电报、电传等解付方式买卖外汇时所使用的汇率,即银行卖出外汇后,立即用电报、电传等方式通知国外分支行或代理行付款给收款人,此种情况下所使用的汇率即为电汇汇率。一般来说,电汇汇率较其他汇率高,这主要是因为银行卖出外汇后用电汇方式付款，使实际付款时间缩短，银行不能利用汇款资金，另外国际电报、电传收费也较高。为了避免汇率波动所带来的风险，现在一般进出口贸易交付货款、银行同业间的外汇或资金划转使用的都是电汇方式。外汇市场所公布的汇率也多为电汇汇率。

信汇汇率是以信函解付方式买卖外汇时所使用的汇率。银行卖出外汇后，通过信函通知国外分行或代理行解付。以信函方式买卖外汇，资金在途时间长，银行可利用资金在途时间取得一定的利息收益，因此信汇汇率较电汇汇率低。

票汇汇率是指银行买卖外汇票据时所使用的汇率。由于票据从售出到付款也有一段间隔时间，票汇汇率自然也就比电汇汇率低。票汇汇率又可分为即期票汇汇率和远期票汇汇率，即期票汇汇率差不多与信汇汇率持平；远期票汇汇率则是以即期票汇汇率为基础，扣除票据远期付款的贴现利息后所得出的汇率，且远期票据的付款期限越长，汇率越低。

4）影响汇率变动的主要因素

（1）国际收支。国际收支状况是影响一国货币对外比价的直接因素。当一国的国际收入大于国际支出时，在外汇市场上表现为外汇（币）的供应大于需求，因而本国货币汇率上升，外国货币汇率下降；相反，当一国的国际收入小于国际支出时，在外汇市场上则表现为外汇（币）的需求大于供应，因而本国货币汇率下降，外国货币汇率上升。

（2）利率水平。在一定条件下，一国利率水平相对提高，会吸引外国资本流入该国，从而增加对该国货币的需求，该国货币汇率就趋于上浮；反之，一国的利率水平相对降低，会直接引起国内短期资本流出，从而减少对该国货币的需求，该国货币汇率就下浮。

（3）通货膨胀。通货膨胀既直接关系到货币本身实际代表的价值和购买力，又关系到商品的对外竞争能力。一国出现通货膨胀意味着该国货币代表的价值量下降，引起物价上涨，削弱出口商品的竞争能力，导致出口减少，同时提高外国商品在本国市场上的竞争力，造成进口增加，加剧国际收支的失衡。在这种情况下，该国对外汇的需求增加，该国货币汇率下浮。

（4）经济增长率。经济增长率对汇率的影响是多方面的。当一国实际经济增长率提高时，一方面反映该国经济实力增强，货币地位提高，使该国货币汇率有上升趋势；另一方面，经济高速增长，其国民收入提高，可能加大该国对进口的需求，在该国出口不变的条件下，将使该国进口大量增加，导致国际收支项目逆差，造成该国货币汇率下降。但如果该国经济以出口导向为主，经济高增长则意味着出口的增加，从而使经常项目产生顺差，导致该国货币汇率上升。同时，一国经济增长势头好，一国的利润率也往往较高，由此吸引外国资金流入本国，进行直接投资，资本账户产生顺差。

5)汇率变动对经济的主要影响

(1)汇率变动对国际贸易的影响。汇率变动一个最为直接也最为重要的影响就是对贸易的影响。一国货币汇率变动,会使该国进出口商品价格相应涨落,抑制或刺激国内外居民对进出口商品的需求,从而影响进出口规模和贸易收支。本币贬值有利于该国商品的出口,原因是,当本国货币汇率下浮时,如外币汇率上浮的幅度大于国内商品价格上涨的幅度时,以外币表示的本国出口商品价格在国际市场上就会下降,从而使需求增加,扩大该国的出口贸易。另外,因货币汇率下浮,出口收入外汇可兑换成较多的本币,使出口利润增加,促进出口发展;相反,一国货币汇率上浮不利于出口而有利于进口,因为汇率上浮可用较少的本币买到较多的进口商品,所以有利于进口。

(2)汇率变动对非贸易收支的影响。一般情况下,汇率下浮有利于非贸易收入的增加。原因是当一国货币汇率下跌时,外国货币兑换的本国货币数量将增加,外国货币的购买力相对提高,本国的商品和劳务相对低廉,有利于改善该国旅游与其他劳务收支状况。同时,由于本国货币兑换外国货币的数量减少,国外商品和劳务价格也提高了,对外支出也会减少。如果本国货币汇率上升,则其作用与此相反。

(3)汇率变动对物价水平的影响。货币贬值的一个直接后果就是对物价水平的影响。汇率变动对物价水平的影响可以体现在两方面:一是对贸易品价格的影响;二是对非贸易品价格的影响。贸易品是指进出口商品,非贸易品包括那些由于成本等原因不能进入国际市场的商品。以贸易品为例,当本国货币汇率下降时,以本国货币表示的进口商品价格提高,进而带动国内同类商品价格的上升。如果进口商品作为生产资料投入生产,引起生产成本提高,还会促使其他商品价格的普遍上涨。此外,在国内商品供应既定的条件下,本国货币汇率下降将降低出口产品的国外价格,由此刺激商品的出口,必然加剧国内商品市场的供求矛盾,从而致使物价上涨。

(4)汇率变动对资本流动的影响。当一国货币汇率下浮时,国内资金持有者和外国投资者为了防范汇率风险,在外汇市场上会卖出本币买入外币,严重时会引起资本外逃;如果汇率上浮,对国际资本流动会产生相反的影响。

(5)汇率变动对外汇储备的影响。储备货币的汇率变动会影响一国外汇储备的实际价值。如果某种储备货币汇率下浮,那么持有国的储备就要遭受损失,而该种储备货币发行国则因该种货币贬值而减少了债务负担;相反,若某种储备货币汇率上升,持有国获利,发行国则增加了债务负担。

(6)汇率变动对国际经济关系的影响。如果一国实行以促进出口、改善贸易逆差为主要目的的货币贬值,会使对方国家货币相对升值,出口竞争力下降,尤其是以外汇倾销为目的的本币贬值容易引起对方国家和其他利益相关国家的反抗甚至报复,加深了国际经济关系的复杂化,引发国际金融领域的动荡,甚至影响世界经济的景气。

11.2 外汇市场

11.2.1 外汇市场概述

1)外汇市场的概念

外汇市场是国际金融市场的重要组成部分之一,是指由各种经营外汇业务的机构和个人汇合在一起进行具有国际性的外汇买卖的交易场所,简言之,是经营外汇买卖的交易场所和交易网络。

2)外汇市场参与者

(1)外汇银行。外汇银行又叫外汇指定银行,是指根据外汇法由中央银行指定可以经营外汇业务的商业银行或其他金融机构。外汇银行大致可以分为三类:专营或兼营外汇业务的本国商业银行,在本国的外国商业银行分行及本国与外国的合资银行,经营外汇业务的其他金融机构。中国的外汇指定银行包括四大国有商业银行和交通银行等全国性的股份制商业银行以及具有外汇经营资格的外资银行在华分支机构,许多地方商业银行和信用合作社还不具备外汇指定银行的资格。

(2)外汇银行的客户。在外汇市场中,凡与外汇银行有外汇交易关系的公司和个人,都是外汇银行的供应者、需求者和投机者,在外汇市场上占有重要的地位。他们中有为进行国际贸易、国际投资等经济交易而买卖外汇者,也有零星的外汇供求者,如国际旅游者、留学生等。中国外汇银行的顾客主要是有外汇需要的各类企业,由于生产经营和国际贸易的需要而产生了外汇的需求和供给。随着中国改革开放的深入和人们收入的普遍提高,个人在外汇交易中的地位开始变得越来越重要。

(3)外汇经纪商。外汇经纪商指介于外汇银行之间、外汇银行和其他外汇市场参与者之间,联系、接洽外汇买卖,从中赚取佣金的经纪公司或个人。目前中国外汇市场上外汇经纪商的角色已经出现,随着中国外汇市场的发展,外汇经纪商的作用将会逐步扩大。

(4)交易中心。外汇市场大部分国家的外汇市场都有一个固定的交易场所,交易中心为参与交易的各方提供了一个有规则和次序的交易场所和结算机制,便利了会员之间的交易,促进了市场的稳定与发展。位于上海外滩的中国外汇交易中心是中国外汇交易的固定交易场所。

【知识链接 11-2】

中国外汇交易中心简介

中国外汇交易中心暨全国银行间同业拆借中心(以下简称交易中心),为中国人民银行直属事业单位,主要职能是:提供银行间外汇交易、信用拆借、债券交易系统并组织市场交易;办理外汇交易的资金清算、交割,负责人民币同业拆借及债券交易的清算监督;提供网上票据报价系统;提供外汇市场、债券市场和货币市场的信息服务;开展经中国人民银行批准的其他业务。

交易中心总部设在上海,备份中心建在北京,目前在广州、深圳、天津、济南、大连、南京、厦门、青岛、武汉、重庆、成都、珠海、汕头、福州、宁波、西安、沈阳、海口18个中心城市设有分中心。

作为国家外汇体制改革的产物,交易中心于1994年4月成立,并在此后的10年间获得了蓬勃发展。根据中国人民银行、国家外汇管理局发展市场的战略部署,交易中心贯彻"多种技术手段,多种交易方式,满足不同层次市场需要"的业务工作方针,于1994年4月推出了外汇交易系统,1996年1月启用人民币信用拆借系统,1997年6月开办银行间债券交易业务,1999年9月推出交易信息系统,2000年6月开通"中国货币"网站,2001年7月试办本币声讯中介业务,2001年10月创办《中国货币市场》杂志,2002年6月开办外币拆借中介业务,2002年10月受托运行黄金交易系统,2003年6月开通"中国票据网",推出中国票据报价系统,初步建成了交易、信息和监管服务"三大平台",在支持人民币汇率稳定、传导央行货币政策、服务金融机构和监管部门等方面发挥了重要的作用。

(5)中央银行与监管机构。外汇市场上另一个重要的参与者是各国的中央银行。这是因为各国的中央银行都持有相当数量的外汇余额作为国际储备的重要构成部分,并承担着维持本国货币金融市场稳定的职责。随着中国外汇储备的逐步增加,中央银行在中国外汇市场的作用日益重要,大量的外汇储备成为中央银行干预外汇市场的重要保证。另外,由于外汇市场的重要性,各国一般由专门的监管机构来规范外汇市场的发展。中国外汇市场的监管机构为国家外汇管理局。

【案例分析 11-1】

日本央行——干预最"频繁"的央行

从历史到现在,日本央行的市场干预最为频繁。一旦日元升幅变大,日本央行就会入市抛售日元买入美元,而日元不断贬值时,日本央行也会不遗余力地干预市场。

然而,日本央行的市场干预效果大大逊色于美国和欧洲的同行。日本央行因为从属于大藏省(即财政部)而缺乏应有的独立性。同时,日本央行不断地在外汇市场上低买高卖,又给市场造成了炒作外汇的嫌疑,其干预市场的作用不断受到市场质疑，以至于国际炒家都纷纷达成共识：不能轻易跟进日本央行。一旦发现日本央行干预市场没有达到效果，进行逆向操作说不定会取得意外效果。

如此看来，日本央行不仅是干预最“频繁”的央行，恐怕还得背上“干预效果最差”的央行的称号。

1995年以来，日本官方四次入市干预。在此期间，日元挺进1美元兑100日元大关。而2001年至2004年，是日本央行干预汇市最为激进的时期。

为了支持丰田汽车、索尼等出口商，日本政府卖出日元。2003年，日本央行代表财务省抛出20.4万亿日元；2004年第一季度，又卖出了14.8万亿日元（当时日元最高到达1美元兑103.42日元），在这三个月中，日本央行曾有47天入市卖出日元。

但2004年3月份的干预，成为了日本央行最后一次干预汇市，自那以后，日本央行就再也没有干预过汇市，即使在2008年爆发百年一遇的全球金融危机、日元强势突破90日元兑1美元关口的时候，日本也没有干预。

资料来源：商务部国际贸易经济合作研究院，《中国对外经济贸易白皮书(2003)》。

要求：根据上述资料，分析日本中央银行干预外汇市场的目的。

分析：日本中央银行干预外汇市场的目的是使日元对世界主要货币的汇率保持在对日本经济有利的水平，主要通过买入或卖出美元保持日元与美元之间的一个适当汇率。

3）外汇市场分类

（1）按外汇所受管制程度，外汇市场可以分为自由外汇市场、外汇黑市和官方市场。

自由外汇市场是指政府、机构和个人可以买卖任何币种、任何数量外汇的市场。自由外汇市场的主要特点是：第一，买卖的外汇不受管制；第二，交易过程公开。例如，美国、英国、法国、瑞士的外汇市场皆属于自由外汇市场。

外汇黑市是指非法进行外汇买卖的市场。外汇黑市的主要特点是：第一，是在政府限制或法律禁止外汇交易的条件下产生的；第二，交易过程具有非公开性。由于发展中国家大多执行外汇管制政策，不允许自由外汇市场存在，所以这些国家的外汇黑市比较普遍。

官方市场是指按照政府的外汇管制法令来买卖外汇的市场。这种外汇市场对参与主体、汇价和交易过程都有具体的规定。在发展中国家，官方市场较为普遍。

（2）按外汇买卖的范围，外汇市场可以分为外汇批发市场和外汇零售市场。

外汇批发市场是指银行同业之间的外汇买卖行为及其场所。其主要特点是交易规模大。

外汇零售市场是指银行与个人及公司客户之间的外汇买卖行为及场所。

4)外汇交易方式

(1)即期交易。外汇的即期交易也称现汇交易或现汇买卖,是指外汇交易双方以当时外汇市场的价格成交,并在成交后两个营业日内办理有关货币交割的外汇交易。外汇即期交易是外汇市场上最常见、最普遍的买卖形式。由于交割时间较短,外汇即期交易所受的外汇风险较小。

(2)远期交易。远期交易是指在外汇买卖成交时,双方先签订合同,规定交易的币种、数额、汇率以及交割的时间、地点等,并于将来某个约定的时间按照合同规定进行交割的一种外汇交易。远期外汇交易的期限按月计算,一般为一个月到六个月,也有的长达一年,通常为三个月。

(3)掉期交易。掉期交易是指外汇交易者在买进(卖出)一定期限、一定数额的某种货币的同时,卖出(买入)另一种期限、相同数额的同种货币的外汇交易。进行掉期交易的主要目的也是在于避免汇率波动的风险。

(4)外汇期货交易。外汇期货交易是指按照合同规定在将来某一指定月份买进或卖出规定金额外币的交易方式。目前,世界主要金融中心都设立了金融期货市场,外汇期货现在已经成为套期保值和投机的重要工具。

(5)外汇期权交易。外汇期权是一种以一定的费用(期权费)获得在一定的时刻或时间内拥有买入或卖出某种外汇的权利的合约。期权合同的卖方可以在期权到期日之前按合同约定的汇率买进或卖出约定数量的外汇,但也有不履行这一合同的权利。

11.2.2 世界主要外汇市场

世界上交易量大且有国际影响的外汇市场有伦敦、纽约、巴黎、法兰克福、苏黎世、东京、卢森堡、香港、新加坡、巴林、米兰、蒙特利尔和阿姆斯特丹等。在这些市场上买卖的外汇主要有美元、欧元、英镑、瑞士法郎、加拿大元、日元等货币,其他货币也有买卖,但为数极少。

主要的国际市场有三十多个,最重要的就是纽约、伦敦、东京,其余的新加坡、巴黎、悉尼等都是比较小的,但是也不能忽略这些中小市场,正是这些中小市场使外汇市场24小时不停地运作。

1)伦敦外汇市场

伦敦外汇市场是建立最早的世界性的市场,是历史悠久、久负盛名的国际外汇市场,也是目前全球最大的外汇交易中心。

尽管第二次世界大战后,英镑作为国际储备与国际贸易支付手段的地位被美元所代替,而且从20世纪40年代起英国就开始实行严格的外汇管制,但由于伦敦银行界在外汇交易中的丰富经验和完备的机构,它仍保持着世界性外汇市场的中心地位。1979年10月24日,英国政府宣布自即日起完全解除外汇管制,伦敦外汇市场成为基本上完全自由的市场，外汇交易量不断增长，并以交易效率高、货币种类多、交易设施先进和拥有一批训练有素的专门人才而闻名。

伦敦外汇市场作为一个世界性的外汇中心，并无一个具体的外汇交易场所，它与欧洲大陆某些国家的外汇市场固定在一定的场所进行交易有所不同。在伦敦市场，被批准的外汇经纪商，包括清算银行、商业银行、外国银行设在伦敦的分支行及其他金融机构，有十分完整的电讯网络设备，专用的对讲电话，灵敏的电子装置，迅速灵活地处理着各种即期和远期外汇买卖业务。

2）纽约外汇市场

纽约外汇市场不仅是美国国内外汇交易的中心，同时也是世界各国外汇结算的枢纽。纽约外汇市场以美国的商业银行为主。美国境内有许多银行与国外的商业银行都有通汇关系，但进行大宗外汇交易的银行大部分都在纽约。

纽约外汇市场是由三个层次的市场所组成。第一层市场进行的是银行与其顾客间的交易。第二层市场进行的是银行彼此间的外汇交易。国内银行同业间的交易一般是通过外汇经纪商进行的。有时纽约联邦储备银行也代表美国财政部与联邦储备系统和外国金融当局进行外汇交易。第三层市场进行的是纽约的银行与外国银行间的交易。上述三层外汇市场之间的关系极为密切。

纽约和伦敦外汇市场是当前世界上并驾齐驱的两个最大的外汇市场。纽约外汇市场的形成和发展是与两次世界大战中美国的政治、经济、军事实力的增长联系在一起的。特别是随着布雷顿森林体系的建立，美国登上世界金融霸主的宝座，美元取代英镑成了世界最主要的储备货币、干预货币和清算货币。

3）东京外汇市场

东京金融市场自形成以来在很长时间里，主要经营国内业务。20 世纪 50 年代后，日本逐步放松了外汇管制。1964 年，日本加入国际货币基金组织，日元成为可兑换货币，外汇交易逐步实行自由化。1980 年 12 月，日本政府废除了旧的《外汇法》和《外资法》，颁布了新《外汇法》，对外汇交易从“原则上禁止”转变到“原则上自由”，随后所有银行包括外国银行都可以在日本国内经营一般外汇交易，因此外汇业务迅速发展。东京已成为世界最大的外汇市场之一。

东京外汇市场的参与者除了日本银行外，还有数百家外汇指定银行，以及外国银行在日本的分行、外汇经纪商。东京外汇市场的交易方式与伦敦外汇市场相同，是利用电话、电报等电讯方式进行交易。

由于实行浮动汇率制度，往往使日元汇率发生剧烈大幅度的波动。为防止资金外逃，控制外汇投机和使国内经济免受日元大起大落而产生的不良影响，日本银行就要介入外汇市场进行外汇平衡干预。日本外汇当局对外汇资金的管理主要是平衡其外币持有量和资金拆放两方面。日本的外汇汇率的自由浮动是有一定限度的，其浮动方向是以对日本经济有利为依据的，如果出现了日本政府不愿看到的情况，日本财政金融当局就会进场干预，必要时甚至请求西方七国集团联手干预。

4)苏黎世外汇市场

瑞士苏黎世外汇市场是一个有历史传统的外汇市场，在国际外汇交易中处于重要地位。这一方面是由于瑞士法郎是自由兑换货币；另一方面是由于在第二次世界大战期间瑞士是中立国，外汇市场未受战争影响，一直坚持对外开放。其交易量原先居世界第四位，但近年来被新加坡外汇市场超过。

苏黎世外汇市场是一个无形市场，外汇交易由银行之间通过电话或电传进行，不通过外汇经纪人或外汇中间商。这与伦敦外汇市场和纽约外汇市场有所不同。

由于瑞士法郎一直处于硬货币地位，汇率坚挺稳定，并且瑞士作为资金庇护地，对国际资金有很大的吸引力，同时瑞士银行能为客户资金严格保密，吸引了大量资金流入瑞士。所以苏黎世外汇市场上的外汇交易大部分是由于资金流动而产生的，只有小部分是出自对外贸易的需求。

5)香港外汇市场

中国香港是自由港，是远东地区重要的国际金融中心。香港外汇市场是20世纪70年代以后发展起来的国际性外汇市场。自1973年香港取消外汇管制后，国际资本大量流入，经营外汇业务的金融机构不断增加，外汇市场越来越活跃，发展成为国际性的外汇市场。

香港外汇市场是一个无形市场，没有固定的交易场所，交易者通过各种现代化的通讯设施和计算机网络进行外汇交易。香港地理位置和时区条件与新加坡相似，可以十分方便地与其他国际外汇市场进行交易。

20世纪70年代以前，香港外汇市场的交易以港币和英镑的兑换为主。20世纪70年代后，随着该市场的国际化及港币与英镑脱钩及与美元挂钩，美元成了市场上交易的主要外币。香港外汇市场上的交易可以划分为两大类：一类是港币和外币的兑换，其中以与美元兑换为主；另一类是美元兑换其他外币的交易。

11.3 国际收支与国际收支平衡表

11.3.1 国际收支与国际收支平衡表概述

1)国际收支

国际收支概念是人们对国际贸易和国际间其他经济、政治和文化往来过程中所发生的收支这一社会现象的本质的反映和概括。世界各国在经济、政治和文化等方面的交往中，相互间必然产生债权和债务关系。各国之间的债权债务到期就要进行结算，从而导致货币的收支。

由于各国的货币制度不同,在国际结算过程中,就要使用国际上通用的货币。"外汇"是主要的结算和流通工具,一个国家通过各种国际往来收入外汇,会使本国对外购买力增加;而支出外汇,使本国对外购买力减少。就外汇收支来说,一国的外汇收入就是另一国的支出;而一国的外汇支出就是另一国的收入。

国际收支是指一个国家(或地区)在一定时期(通常为一年或一季)内,一国(或地区)居民同外国居民之间进行各种交往过程中所发生的一切经济关系的有系统的记录。

"居民"是指在本国居住的个人和法人;"非居民"是指在外国居住的个人和法人。

我国自 1996 年 1 月 1 日起实施的《国际收支统计申报办法》第三条规定:"本办法所称中国居民,是指:(一)在中国境内居留一年以上的自然人,外国及香港、澳门、台湾地区在境内的留学生、就医人员、外国驻华使馆领馆外籍工作人员及其家属除外;(二)中国短期出国人员(在境外居留时间不满一年)、在境外留学人员、就医人员及中国驻外使馆工作人员及其家属;(三)在中国境内依法成立的企业事业法人(含外商投资企业及外资金融机构)及境外法人的驻华机构(不含国际组织驻华机构、外国驻华使馆领馆);(四)中国国家机关(含中国驻外使馆领馆)、团体、部队。"除此之外属于非居民。

国际收支概念有狭义和广义之分。狭义的国际收支,只指外汇的收支,它仅以现在或将来具有外汇收支的经济交易为对象,并不包括没有外汇收支的交易。广义的国际收支,其范围较为广泛,不仅包括具有外汇交易的国际经济交易,而且包括一定时期内的全部国际经济交易。国际货币基金组织对国际收支的定义,属于广义的国际收支概念。

国际货币基金组织编制的《国际收支手册》对国际收支所下的定义为:"国际收支是某一经济体在某一时期的统计表,它表明:(1)某一经济体同世界其他经济体之间在商品、劳务以及收益方面的交易;(2)该经济体所持有的货币黄金、特别提款权以及对世界其他经济体的债权债务的变化;(3)为平衡不能相互抵消的上述交易和变化的任何账目所需的无偿转让和对应项目。"

国际货币基金组织对国际收支的定义,概括了国际收支的全部内容,使各国在计算国际收支时有了明确依据。国际收支与国际借贷不同。国际借贷是指一个国家在某一时点的对外债权债务的综合,是表示一种"存量";而国际收支是表示一种"流量"。国际借贷不包括如赠与、侨民汇款与战争赔款等无偿交易,因为这些交易不存在借贷关系。

2)国际收支平衡表

国际收支平衡表是反映一定时期一国同外国的全部经济往来的收支流量表。

它是对一个国家与其他国家进行经济技术交流过程中所发生的贸易、非贸易、资本往来以及储备资产的实际动态所作的系统记录，是国际收支核算的重要工具。通过国际收支平衡表，可综合反映一国的国际收支平衡状况、收支结构及储备资产的增减变动情况，为制定对外经济政策、分析影响国际收支平衡的基本经济因素、采取相应的调控措施提供依据，并为其他核算表中有关国外部分提供基础性资料。

国际收支平衡表采用复式簿记的编制原理，其记账方法为：

(1)凡引起本国外汇收入的项目，记入贷方；

(2)凡引起本国外汇支出的项目，记入借方。

11.3.2 国际收支平衡表的内容

国际收支平衡表所包含的内容十分繁杂，各国大都根据各自不同需要和具体情况来编制，因此，各国国际收支平衡表的内容、详简程度有很大差异，但其主要项目还是基本一致的。国际收支平衡表项目大体上可分为三大类，即经常项目、资本和金融项目以及误差与遗漏项目。

1)经常项目

经常项目是本国与外国交往中经常发生的国际收支项目，它反映了一国与他国之间真实资源的转移状况，在整个国际收支中占有主要地位，往往会影响和制约国际收支的其他项目。它包括货物项目、服务项目、收益项目和经常转移项目四个子项目。

(1)货物项目。货物包括一般商品、用于加工的货物、货物修理、各种运输工具在港口购买的货物及非货币黄金。一般商品是指居民向非居民出口或从非居民那里进口的可移动货物；用于加工的货物包括跨越边境运到国外加工的货物的出口以及随之而来的再进口；货物修理包括向非居民提供的或从非居民那里得到的对船舶和飞机等的修理活动；各种运输工具在港口购买的货物包括非居民在岸上采购的所有货物，如燃料、给养、储备、物资；非货币黄金包括不作为一国货币当局储备资产的所有黄金的进出口。

(2)服务项目。服务项目是指一个国家对外提供服务或接受服务所发生的收支。由于服务不像货物那样能够看得见、摸得着，所以服务项目又称为无形收支项目，它包括下列具体项目：

一是运输及通讯收支。它包括海陆空运商品和旅客运费的收支。有些国家对于运输工具的修缮费、港湾费与码头的使用费、船舶注册费等均纳入运输收支项目。通讯方面，属于国际电报、电话、电传、卫星通讯等服务项目引起的外汇收支都记入劳务账户下。

二是保险收支。凡本国人向外国保险公司投保，则成为保险费的支出；凡外国人向本国保险公司投保，则成为保险费的收入。

三是旅游收支。它指本国居民到国外旅游或外国居民到本国旅游而产生的膳费、交通等服务性费用的收支。

四是其他服务收支。如办公费、专利权使用费、广告宣传费、手续费、使领费等项目收支。

目前,劳务收支的重要性日趋突出,不少国家的劳务收支在该国的国际收支中占有举足轻重的地位,有的甚至超出了有形贸易收支。

(3)收益项目。收益包括居民与非居民之间的两大类交易:①职工报酬,即支付给非居民工人的工资、薪金和其他福利。②投资收益,包括居民因持有国外金融资产或承担对非居民负债而产生的收益或损失。投资收益包括直接投资收益、证券投资收益和其他形式的投资收益,其中其他形式的投资收益是指其他资本如贷款所产生的利息。应注意的是,资本损益是不作为投资收益记载的,所有由交易引起的现已实现的资本损益都包括在金融账户下面。

(4)经常转移项目。经常转移又称无偿转移或单方面转移,是指商品、劳务或金融资产在居民与非居民之间转移后,并未得到补偿与回报。该项目主要包括政府间的经济援助、捐赠、战争赔偿,国际组织作为一项政策向各国政府定期提供的转移和个人之间、非政府机构之间或团体之间(或这两类组织之间)的转移项目,如侨汇、继承、捐赠、资助性汇款等。

2)资本和金融项目

资本和金融项目反映一国资产所有权在国际间转移的状况,包括资本项目和金融项目两大部分,习惯上将资本和金融项目称为资本项目。

(1)资本项目。资本项目是指资本项目项下的资本转移、非生产/非金融资产交易,以及其他所有引起一经济体对外资产和负债发生变化的金融项目。资本转移是指涉及固定资产所有权的变更及债权债务的减免等导致交易一方或双方资产存量发生变化的转移项目,主要包括固定资产转移、债务减免、移民转移和投资捐赠等。非生产/非金融资产交易是指非生产性有形资产(土地和地下资产)和无形资产(专利、版权、商标和经销权等)的购买与放弃。

(2)金融项目。金融项目包括引起一国对外资产和负债所有权变更的所有交易。根据投资类型或功能,金融项目分为直接投资、证券投资、其他投资和储备资产四类。

直接投资的主要特征是投资者对另一经济体的企业拥有永久利益,这一永久利益意味着直接投资者和企业之间存在着长期的关系,并且投资者对企业经营管理施加着相当大的影响。直接投资在传统上主要采用在国外建立分支企业的形式,目前越来越多地采用购买一定比例的股票的形式来达到,如果是这样的话,一般要求这一比例最低为10%。

证券投资是指为了取得一笔预期的固定货币收入而进行的投资,它对企业没有发言权。证券投资包括对股票、中长期债券、货币市场工具和衍生金融工具(如期权)的投资。投资的利息或股息收支记录在经常项目下,本金还款记录在金融项目下。

其他投资是一个剩余项目,包括所有直接投资、证券投资或储备资产未包括的金融交易,比如长短期的贸易信贷、贷款以及应收款项和应付款项等。

储备资产是指一个国家的金融当局(如中央银行或其他官方机构)持有的储备资产及其对外债权,它包括用作货币的黄金、外汇、分配的特别提款权和在国际货币基金组织的储备头寸等子项目。

3)误差与遗漏项目

误差与遗漏是一个人为设计的平衡项目,尽管它在某些国家不是最后一个项目,但却是作为余项在最后才计算的。经常项目与资本和金融项目之和,如果两者没有误差与遗漏,借贷双方应该相等,但这种情形是不太可能的。因为,每个国家的国际收支平衡表的统计数据总会出现一些遗漏:①资料来源不一。一国在编制国际收支平衡表时所汇集和应用的原始资料来自许多渠道,如海关统计、银行报告、企业报表等。②资料不全。某些数字如商品走私、资金外逃、私自携带现钞出入境等也属于国际收支范畴,难以掌握。③资料本身错漏。有关单位提供的统计数字也不是百分之百准确无误,有的仅仅是估算数字。

11.3.3 国际收支平衡表的分析

1)经常项目差额

经常项目差额是指一定时期内一国货物和服务、收益和经常转移项目下借方总额与同期货物和服务、收益和经常转移项目下贷方总值之差。当贷方总值大于借方总值时,经常项目为顺差;反之,则经常项目为逆差。

经常项目差额不仅反映了货物与服务的进出口差额,还反映了在开放经济条件下,资本、劳动力等生产要素在国际间的流动引起的收入差额。在开放宏观经济中,经常项目差额概括反映了一国的净债务人或债权人的地位,能够清楚地反映一国内外经济的紧密联系。因此,经常项目差额又被国际银行家视为评估向一国提供贷款的重要变量之一。

2)资本和金融项目差额

资本和金融项目是国际收支的另一个重要组成部分。随着经济全球化发展,资本移动对一国宏观经济的作用越来越突出。通常人们所说的资本项目差额就是指资本和金融项目差额。

资本项目逆差,表明本国资本流出大于资本流入。如果短期内突然产生大规模资本收支逆差,根据经验可以判断,本国存在投机性套利或者套汇行为。资本项目顺差,表明本国资本流入大于资本流出。资本项目长期顺差,可以扭转贸易项目的长期逆差,为长期经济增长奠定物质基础。但如果一国经济长期依赖资本流入,则一旦资本停止流入,本国正常的经济秩序就会中断并陷入混乱,甚至发生社会动荡。

【案例分析 11 -2】

表 11 - 3　　2008 年中国国际收支平衡表　　单位:千美元

项　目	差　额	贷　方	借　方
一、经常项目	426 107 395	1 725 893 261	1 299 785 866
A. 货物和服务	348 870 456	1 581 713 188	1 232 842 732
a. 货物	360 682 094	1 434 601 241	1 073 919 146
b. 服务	–11 811 638	147 111 948	158 923 586
B. 收益	31 437 960	91 614 872	60 176 912
1. 职工报酬	6 400 156	9 136 547	2 736 391
2. 投资收益	25 037 804	82 478 325	57 440 521
C. 经常转移	45 798 979	52 565 201	6 766 222
二、资本和金融项目	18 964 877	769 876 094	750 911 218
A. 资本项目	3 051 448	3 319 886	268 439
B. 金融项目	15 913 429	766 556 208	750 642 779
1. 直接投资	94 320 092	163 053 964	68 733 872
1.1 我国在外直接投资	–53 470 972	2 175 785	55 646 757
1.2 外国在华直接投资	147 791 064	160 878 179	13 087 115
2. 证券投资	42 660 063	67 708 045	25 047 982
3. 其他投资	–121 066 726	535 794 199	656 860 925
三、储备资产	–418 978 429	0	418 978 429
3.1 货币黄金	0	0	0
3.2 特别提款权	–7 114	0	7 114
3.3 在基金组织的储备头寸	–1 190 315	0	1 190 315
3.4 外汇	–417 781 000	0	417 781 000
3.5 其他债权	0	0	0
四、净误差与遗漏	–26 093 843	0	26 093 843

资料来源:国家外汇管理局网站。

要求:根据上述2008年中国国际收支平衡表,分析2008年我国国际收支中经常项目、金融与资本项目的收支情况,以及2008年我国外汇储备的变化,分析2008年我国外汇储备大幅增长的主要来源是什么。

分析:2008年我国经常项目、资本和金融项目都实现了顺差,外汇储备增加超过4 000亿美元,主要来源于经常项目中的贸易顺差和金融项目中的外国在华直接投资。

3)总差额

通常我们所称的某国的国际收支顺差或逆差,在没有特别指明的情况下,指的是总差额的顺差或逆差。

总差额 = 经常项目差额 + 资本和金融项目差额 + 净误差与遗漏

总差额为逆差时,储备资产减少,在国际收支平衡表中表示为正值;总差额为顺差时,储备资产增加,在国际收支平衡表中表示为负值。

储备资产变动额 = -(经常项目差额 + 资本和金融项目差额 + 净误差与遗漏)

11.3.4 国际收支失衡的影响及调节

1)国际收支失衡的影响

国际收支持续的巨额差额说明国际收支失衡。国际收支失衡对一国经济会产生许多不利的影响。

(1)国际收支逆差对经济的不利影响。一国的国际收支出现逆差,一般会引起该国货币汇率下跌,如果该国货币贬值,该国商品的出口增加可能会使国内商品供不应求,导致国内物价上升;同时本币贬值会加重外债负担。该国货币当局如果动用黄金或外汇储备干预外汇市场,会使该国黄金或外汇储备减少,对外支付能力下降。

如果国际收支持续大量的逆差主要是由贸易逆差引起的,会造成该国收入下降和失业增加;如果国际收支持续大量的逆差主要是由资本项目逆差引起的,则会加剧国内资金紧张,导致该国收入下降和失业增加,并导致利率上升。

(2)国际收支顺差对经济的不利影响。一国的国际收支如果顺差过大并且长期存在,也会给一国经济带来消极影响。一是国际收支顺差容易形成本币对外币升值的压力,本币汇率上升,不利于其出口贸易的发展,加重国内的失业问题。二是国际收支顺差会使一国外汇储备增加,并同时引起该国货币供给量增加,加剧该国通货膨胀。三是一国国际收支出现顺差,就意味着其他一些国家出现国际收支逆差,尤其是由于出口大于进口而产生的国际收支顺差,容易引起其他国家采取报复性措施,带来国际摩擦。

2)调节国际收支的政策措施

(1)外汇缓冲政策。外汇缓冲政策是指一国货币当局为对付国际收支不平衡,拨出一定数量的外汇储备作为缓冲体,当国际收支发生短期不平衡时,通过中央银行在外汇市场买卖外汇来调节外汇供求,影响汇率,从而改善国际收支。

(2)财政政策。财政政策是指一国政府通过调整税收和政府支出来控制社会总需求的政策措施，主要工具包括财政收入政策、财政支出政策和公债政策。

当一国发生国际收支顺差时，政府实行扩张性的财政政策，扩大政府开支，减少税收，以扩大总需求，增加进口及非贸易支出；当一国发生国际收支逆差时，政府实行紧缩性的财政政策，削减政府支出和政府转移支付，增加税收，抑制总需求和物价的上涨，促进出口，减少进口，以改善贸易收支及国际收支。

(3)货币政策。货币政策是通过调节货币供给量的来调节社会总需求的政策措施。其主要工具是公开市场业务、调整再贴现率以及法定存款准备金率。

当一国发生国际收支逆差时，一是中央银行可通过提高法定存款准备金率，使银行贷款能力下降，投资减少，社会总需求减少，从而抑制物价上升和收入增长，促进出口和减少进口，改善国际收支；二是中央银行可以通过提高再贴现率，提高一国的利率水平，从而吸引资本流入或抑制资本流出，导致资本项目顺差，同时，利率水平上升也会使投资减少和社会总需求减少，从而改善贸易收支；三是中央银行在金融市场抛售外汇或发行证券，使基础货币增加，以达到刺激社会总需求的目的。当一国发生国际收支顺差时，中央银行可通过降低法定存款准备金率、降低再贴现率和在金融市场买进外汇或购入证券的方式，使社会总需求增加，从而刺激物价上升和收入增长，增加进口和减少出口，扭转国际收支顺差。

(4)汇率政策。汇率政策是指一国通过调整本币汇率来调节国际收支、消除国际收支不平衡的政策。在浮动汇率制度下，当一国发生国际收支逆差时，本国货币贬值可以增强本国商品在国外的竞争力，扩大出口；当一国发生国际收支顺差时，本国货币升值可以鼓励进口，减少出口。

(5)直接管制政策。直接管制政策是指政府直接干预对外经济往来，以调节国际收支的政策措施。直接管制包括外汇管制、贸易管制和财政管制等形式。直接管制是一种行政手段，国际经济组织和经济学理论多半不赞成这种做法。

(6)国际经济合作。国际经济合作是指各国通过协调经济政策，减少相互摩擦，促进贸易自由和资源的优化配置，推动各国经济共同发展。

以上几种调节国际收支的措施均可以进行搭配或相互替代使用，各种措施都要从各国的实际情况出发，从当时的国际社会经济环境出发。

11.4 国际储备

11.4.1 国际储备概述

1)国际储备的含义

国际储备是指是一国货币当局所持有的，备用于弥补国际收支逆差、维持本国货币汇率稳定以及应付各种紧急支付的能为世界各国所普遍接受的资产。

作为国际储备的资产,必须具备如下特点:一是官方持有性。即作为国际储备的资产必须是中央货币当局直接掌握并予以使用的,非官方金融机构、企业和私人持有的黄金、外汇等资产,不能算作国际储备。二是自由兑换性。即作为国际储备的资产必须可以自由地与其他金融资产相交换,充分体现储备资产的国际性。缺乏自由兑换性,储备资产的价值就无法实现,这种储备资产在国际间就不能被普遍接受,也就无法用于弥补国际收支逆差及发挥其他作用。三是普遍接受性。即作为国际储备的资产能在外汇市场上或在政府间清算国际收支差额时被普遍接受。

与国际储备相近而又有所区别的概念是国际清偿力。国际清偿力是指一国对外支付能力,它的内涵比国际储备广泛。就一个国家而言,国际清偿力既包括一国现有的国际储备,也包括一国向国外筹借资金的能力,即向外国政府或中央银行、国际金融组织和商业银行借款的能力。因此,国际储备仅仅指一国所具有的现实的对外清偿能力,而国际清偿能力则是该国所具有的现实的对外清偿能力和可能的对外清偿能力的总和。

2)国际储备的构成

目前,根据国际货币基金组织的规定,一国的国际储备资产包括四个方面。

(1)黄金储备。黄金储备是指一国货币当局作为金融资产持有的黄金,非货币性的黄金不在此列。黄金是世界货币,黄金储备天然地具备国际储备的主要特点,因而是最早也是最重要的实际储备资产。尤其在金本位制时代,黄金是最理想的国际流通手段和国际储备资产。第二次世界大战后,随着以美元为中心的国际货币制度的建立,美元、英镑和西方其他自由兑换货币相继成为各国储备的主要对象,从而导致黄金在各国储备资产中所占的比重不断下降。20 世纪 70 年代后,随着美元与黄金脱钩及黄金非货币化程度的加大,黄金的地位进一步被削弱。尽管黄金作为货币的职能已大大降低,但黄金仍是一国最后的支付手段,以黄金作为储备资产仍具有它的优越性,各国货币当局可以随时将其手中持有的黄金出售兑换成外汇用于国际支付和债务清偿,因此黄金在各国国际储备中仍占有相当重要的地位。

(2)外汇储备。外汇储备是指各国货币当局持有的对外流动性资产,其主要形式为国外银行存款及外国政府债券。国际货币基金组织对外汇储备的解释为:它是货币行政当局以银行存款、财政部国库券、长短期政府证券等形式所持有的,在国际收支发生逆差时可以使用的债权。

充当国际储备资产的国际货币必须具备下列条件:一是能自由兑换成其他储备货币,并为世界各国普遍接受,作为国际计价手段和支付手段;二是在国际货币体系中占据重要地位;三是其对内价值相对比较稳定。而这些条件是以该货币发行国的经济实力为基础的,因此,不是所有以可兑换货币表示的资产都可以成为国际储备资产。

【小思考 11－3】

表 11－4　国际货币基金组织成员国官方持有的各种主要货币在外汇储备总额中所占比重(%)

货币种类	1999 年	2000 年	2002 年	2003 年	2008 年
美元	68.4	68.2	64.5	63.8	64.0
欧元	12.5	12.7	18.7	19.7	26.5
英镑	4.0	3.9	4.4	4.4	
日元	5.5	5.3		4.8	

资料来源:IMF 2003、2004、2008 年年报。

根据上述资料,你认为美元和欧元的世界储备货币地位发生了怎样的变化?

答:美元的储备地位相对稳定,欧元在世界储备货币中的地位呈上升趋势。

在历史上被最广泛地用作储备货币的是英镑和美元。20 世纪 30 年代之前,英镑是全球的主要储备货币。20 世纪 30 年代,美元与英镑共同作为储备货币。第二次世界大战后,美元成为唯一直接与黄金挂钩的主要货币,等同于黄金,成为各国外汇储备的主体。20 世纪 60 年代,随着美元危机的爆发,美元作为储备货币的功能相对削弱。到 20 世纪 70 年代布雷顿森林体系崩溃后,国际储备货币出现了多元化局面。美元仍作为最主要的国际储备货币,处于多元化储备体系的中心,但其比重在不断下降,而其他货币如德国马克、日元等货币地位则相应地不断上升。按国际货币基金组织公布的标准,在 1994 年以前,储备货币主要包括 7 种货币,即美元、德国马克、日元、英镑、法国法郎、瑞士法郎和荷兰盾等。从 1994 年起,国际货币基金组织将“欧洲货币单位”(1999 年以后称为欧元)列为一种新的国际储备货币。

(3)在国际货币基金组织的储备头寸。储备头寸,又称普通提款权,是指在国际货币基金组织普通资金账户中成员国可以自由提取并使用的资产。国际货币基金组织相当于一个股份制性质的储蓄互助会,当一国加入国际货币基金组织时,须按一定的份额向其缴纳一笔钱,我们称之为份额。储备头寸是一国在国际货币基金组织的自动提款权,其数额的大小主要取决于该成员国在国际货币基金组织认缴的份额,会员国可使用的最高限额为份额的 125%,最低为 0。

(4)特别提款权。特别提款权是国际货币基金组织为了解决成员国国际清偿力不足问题而于 1969 年 9 月在国际货币基金组织第 24 届年会上创设的一种新的国际储备资产,它是指国际货币基金组织根据成员国的认缴股份对成员国进行无偿分配的,可以用于成员国之间及成员国与国际货币基金组织之间的支付的一种储备资产。

与其他的储备资产相比,特别提款权有着明显的不同,主要表现在:一是特别提款权只是一种账面资产,并不具有内在价值,是国际货币基金组织人为创造的。

二是它不像黄金和外汇那样通过贸易或非贸易交往取得,也不像储备头寸那样以所缴纳的份额作为基础,而是由国际货币基金组织按份额比例无偿分配给各成员国,无需成员国进行偿还。三是特别提款权严格限定用途,它只能在国际货币基金组织及各国政府之间发挥作用,任何私人企业不得持有和运用,不能直接用于贸易或非贸易的支付。

到目前为止,国际货币基金组织成员国的国际储备中,储备头寸和特别提款权所占比重很小,不足10%,而黄金储备和外汇储备共占90%以上。可见,在国际储备中,占支配地位的是黄金和外汇储备。

3)国际储备的来源

一般来说,国际储备有以下四种来源:

(1)国际收支顺差。一国发生国际收支顺差,一般会引起该国国际储备增加,主要是外汇储备增加。一国的国际收支顺差包括经常项目顺差和资本项目顺差。经常项目顺差是国际储备的主要来源,该顺差中最重要的是贸易顺差,其次是劳务顺差。资本项目的顺差是国际储备的重要补充来源,但是它具有不稳定性,并非一国增加其国际储备的最可靠的来源。这是由于:①短期资本转移不定,并且很大一部分属于国际游资;②长期资本项目顺差形成的国际储备的特点是由负债所构成,到期必须偿还,并伴随着利润、红利、股息、利息等的汇出。

(2)中央银行在国内收购黄金。黄金储备是国际储备的一部分,一国中央银行增加黄金储备可以从国内市场购入,也可以从国际市场购入,两者都可增加其黄金的持有量。但是在国内收购和国外收购的意义是不一样的。一国(非储备货币发行国)中央银行在国外收购黄金,是用原有的外汇储备去购买黄金,这样只改变该国国际储备的构成,并不会增加其国际储备总量;如果一国中央银行用本币从国内市场收购黄金,可以增加该国的国际储备总量。

(3)国际货币基金组织分配的特别提款权。特别提款权是国际货币基金组织无偿分配给会员国的记账单位,是成员国国际储备资产的一个来源。

(4)中央银行在外汇市场上的干预。在本币受到升值压力的情况下,这种升值如果不符合中央银行的政策需要,一国货币当局则在外汇市场抛售本币,购进外汇,从而引起本币价值的回跌,于是购进的可兑换货币便成为该国国际储备的一部分。

4)国际储备的作用

(1)弥补国际收支逆差。一般认为,弥补国际收支逆差是国际储备的首要用途。具体来说,当一国国际收支出现短期的、暂时性的困难时,通过运用外汇储备,减少在国际货币基金组织的储备头寸和特别提款权持有额,或在国际市场上变卖黄金来弥补赤字所造成的外汇供求缺口,能使国内经济免受调整政策产生的不利影响，有助于国内经济目标的实现。如果国际收支困难是长期的、巨额的、根本性的，则需要进行一定规模的经济政策上的调整，但同时也需要动用一定的国际储备，避免因过激的调节措施引起国内社会震荡。

(2)干预外汇市场，维持汇率稳定。在浮动汇率制度下，国际金融市场汇率波动频繁而剧烈，严重影响有关国家的经济发展和稳定。动用国际储备干预外汇市场，可以使本国汇率稳定在政府所希望的水平上。如通过出售储备购入本币，可促使本币汇率上升；反之，通过购入储备抛出本币，可增加市场上本币的供应，从而使本国货币汇率下浮。外汇干预对汇率的影响是有限的，只能在短期内起作用，不能从根本上改变汇率的长期走向。干预外汇市场的另一个作用是向市场发出政府希望汇率波动方向的信号，从而影响市场心理预期。

(3)偿还外债的保证。一国国际储备的状况是评定一国偿债能力和资信的重要标志之一。如果一国储备充足，则可以加强一国资信，吸引外资流入，从而促进本国经济发展。国际金融机构和银行在对外贷款时，往往要事先调查借债国是否具有良好的资信和稳定的偿债能力，而一国能支配的储备资产的数量便是一项重要的保证。当一国对外贸易恶化而储备不足时，对外筹措资金的难度就会加大。

【案例分析 11－3】

巨额外汇储备加大下半年通货膨胀压力

今天央行公布，截至 2009 年 6 月末，国家外汇储备余额为 21 316 亿美元，同比增长 17.84%。上半年国家外汇储备增加 1 856 亿美元，同比少增 950 亿美元。6 月份外汇储备增加 421 亿美元，同比多增 302 亿美元。这是中国外汇储备首次突破 2 万亿美元。主要原因是，尽管今年上半年我国进出口总值 9 461 亿美元，同比下降 23.5%，但其中出口 5 215 亿美元，下降 21.8%，低于进口 4 245 亿美元，下降 25.4% 的幅度，所以累计贸易顺差还是高达 969 亿美元。

目前外汇储备在一季度徘徊了一阵后，放量跃上 2 万亿美元。外汇储备增速加大，使央行通过外汇占款投放的基础货币也将增加。无可置疑，外汇储备增速加快，通货膨胀的压力也增加了。配合这些数据的是到 6 月末，金融机构人民币各项贷款余额 37.74 万亿元，同比增长 34.44%，增幅比上年末高 15.71 个百分点，比上月末高 3.83 个百分点。6 月份当月人民币各项贷款增加 1.53 万亿元，同比多增 1.20 万亿元。半年人民币各项贷款增加 7.37 万亿元，同比多增 4.92 万亿元。

资料来源：中国经济观察网，2009－07－16。

要求：根据上述案例，分析我国外汇储备的快速增长对国内经济的影响。

分析：由于外汇在我国国内不能直接使用，通常要兑换为人民币，外汇储备的快速增长意味着中央银行要向流通中投放对应的基础货币，从而货币供给量大幅增加，通货膨胀的压力增大。

知识题

11.1 什么是直接标价法？什么是间接标价法？

11.2 什么是外汇买入价？什么是外汇卖出价？什么是外汇中间价？

11.3 影响汇率变动的因素有哪些？

11.4 什么是外汇市场？外汇市场的主要参与者有哪些？

11.5 世界主要外汇市场有哪些？

11.6 什么是经常项目？什么是资本和金融项目？

11.7 什么是国际收支？什么是国际收支平衡表？

11.8 什么是国际储备？一国的国际储备资产通常由哪些部分组成？

案例题

人民币升值压力再现

2010年2月6日，美国商务部公布，对中国大陆产的礼物盒以及包装丝带，征收最高231%的反倾销税，这一明显的报复之举，针对的是中国商务部2月5日初步裁定美国进口白羽肉鸡产品存在倾销。

不少专家认为，美国的这一报复之举一旦付诸实施，中国大陆的礼物盒及包装丝带可能会退出美国市场，这对美国也没有好处。而且，美国针对中国的诸多贸易保护措施，最终大部分都是两败的结果，但贸易摩擦却还是愈演愈烈。

究其背后意图可以看出，借贸易战之名逼迫人民币升值，才是奥巴马政府的核心目的。

当前，失业率仍是困扰美国政府得民心的难题之一，奥巴马也需要为下一届的连任做出点政绩，以挽救民众支持率。因此，通过逼迫人民币升值，将国内的就业和赤字等压力转嫁给中国，成为他们热衷选择的方式。

除美国之外，人民币还面临来自其他一些国家的隐形压力。在加拿大举行的七国财长会议上，美、日、加已和其他成员国达成共识，将联手敦促人民币升值。

从表面上看，中国作为出口大国，在当前的经济形势下，就应该提高汇率，减少出口，扩大进口，实现贸易领域的"再平衡"。实际上，中国自2005年汇率制度改革以来，人民币汇率与国际货币汇率的联动关系明显，且也不断在升值，成效显著。作为一个发展中国国家，中国已经承担起其应该承担的责任了，如果过分忍让，可能就会变成一种纵容。这不仅不利于中国经济恢复，对世界经济的平衡发展也相当不利。

所以，在人民币问题上，中国政府的态度一向比较明确，把保持人民币的稳定和合理变动作为首要原则。外交部发言人马朝旭近日表示，目前的人民币汇率趋于合理、均衡，中国政府有能力处理好汇率与经济发展之间的关系。

我们的观点是，尽管升值的压力越来越大，而且从长远来看，人民币缓慢升值也是大势所趋，但是，在当前外需仍然很大，中国经济在相当长的一段时间里还需要依赖出口的背景下，中国政府仍应该从本国的国情出发，立足国内，保持人民币汇率安全、稳定、合理地变动，不能因为某些不负责任国家的言论或举动而动摇，这保住的不仅是经济的增长，还有民众的信心。

资料来源：李静，《人民币升值压力再现》，载《投资者报》，2010－02－10。

要求：根据上述资料，分析人民币面临升值压力的原因。

提示：我国对外巨额贸易顺差。

实训题

实训项目：外汇、汇率知识。

实训目的：了解目前我国商业银行可以兑换和交易哪些外汇，掌握汇率的计价方法，掌握外汇交易的基本知识。

实训步骤：(1)以小组为单位实地考察当地某一家中国银行营业部；

(2)观察外汇交易行情；

(3)了解外汇行情中的各种货币；

(4)掌握外汇行情中各种汇率的报价方法；

(5)向银行客户经理咨询外汇交易和兑换的知识。

主要参考文献

曹龙骐.2003.金融学[M].2版.北京:高等教育出版社.

郭晓晶,丁辉关.2007.金融学[M].北京:清华大学出版社.

何璋.2001.国际金融[M].北京:中国金融出版社.

胡庆康.2002.现代货币银行学教程[M].2版.上海:复旦大学出版社.

黄达.2004.金融学[M].精编版.北京:中国人民大学出版社.

凯恩斯.1999.就业、利息和货币通论[M].高鸿业,译.北京:商务印书馆.

孔祥毅.2002.中央银行通论[M].北京:中国金融出版社.

劳埃德 B 托马斯.1999.货币、银行与金融市场[M].杜朝运,译.北京:机械工业出版社.

林宝清.2006.保险法原理与案例[M].北京:清华大学出版社.

米尔顿 弗里德曼.2006.货币的祸害:货币史片段[M].安佳,译.北京:商务印书馆.

米什金.1998.货币金融学[M].李杨,译.北京:中国人民大学出版社.

秦艳梅.2006.金融学[M].北京:经济科学出版社.

邵兴忠,金广荣.2005.商业银行中间业务[M].杭州:浙江大学出版社.

苏平贵.2007.金融学[M].北京:清华大学出版社.

汤毅林.2005.现代商业银行业务管理[M].上海:立信会计出版社.

王静.2008.金融学[M].北京:冶金工业出版社.

魏华林,林宝清.2006.保险学[M].北京:高等教育出版社.

许谨良.2004.财产保险原理和实务[M].上海:上海财经大学出版社.

杨胜刚,姚小义.2005.国际金融[M].北京:高等教育出版社.

姚长辉.2002.货币银行学[M].北京:北京大学出版社.

殷孟波. 2004. 货币金融学[M]. 北京:中国金融出版社.

张洪涛,郑功成. 2002. 保险学[M]. 北京:中国人民大学出版社.

张洪涛, 庄作瑾. 2006. 人身保险案例分析[M]. 北京:中国人民大学出版社.

张强主. 2003. 中央银行学[M]. 北京:首都经济贸易大学出版社.

詹姆斯 托宾. 2000. 货币、信贷与资本[M]. 张杰,译. 大连:东北财经大学出版社.

郑道平,龙玮娟. 2002. 货币银行学原理[M]. 北京:中国金融出版社.

中国人民银行. 2001. 中国人民银行金融监管指南(试行)[M]. 北京:中国金融出版社.

中国证券业协会. 2008. 证券市场基础知识[M]. 北京:中国财政经济出版社.

中国证券业协会. 2008. 证券投资基金[M]. 北京:中国财政经济出版社.

周骏,王学青. 2002. 货币银行学原理[M]. 北京:中国金融出版社.

庄毓敏. 2008. 商业银行业务与经营[M]. 北京:中国人民大学出版社.

新世纪高职高专精品教材·财政金融类

- ❖ 金融学
- ❖ 个人理财实务
- ❖ 期货投资实务
- ❖ 商业银行经营与管理(第二版)
- ❖ 商业银行经营与管理习题与实训
- ❖ 国际金融(第二版)
- ❖ 国际金融习题与实训
- ❖ 金融市场学(第二版)
- ❖ 金融市场学习题与实训
- ❖ 证券投资(第二版)
- ❖ 证券投资习题与实训
- ❖ 金融学基础(第二版)
- ❖ 金融学基础习题与实训(第二版)
- ❖ 保险理论与实务
- ❖ 保险理论与实务习题与实训
- ❖ 保险会计
- ❖ 保险会计习题与实训